纪念中国人民抗日战争暨世界反法西斯战争胜利70周年重点出版物

中国·四川抗战文化研究丛书

● 段从学 著

中国·四川抗战新诗史

The History of New Poetry of Sichuan in China During the Period of Counter-Japanese War

中国文联出版社
http://www.clapnet.cn

图书在版编目（CIP）数据

中国·四川抗战新诗史/段从学著.—北京：中国文联出版社，2015.9
（中国·四川抗战文化研究丛书）
ISBN 978-7-5190-0374-6

Ⅰ.①中… Ⅱ.①段… Ⅲ.①新诗—诗歌史—四川省 Ⅳ.①I207.209

中国版本图书馆CIP数据核字(2015)第216516号

中国·四川抗战新诗史

作　　者：	段从学		
出 版 人：	朱　庆		
终 审 人：	奚耀华	复审人：	蒋　泥
责任编辑：	蒋爱民　褚雅越	责任校对：	师自运
封面设计：	小宝书装	责任印制：	陈　晨

出版发行：中国文联出版社
地　　址：北京市朝阳区农展馆南里10号，100125
电　　话：010-65389682（咨询）65067803（发行）65389150（邮购）
传　　真：010-65933115（总编室），010-65033859（发行部）
网　　址：http://www.clapnet.cn
E－mail：clap@clapnet.cn　　　　chuyy@clapnet.cn

印　　刷：中煤涿州制图印刷厂北京分厂
装　　订：中煤涿州制图印刷厂北京分厂
法律顾问：北京市天驰洪范律师事务所徐波律师
本书如有破损、缺页、装订错误，请与本社联系调换

开　　本：	710×1000　1/16		
字　　数：	370千字	印张：	23
版　　次：	2015年9月第1版	印次：	2015年9月第1次印刷
书　　号：	ISBN 978-7-5190-0374-6		
定　　价：	68.00元		

版权所有　翻印必究

中共四川省委宣传部、四川省社会科学院重大课题
中国·四川抗战文化研究丛书

编委会

总顾问：陶武先

主　任：李后强　侯水平

副主任：李明泉　苏　宁

编　委（按姓氏笔画排序）：

　　　　王骏飞　文天行　冯宪光　向宝云
　　　　苏　宁　苏光文　李北东　李建平
　　　　陈思广　姜　建　段从学　魏红珊

总　序

李后强

　　文化是民族的灵魂和血脉，在危难时期往往能释放出巨大的能量。

　　今年是抗日战争胜利70周年。这场战争起于1931年9月，止于1945年9月。旷日持久的战争给中国人民带来了巨大的灾难。冰冷的刺刀、震耳的炮声、凌厉的炸弹，殷红的鲜血、残断的尸体、焦黑的废墟，深深地铭刻在中国人民的记忆中。中华民族到了生死存亡的关头，神州大地到处燃烧起反侵略的烈焰，抗日民族统一战线的旗帜升起来了。抗日战争是中国近代抗击外敌入侵第一次取得完全胜利的民族解放斗争。四川作为抗战大后方，为抗战胜利付出了巨大牺牲，做出了重大贡献：当时四川总人口4000万，近350万川军中伤亡64万人。抗战初期川军出川时，各界普遍认为这是当时中国"最糟糕的军队"。然而，就是这支"最糟糕的军队"，从1937年的"淞沪会战"开始，几乎无役不与，无仗不惨烈。到抗战后期，曾经"最糟糕的部队"得到的评价是"川军能战""无川不成军"的赞誉。抗日战争留下了光耀千秋的抗战文化。

　　1945年，中共中央机关报《新华日报》曾发表《感谢四川人民》的社论，称赞四川是"历史上最大规模的民族战争之大后方的主要基地"，称赞四川人民"对于正面战场，是尽了最大最重要的责任"。此外，由于国土的大批沦陷和国民政府迁都，大批工厂、学校、文化单位西迁入川，四川成为抗战时期中国的政治文化中心。在漫长的抗战岁月中，在中国共产党领导下，伴随着民族统一战线的形成和民族解放战争的推进，形成了波澜壮阔而又独具特色的四川抗战文化。抗战时期，四川成为世界反法西斯战争的指挥中心之一，成为大后方的政治、经济、军事、文化中心，成为世界反法西斯统一战线与中国抗日民族统一战线的交汇点，为二战的胜利和民族解放战争的胜利做出历史性的贡献。尘封了大半个世纪的抗战文化，是四川宝贵的精神文化财富。

四川抗战文化不仅具有四川特色，还具有全国影响和世界意义，是中国现代史研究内容的重要方面。从中国现代文化发展史来看，四川抗战文化是中国现代文化发展中最为辉煌的阶段，具有里程碑的意义。四川是大后方核心之地，也是抗战文化的主战场。可以说，把四川抗战文化搞清楚了，大后方的抗战文化就基本搞清楚了，对于我国抗战文化的研究无疑具有重大的意义。

中国现代文化的发展经历了漫长的历史过程，但比较而言，抗战时期更为辉煌。西南是抗战的大后方，陪都在重庆。四川的地位举足轻重，抗战文化的重点在四川。战争会毁灭文化，这在国际上不乏范例。可中国的抗日战争不仅没有使我们的民族文化毁灭，还促进了中国现代文化的发展。四川的抗战文化在战火硝烟中谱写出历史新篇章，这正是中国文化强大生命力的表现。

抗日战争的胜利是中华民族文武两条战线的胜利。文化战线的抗战文化，启发了民众的觉悟，激励了将士的斗志，揭露了日寇的暴行，抨击了汉奸的无耻。如果没有抗战文化的鞠躬尽瘁，抗日战争要取得胜利是难以想象的。左翼文化的作用还不止此。周恩来说：鲁迅是导师，郭沫若是主将。鲁迅逝世后，郭沫若便是带领着大家一道前进的向导。郭沫若为旗帜的文化队伍以新民主主义思想浸润人们的心田，拓宽了新民主主义的文化阵地，削弱了其他文化形态的影响，为中国共产党赢得了人心，构筑了更加坚实的通往新中国的大道。

抗战文化是中国的，也是世界的。它是世界反法西斯文化的重要组成部分。而世界文化也因为有了中国的抗战文化才更加灿烂。抗战文化为战胜日本侵略者立下了卓越的功勋，也为世界反法西斯战争做出了自己的独特贡献。

抗战文化是丰富多彩的文化。统一战线的建立为抗战文化的繁荣营造了相对自由的天地。新民主主义文化、三民主义文化、民族主义文化、自由主义文化、中国传统文化都有自己被认同的空间。但至大至刚的浩然正气和历代民族英雄典范是没有文化或只有少量文化的民众参加抗战的精神力量。要知道，他们的精神力量正是抗战最广大的原动力。纵观中国数千年文化史，很少有哪个时期的文化如抗战时期那样壮观。横看西方文化，也少有能出其右者。战争是一把双刃剑。侵略战争是摧毁被侵略者文化的罪魁，反侵略战争亦能促进文化的发展。中国不是能被入侵者从地球上抹去的国家，也绝不可能，因为她有广袤的反侵略的土地。抗战文化独有的价值正在这里。

研究四川抗战文化，对于当前的文化建设有着重大作用和现实意义。第一，抗战文化是爱国主义文化，爱国主义是中华民族的光荣传统，是推动中国社会前进的巨大力量，是各族人民共同的精神支柱，是社会主义精神文明建设主旋律的重要组成部分。抗战文化研究是爱国主义教育的重要组成部分，是提高全民族整体素质的基础性工程，是引导人们特别是广大青少年树立正确理想、信念、人生观、价值观，促进中华民族振兴的一项重要工作。第二，抗战文化是追求理想、追求进步的文化，是社会主义先进文化的重要组成部分，对于清除文化垃圾，净化人文环境，将起到积极作用。第三，抗战文化是统一战线的文化，是全民族的文化，推进抗战文化研究对于海峡两岸关系的和谐、增强中华文化的凝聚力和向心力，将起到积极的推动作用。第四，抗战文化是四川的重要文化史实，其宝贵的精神文化价值至今能发挥重要作用。它具有显著的地方特色、全国意义和世界影响，对于把四川建设成文化强省具有不可替代的作用。

20世纪80年代，在中共四川省委宣传部的领导和支持下，四川省社会科学院会同西南师范学院、重庆师范学院等单位率先在全国吹响向抗战文学、文艺进军的集结号。各种形式的研究成果也陆续问世。国内国际都有了一定的影响。在纪念世界反法西斯胜利70周年的背景下，我们将这些研究进一步拓展，向中国抗战文化迈进。

由于种种原因，我们过去的抗战文化研究总体来看对历史的描述并不那么全面，有的评价也较粗疏，范围也嫌狭窄。抗日战争已经结束七十年了，似乎很遥远了，可日方依然有人在那里做这样那样、隐形或非隐形的否定。如果能有先哲孟子说的"同情之心人皆有之"的话，就应该真诚地对那场给中国造成数千万人伤亡的侵略战争说不，更应该像祈祷"上帝饶恕我们"的德国总理勃兰特那样谢罪。作为抗战文化的研究者，除了对否定者感到愤懑之外，更多的还是责任。那就是理智地客观地书写历史的真相，不能让历史被某些人作为小姑娘随意打扮，误导后人。

多卷本"中国·四川抗战文化研究丛书"即将付梓出版，这部书凝聚了四川省社会科学院及四川省内多家院校学者们的数年心血。参加撰写工作的都是在这方面多年深耕、研究有成者。尊重历史，是研究历史的基本原则，是历史唯物主义的态度，也是中国文化的传统。司马迁撰写《史记》，注重的就是调查、实录与秉笔直书。相信他们能写出有个性、有创见、有水平、有影响的学术著作。

"中国·四川抗战文化研究"将是四川省社会科学院长期支持的重点项目，我们将持续推进，分批出版学术著作，希望各界批评指正。

2015年3月26日于百花潭

（作者系四川省社会科学院党委书记、教授）

Preface

By Li Houqiang

Culture is the soul and blood vessel of a nation, which could release huge power in peril.

This year marks the 70th anniversary of victory of the Counter-Japanese War which lasted from September 1931 to September 1945. The protracted war caused terrible disaster for the Chinese people. The cold sword, thunders of cannons and bombs, blood, broken bodies and charred ruins have left an ever-lasting imprint on the memory of the Chinese people. When the Chinese nation was at the moment of life-and-death, the flame of anti-aggression was lighted across the land of China. The anti-Japanese national united front was formed. The Counter-Japanese War is the first successful national liberation struggle since modern times in resistance against foreign aggression. As the Rear Area, Sichuan made considerable sacrifice and contribution to the victory of the Counter-Japanese War. Sichuan had a total population of 40 million, nearly 3.5 million of whom were soldiers, 640000 of whom died or injured during the war. In the early period of the war when the Sichuan troops went out of Sichuan, they were widely believed to be the "worst troops" in China. However, it was these very "worst troops" that fought in almost all the battles since the breakout of the Battle of Shanghai in 1937. In the later period of the war, the "worst troops" was claimed as troops good at fighting. The eight-year long war produced the splendid Counter-Japanese War cultures.

In 1945, *Xinhua Daily*, the mouthpiece of the Central Committee of the Communist Party of China carried an editorial, *Expressing Gratitude to Sichuan People*, which said that Sichuan was "a major base of the Rear Area of the largest national struggle in history", and that Sichuan people "played the most important role in frontline battlefield". Sichuan became the political and cultural center during the Counter-Japanese War due to the loss of vast territory and the move of the capital of National Government and a large number of factories, schools and cultural departments moved westwards to Sichuan. During the long resistance war, the Counter-Japanese War cultures featuring Sichuan characteristics was nurtured in Sichuan, under the leadership of the Communist Party of China, with the formation of the national united front and the development of the national liberation war. During the war, Sichuan made great contributions to the victory of the Second World War and national liberation war, as one of the command centers of the world's anti-fascist war, the political, economic, military and cultural center of the Rear Area and the crossing of the world's anti-fascist war united front with China's Counter-Japanese united front. The Counter-Japanese War cultures which have been buried for over half a century are the valuable cultural treasure of Sichuan.

The Counter-Japanese War cultures of Sichuan feature Sichuan characteristics and national and international significance. It is a major content of the research on China's modern history. From the perspective of the development of China's modern culture, the Counter-Japanese War cultures of Sichuan represent the most splendid stage in the development of China's modern culture, which marked a milestone. Sichuan was the center of the Rear Area during the eight-year resistance war and the main battlefield of the Counter-Japanese War cultures. The understanding of the Counter-Japanese War cultures of Sichuan means the understanding of the Counter-Japanese War cultures of the Rear Area, which is of vital significance to the research on China's Counter-Japanese War cultures.

The development of China's modern culture experienced a long history, but the Counter-Japanese War period is the most splendid one. Southwestern China was the Rear Area of the Counter-Japanese War and chungking was the second capital, which showed the important position of Sichuan. The focus of the Counter-Japanese War cultures was in Sichuan. War destroys culture, as embodied by the numerous examples in the world. However, instead of destroying our national culture, China's Counter-Japanese War promoted the development of China's modern culture. The Counter-Japanese War cultures of Sichuan developed further during the war, which proved the vitality of Chinese culture.

The victory of the Counter-Japanese War was the victory of the cultural and military fronts of the Chinese nation. The cultural front Counter-Japanese War cultures aroused the awareness of the masses, boosted the morale of the generals and soldiers, revealed the atrocities of the Japanese troops and criticized bitterly the shameless traitors. It would be unimaginable to win the Counter-Japanese War if there were no contribution from the Counter-Japanese War cultures. The left wing culture's effect was more than that. As Zhou Enlai said, Lu Xun was the mentor and Guo Moruo was the general. After the death of Lu Xun, Guo Moruo was the guide to lead us along the way. The new democracy by Guo Moruo infiltrated people's hearts, broadened the cultural field of the new democracy, weakened the impact of other cultural forms, won the support from the people for the Chinese Communist Party and built a more solid road leading to the New China.

The Counter-Japanese War cultures belong to China as well as the world. It is an important part of the world's anti-fascist culture and the world's culture become more splendid for its existence. The Counter-Japanese War cultures contributed greatly to the defeat of the Japanese invaders and made special contribution to the world's anti-fascist war.

The Counter-Japanese War cultures contain a variety of cultures. The formation of the united front created a free land for the booming of the Counter-Japanese War cultures, where the New Democracy culture, Three People's Principles culture, nationalism culture, liberalism culture and traditional Chinese culture all found their places. The awe-inspiring righteousness and the heroic deeds of previous heroes served as the spiritual strength of the public who joined the Counter-Japanese War. This spiritual strength was the primary driving force for the Counter-Japanese War. Throughout the thousands-years history of Chinese culture or the Western culture, there was no single culture in any period that was as splendid as that during the Counter-Japanese War. War is a double-edged sword as it is the culprit for the destroying of the culture of the victim of the aggression, and also promotes the development of culture. China is not a country that can be wiped off the earth by invaders for it had a vast land of anti-aggression, which was exactly the unique value of the Counter-Japanese War cultures.

The research on the Counter-Japanese War cultures of Sichuan is of great significance to the building of modern culture. First, the Counter-Japanese War cultures is a patriotism one, and patriotism is the glorious tradition of the Chinese nation, the huge driving force for the development of China's society, the shared spiritual pillar of the people of all nationalities and an important part of socialist cultural and ethical progress. The research on the Counter-Japanese War cultures is an important part of the education in patriotism, a basic project to improve the overall quality of the entire nation and an important undertaking to guide people, particularly the teenagers in pursuing ideal, forming faith and outlook on life and the rejuvenation of the Chinese nation. Second, the Counter-Japanese War cultures feature the pursuing of ideals and progress and represent an important part of an advanced socialist culture. It will play an active role in removing cultural rubbish and purifying cultural environment. Third, the Counter-Japanese War cultures is a united front culture and culture of the whole nation, and the research on Counter-Japanese War cultures will promote the harmony of cross-strait relations and enhance the cohesive force of the culture of the Chinese nation. Fourth, the Counter-Japanese War culture is an important cultural historical fact of Sichuan with a valuable spiritual and cultural value which has extended its influence over today. It has a prominent local color, a nationwide significance and an influence around the world. It has an irreplaceable role in building Sichuan into a cultural province.

In the 1980s, under the leadership of and support from the Publicity Department of Sichuan Provincial Committee of the Communist Party of China, the Sichuan Academy of Social Sciences, along with Southwest China Normal University, Chungking Normal University and other organizations initiated the research on literature and art of the Counter-Japanese War throughout China. Fruits come outin succession which have had exerted certain influence both at home and abroad. To echo the 70th anniversary of the victory of the world's anti-fascist war, we are extending our research further, advancing towards Chinese Counter-Japanese cultures.

For various reasons, our previous research on anti-aggression cultures failed to deliver a comprehensive description of the history in general and some comments contain inattentive contents and narrow research scopes. Although the Counter-Japanese War ended 70 years ago, some Japanese are still trying to deny it in different ways. They should have admitted the aggressive war which caused casualties of millions of Chinese, and should have apologized like Germany Chancellor Brandt who said "God Forgive us", if they really had natural sympathies that all men have as Mencius said. As researchers of the Counter-Japanese War cultures, in addition to feeling outraged by those who are trying to deny the crime, they should also reveal the historical truth in a rational and objective way in order to prevent history from being twisted by someone who intends to mislead later generations by dressing up history like a little girl.

Multivolume "Counter-Japanese War Cultures Research Series, Sichuan, China" are to be published soon. This series are the fruit of the painstaking efforts by scholars from the Sichuan Academy of Social Sciences and universities and colleges in Sichuan who have authored many related writings. Respect for history is the fundamental principle in studying history, an attitude of historical materialism and a tradition of Chinese culture. Sima Qian paid a lot of attention to collecting facts and true recording of facts when writing the Record of the Grand Historian. I believe the authors of this series can come up with creative, high-level influential academic writings.

"Counter-Japanese War Cultures Research Series, Sichuan, China" is a key project which has won support by the Sichuan Academy of Social Sciences in a long term. Related academic writings will be published in batches and are open to criticism.

May 26, 2015
In Baihuatan

(The author is the professor in the Sichuan Academy of Social Sciences.)

目　录

001 / 自　序

001 / 引论：中国抗战与四川现代新诗的发生

009 / 第一章　学校内迁与战时四川新诗

　　010 / 第一节　李广田与新诗的"锻冶厂"

　　053 / 第二节　抗战时期的金陵诗人群

　　100 / 第三节　其他学校诗人

152 / 第二章　重要报纸副刊诗人群

　　152 / 第一节　《新华日报》诗人群

　　188 / 第二节　《文群》副刊诗人群

　　222 / 第三节　《蜀道》副刊诗人群

260 / 第三章　平原诗社的歌手们

　　261 / 第一节　从华西文艺社到平原诗社

　　268 / 第二节　杜谷和蔡月牧

289 / 第三节　平原诗群的"成都书写"
322 / 第四节　其他诗人

340 / 引用和参考书目

CONTENTS

001 / **Author's Preface**

001 / **Introduction: The Counter-Japanese War of China and the Emergence of Modern New Poetry in Sichuan**

009 / **Chapter 1　Schools Moving Inland and New Poetry of Sichuan during Wartime**

    010 / Section 1　Li Guangtian and His New Poetry Forging and Smelting Plant

    053 / Section 2　Jinling Poet Groups during the Period of Counter-Japanese War

    100 / Section 3　Poets in Other Schools

152 / **Chapter 2　Poet Groups in the Supplement of Important Newspapers**

    152 / Section 1　Poet Group of *Xinhua Daily*

188 / Section 2　Poet Group of *Wen Qun*—Supplement of National Daily

222 / Section 3　Poet Group of *Shu Dao*—Supplement of New Sichuan Daily

260 / **Chapter 3　Singers of the Ping Yuan Poets Society**

261 / Section 1　From Hua Xi Literature and Art Society to Ping Yuan Poets Society

268 / Section 2　Du Gu and Cai Yuemu

289 / Section 3　"Written in Chengdu" of the Ping Yuan Poets Society

322 / Section 4　Other Poets

340 / **Quoting and Book References**

自 序

　　一向不太关注"文学史"这种教育工具,也就没有想过有一天会来写这么一本《中国·四川抗战新诗史》。所以从接受任务起,就一直在琢磨怎么写的问题。

　　按照通行的体例,时代背景、文学思潮和诗人三大块,自然是最正常,也最省心的写法。但众所周知,四川乃抗战时期中国新文学的中心。这样做,在很大程度上也就意味着把新文学第三个十年的新诗史放大、稀释之后,改头换面以掩人耳目。再说,自苏光文先生的《抗战诗歌诗稿》于1991年面世之后,类似的著作,已经有了好几种。虽然材料和论述都有自己的新发现,但还是想做到思路和框架上,也尽量避免重复前人。也曾经设想过以各种地方性文学史的"同乡会"思路,把论述的范围局限在川籍诗人的创作上,以彰显"四川性"。但这样做,实际上等于抹杀了四川在中国抗战史上的中心地位,抹杀了四川对抗战时期的中国现代新诗发展所做出的历史贡献。

　　时间一天天过去。搜集的材料越来越多。交稿的时间一天天接近,但手头所有的,还是一大堆杂乱而无头绪的片段和草稿。按照"文学史"的标准格式,敲打出数万字后,才逐渐意识到了症结之所在:《中国·四川抗战新诗史》既然根本不可能被用在教学中,成为传播常识的教育工具,为什么还要自讨苦吃,循规蹈矩地跟着"文学史"的标准格式来呢?为什么不借此机会,探索文学史的新可能,尝试一下新的写法呢?

　　自诞生以来,现代文学史就承担着总结历史经验,探索历史规律以指导实践的宏大使命。而我们从小就知道的常识是:历史规律是不以人的意志为转移的,正确的历史道路和历史规律都是唯一的。所以很自然地,从一部文学史到另一部文学史,我们发现的总是同样的历史规律,总结出来的总是同样的历史经验。同时,也叙述着彼此大同小异的时代背景,处理着相差无几的材料和作家。这当然是必需的。但我想的是：既然如此，作为"地方文学史"的《中国·四川抗战新诗史》，就不妨偷个懒，把总结历史经验和揭示历史规律的宏大任务交给"国家文学史"，自己做点别的。说得堂皇些，就是从现代性宏大叙事的圈套中解脱出来，探索文学史的新可能。

但这绝不意味着要用"历史没有规律，只有故事"的后现代历史观，取代现代性历史观。从逻辑上说，断言"历史没有规律"，其实和断言历史必然"有规律"，并没有什么两样。"总结历史规律"者假定自己站在历史之外而获得全知视角，摆脱了历史规律的支配和束缚。"讲述历史故事"者，则幻想着牢牢占据讲述者的位置，保证自己在"没有规律，只有权力"的场域争夺中立于不败之地。这种尼采超人式的幻想，除了让一班"讲述文学史故事"者从自己讲述的故事中学会了市侩式的场域争夺之外，目前还看不出对现代文学史的研究有什么不可替代的贡献。所以，本书虽然采用了后现代叙事的术语，把研究目标设定为"讲述现代新诗如何在抗战时期四川得以发生的故事"，但讨论的却是另外的问题，绝没有指点历史当事人如何在场域之争中立于不败之地的意思。笔者关心的，也只是在"地方文学史"中才有其位置的诗人群体。

因为在我看来，除了在"总结规律"和"讲述故事"这两个极端来回倒腾之外，文学史，尤其是像《中国·四川抗战新诗史》这样的"地方文学史"，不妨借助于中国古代方志叙事的传统，做点自己的事。这"自己的事"，就是在摆脱了"总结规律"的宏大负担的同时，拒绝"讲述故事"的魅惑，以地方志书写的低姿态，承担一点"历史记忆"的功能。正如"总结规律"必须从历史事实出发一样，"讲述故事"也得有材料作为支撑。以"历史记忆"的方式，保存基本事实，以备"总结规律"或"讲述故事"之用，当然算不得什么"高大上"的努力，但也绝非可有可无的无效重复。至少，它像鲁迅所说的那样，"我借此知道它还非空虚"。再说了，历史规律被放逐之后，"讲述故事"者，也未必就能像尼采留给自己的选择那样，永远占据"讲述者"的要津，而不会沦为"学术史故事"里的材料，乃至笑料。

这个低姿态，首先是"后退一步"，把"总结规律"的任务交还给"国家文学史"，省略掉了交代时代背景、勾勒新诗主潮等内容。与此同时，是最大限度地回避那些在"国家文学史"中已经得到了充分的，甚至是多次重复的论述与关注的诗人，而把注意力转移到那些没有资格跻身"国家文学史"，但又曾经为中国现代新诗的发展与繁荣尽自己的努力，同时也不完全是毫无特色的诗人身上。

唐弢先生当年曾经说过，把毛泽东的旧体诗词不伦不类地放在现代文学史里，其实是一种侮辱，而非尊重。循此，我也想说，想方设法把郭沫若、艾青等大诗人拉进《中国·四川抗战新诗史》这样的"地方文学史"里，也未必见得就是对他们的尊重。真正的尊重，在我看来是各安其位，把郭沫若、艾青这样的大家还给"国家文学史"。而"地方文学史"，则致力于处理"次一级"的作家，关注所谓"一方之士"的创作实绩。需要说明的是，大作家和"次一级"作家之间的划分，并非"国家干部"式的官僚等级，而是一个动态的概念。在我看来，不少当前公认的"大诗人"，其实绩和成就未必就能永远"大"下去。而本书处理的"次一级"作家，也未必就没有成为"大诗人"的潜质和实力。

一般人总觉得历史事实的混乱不清，乃是年代久远之后才有的事。但事实上，任何一种遗忘和混乱，都首先必须是当下的事，才能演化为若干年之后的学术研究对象。在实际写作过程中，搜集和辨识"一方之士"和"次一级"诗人的材料，其难度和复杂程度，绝大多数时候都超过了"大诗人"。而这，也反过来印证了"历史记忆"的必要和价值。

在具体的行文上，也想避开一般文学史的俗套，写得有点"新"和"诗"的味道。最直观的是，本书引述诗作的数量，远远超过了一般文学史。这样做的目的，一个是想把"历史记忆"落到实处，避免把一个诗人变成一个干巴巴的词条。事实上，不少诗人，如果不是恰巧有撰写《中国·四川抗战新诗史》这么一个机会，我想象不出来还会有哪一本文学史会提及他们名字，读者还会有机会读到他们的作品，窥见他们的风格和特色。其次则是以王佐良撰写《英国史诗》《英国浪漫主义诗歌史》为榜样，想把自己关于诗歌作品的阅读体验和感受，尽可能丰富地保存下来，让读者体会到一点现代新诗的味道和艺术特色，包括其完整的排列形式。

既然本书不可能作为传播常识的教育工具，则在处理不同对象时，也就没有完全遵循常规体例。一部分诗人，是代表作举隅和赏析。还有一些，是借其创作以辨析相关理论问题或文学史现象。总之，是想尽可能摆脱"教材体"面孔，写出个人的一己之得，实验一下文学史的多种写法。

无须多说的是，失败是探索和尝试的必需代价。作者自以为是的创新，往往是读者眼中画虎不成反类犬，吃力不讨好的现成榜样，甚至反面教训。但在我看来，学术对象有"地方性"，学术水平也或者因对象的限制而有"地方性"，学术态度则无论如何不应该有"地方性"。即便是失败，也希望自己是以另外的姿态，摔倒在另外的地方。在这个意义上，作者只能保证《中国·四川抗战新诗史》是一部有特点的书。至于它不可避免的缺点或失误，则希望能够成为可供学术讨论，乃至批判的对象，而不至于仅仅是在当前轰轰烈烈的学术 GDP 运动里，添加一个可有可无的小泡沫。

作为"集体项目"的一个子课题，我要感谢主持人苏宁先生破例的宽容，让我有了尝试着以方志叙事的思路，来尝试文学史的另一种写法的机会。感谢廖久明先生慨然赐寄他多年辛苦搜集的学术资料，为我的工作提供了无法替代的帮助。龚明德先生慷慨出借其私藏史料并对本书部分章节提出了宝贵的修订意见，邓经武先生亦看过本书初稿并给予了积极的鼓励，在此一并致谢。

2015 年 8 月

引论：中国抗战与四川现代新诗的发生

研究的目标和论题范围

早在1922年11月，四川就诞生了纯文学刊物《草堂》，发表了不少现代白话新诗。此后，又陆续出现了《哼哼》《蔷薇》，乃至《四川文学》等以中高等学校学生为主体的文艺刊物。但总的来说，这些刊物既没有纵向的连续性，彼此之间也缺乏关联和互动，而更像是一个个的孤岛，每一个团体或刊物都"从零开始"。因此，没有形成相互交流和相互影响，并提供基本共识和不言而喻的基本规范的"文坛"。相反地，从"五四"以来，对四川地区的新文学作者来说，"走向文坛"总是意味着冲出夔门，走向上海、北京、南京等文化中心城市。更有甚者，四川几乎还是一个新文学的"黑洞"，不少曾经在北京、上海等地文坛上崭露头角的新文学作者，返乡之后就长时间消失在文坛之外，再也没有了新文学创作。曾经颇有影响的浅草—沉钟社重要成员陈炜谟、陈翔鹤两人回到四川后的沉寂，就是典型的例子。

具体到我们所要论述的现代新诗，直到1937年12月，抗战爆发近半年之后，第一家专门的诗歌刊物《诗报》半月刊，才出现在"寂寞的四川"上。刊物的"特约撰稿人"中，还包含了一大批既非川籍人士，当时也不在四川的知名诗人，如艾青、杨骚、关露、路易士、蒲风等。[①] 正如西南地区的现代化是在抗战时期完成的一样，四川现代新诗，也是在抗战的推动之下发生、成长，最终走向成熟的。

在已经有了不少同类著述的情形下，本书将不再按照标准"文学史"的思路来描述四川抗战时期的新诗创作概况，而是后退一步，转换为讨论

---

① 《诗的刊物即将在四川出现》，《新蜀报》1937年12月4日。

"抗战如何促成了四川现代新诗的发生、成长与成熟"的问题。质言之，就是打破"文学史"的通行写法，讨论究竟是抗战时期的哪些历史因素促成了四川现代新诗的发生、成长和最后的成熟。就此而言，我们所说的"四川抗战新诗"，既不是机械地根据"四川"的地理性质而划定的"势力范围"，也不是单纯的"四川抗战新诗"的"主题史"，更非"同乡会"意义上的"川籍诗人"在抗战时期的新诗创作大杂烩，而是一个在抗战的推动之下，在四川这个特定的历史文化空间里成长起来的一个动态存在。

大量工矿企业、中高等学校、社会文化团体和政府机构的内迁，尤其是国民政府宣布重庆为陪都后，抗战时期的四川，实际上已经不再是偏僻的"外省"，或者简单的"民族复兴根据地"，而是战时中国的中心区域。在很长一段时间里，中国现代文学一直都是以四川为中心，通过西南公路、西北公路和滇缅公路等几条交通大动脉，来叙述和想象"现代中国"在全球秩序中的位置。机械地根据"四川"的地理性质来划定"势力范围"，因而既不合乎当时的历史情形，也在很大程度上抹杀了四川在中国抗战中的历史地位。我们之所以使用"中国·四川"这个较为灵活的概念，就是为了最大限度地凸显四川之于中国抗战的中心地位。

"抗战时期的四川"也不仅仅是地理空间和时间范围的简单叠加，而是一个有着自身特殊内涵的历史文化空间，它不仅是诗人们生活和发表作品的地方，更重要的是：它还是一个积极的动力系统，新诗人诞生和成长的摇篮，以其独特的文化生产机制，促成了"现代新诗"在四川的发生。为此，我们将把论述的范围，集中在"抗战时期，在四川成长起来的诗人"身上，最大限度地凸显"抗战时期的四川如何促成了现代新诗的生长与繁荣"这个主题。对战前就已经成名的诗人如郭沫若、臧克家等，虽然要么是"同乡会"成员，要么是曾经"生活在四川"的重要人物，则不再纳入论述范围。——这样做，也是为了避免重复已有的研究思路和成果。相反地，虽非川籍同乡，或者只是"四川过客"的诗人，只要他们的成长与"抗战时期的四川"这个特殊的文化空间有关，则被我们纳入了论述范围。

在上述两个前提的基础上，我们也将循着一般地方性文学史的惯例，对川籍青年诗人在抗战时期的成长史及其创作实绩，给予相应的重点论述，以彰显"同乡之谊"，突出"四川性"。

战前四川的"新诗社会"

发生的前提是空白和缺失。正如周文指出的那样:

> 在抗战前,成都的文艺只是好像严霜里的小花,是在瑟缩的状态中生长着的。外省的文艺书报在种种困难情形之下不容易到来,即使幸而万一到来了一些,人们也只能悄悄地买来躲到寝室里去看。当然,旧文化就弥漫了全市,成千成万的青年——大学生,中学生——都老是反复着《经史百家杂钞》一类的书。而人们则弓腰驼背的赞叹着这"文化最高的地方",说是"天府之国"。民族的命运自然也使青年们苦闷着,要求着新的有益的东西。然而在那样的"故纸片"的氛围之下,作文艺工作的实在就少得很,大别起来,可以分成两类:教授和学生。职业的文艺作者自然是站不住的,自然也就生不出。①

造成职业的文艺作者"站不住,自然也就生不出"的最直接和最直观的原因是稿费制度的缺乏。抗战初期的成都,"除了《华西日报》副刊和《兴中日报》副刊(今天听说这个报也取消报酬了),有些微几角的报酬外,其他的要完全尽义务"。文章既然换不到饭吃,"无论怎样热心文化的人,无论甚么样伟大的天才,在这儿不是气死便是饿死,要不然,也会和整个文化一同疲乏,萎缩"!② 即便《金箭》月刊这样由成都文艺作者协会集体支撑的刊物,也只能"暂以本刊作酬",③ 聊以表示"稿酬意识"。所以很自然地,早在抗战之前就已经成名,且有"多产作家"之称的周文一失业,生活就成了问题,只能想办法把文章寄到外地去,"希望能得到点稿费,以济急"。④

稿费制度缺失的背后,是新文艺读者和作者的稀缺。新文艺的主要读者群,是中高等学校学生和职员。抗战之前的四川,仅有四川大学、华西

---

① 周文:《成都抗战文艺运动鸟瞰》,《周文文集》(第3卷),作家出版社2011年版,第292页。
② 周文:《文艺活动在成都》,《周文文集》(第3卷),作家出版社2011年版,第190页。
③ 《投稿简章》,《金箭》1937年8月15日创刊号。
④ 周文:《周文致胡风的信·1938年6月15日》,《周文文集》(第4卷),作家出版社2011年版,第209页。

大学、重庆大学和省立四川教育学院等四所高校,数量少,规模小。四川大学在校学生仅700余人,华西大学600余人。① 如果说大学的数量和在校生规模,大致还算在全国平均水平线附近的话,中等教育,尤其是高等中学在校生和毕业生的规模,则远远低于全国平均水平。据统计,1938年全川仅有应届毕业高中生1332人,初中生6144人,② 全川174所公立中学,在校学生不过74671人,加上32所私立学校的5306人,③ 总数不到80000人。和当时四川人口数量相比,落后相当严重。

与此同时,由于现代工商业不发达,职员读者的数量,几乎可以忽略不计。在这种情形之下,新文艺的读者和作者数量之稀少,也就成了意料中的事。1937年10月成立的成都文化界救亡协会,几乎囊括了成都各行各业的文化人士,而其中从事文艺工作的,"仅仅才二十几个人!而这二十几人中,除了极少数比较有写作能力外,大多数可以说和文艺接近不久的,而且都还在过学生生活",充其量只能算是文艺爱好者。而一般的文艺刊物,在整个四川,也只能"销上五六百份",④ 根本不可能通过销售赢利来支撑刊物的连续出版,而只能通过募捐等渠道来筹集出版经费,自然也就谈不到支付稿酬。

问题不仅如此。对周文、何其芳这样的新文学作家来说,最大的问题,乃是浓厚的保守、复古气氛,严重阻碍了新文艺的发生和发展。新诗并非如浅俗者所想象的那样,仅仅是白话和分行的问题。在最简单的意义上,可以说旧诗是根据既有的"诗文学"传统,根据既有的作品来寻找和认定"诗"之所在,而新诗则是直接在文学与周围世界的共时性关联中,打破"诗文学"规范,根据个人对现实的理解来寻找和认定"诗"。旧诗强调传统的连续性,新诗强调时代气息的重要性,根源就在这里。在上海、平津、南京等现代文化中心城市里,新文学和新诗,早就已经伴随着

---

① 潘洵主编:《抗战时期西南后方社会变迁研究》,重庆出版社2011年,第41页。
② 四川省档案局编:《四川二十七年中学毕业生统计》,《抗战时期的四川——档案史料汇编》,重庆出版社2014年版,第1601页。
③ 四川省档案局编:《四川省历年公私立中等学校概况表》,《抗战时期的四川——档案史料汇编》,重庆出版社2014年版,第1604—1605页。此表中实际毕业生数量,与前引材料略有出入。
④ 周文:《周文致胡风的信·1938年2月6日》,《周文文集》(第4卷),作家出版社2011年版,第196页。

新式教育的发展而进入中小学课堂，确立了它不言而喻的合法性。即便是湖北黄梅县金家寨小学这样的地方，返乡任教的废名发现，"乡间青年《鲁迅文选》《冰心文选》人手一册，都不知是那里翻印的，也不知从那里传来的空气，只知牠同自来水笔一样普遍，小学生也胸前佩戴一支。总之新文学在乡间有势力了"。①

但成都的情形，却完全不一样。同样是返乡者的周文发现，这里仍然是"五老七贤"的世界，"文必'之乎者也'，诗必'七言五言'，这才能登'大雅之堂'。而学校方面，从小学至大学，都在崇尚《经史百家杂钞》之类。一般学生的勾腰驼背，就证明他们和古书的血缘。而这回在战训中，更使我具体地明白了他们所中的古书毒的深刻；他们的一百篇自传中，差不多有四分之三是文言的，'某某者，某处人也'，很多是这样开头，而且还是出于大学生的手"。② 以何其芳、曹葆华等任教的成属联立中（石室中学）为例，1934年高中理科的国文教材是《经史百家杂钞》，普通科是《昭明文选》，1936年则统一为《经史百家杂钞》。③ 直到1939年，陈翔鹤发现，成都市两三万中学生，"有百分之九十九以上是从初中一年级起至高中三年级止，这六年间的悠久时光，都是读着《古文观止》，或《古文辞类纂》，上焉者亦只能读到《经史百家杂钞》"。初中毕业生，连"九一八"都不知道的事，也就成了不值得奇怪的笑话。"这结果便是"，陈翔鹤总结说：

（一）使得一般青年们与时代完全脱轨，所思可想，至少亦多为三四百年以前的事物。（二）造成前方正浴血抗战，而后方反昏头昏脑，死气沉沉的怪现象。（三）致使青年们对危害中国最根本的两大原动力——帝国主义与封建余孽二者，大多数不易识别，而时时刻刻对之加以警惕。（四）更使顽固腐恶的封建势力愈加浓厚起来，"遗老""遗少"几遍布着全知识界。（五）而从这封建的腐烂元素中所

---

① 废名：《莫须有先生坐飞机以后》，王风编《废名集》（第2卷），北京大学出版社2009年版，第880页。
② 周文：《周文致胡风的信·1938年2月6日》，《周文文集》（第4卷），作家出版社2011年版，第196页。
③ 四川省石室中学编：《石室校史》（内部交流资料），石室中学编印，1988年，第95—98页。

必定产生的贪官污吏，土豪劣绅，几乎是可以从未来的知识界——青年中以寻得根基。至于所谓"文艺"，尤其是目前所最急切需要的"抗战文艺"，那更是非一般人所能或所愿企及的了。①

在这种情形之下，不仅本土作者生不出来，站不住脚，何其芳、陈敬容、周文、曹葆华这样的"返乡文人"，也难以立足。虽然"抗战已到一年半"，但曹葆华发现，在"成都，这民族最后根据地"，国文仍然"必须是经史百家"，只有那些从外洋回来，或者"在摇曳的油灯下，/曾经翻读过五车圣贤书"者，才能在这里找到生存空间，"向那些狡猾的胖经理，/呈上一段火红的生命"，换回生存的法币。愤怒于"大炮震醒了许多人，/却撼不动古老的都市"的曹葆华，最终离开成都，走向了西北。② 自以为"已经像一个成人一样有了责任感"，相信"在任何地方都可以做一些事情"，而且在成都创办了《工作》的何其芳，最终发现自己的伙伴并不在成都，而是"在另外一个地方"③，怀着对成都这座古城愤怒的失望，和对"另外一个地方"的热烈向往，走向了延安。"在睡着觉"的成都，依旧"有着享乐，懒惰的风气，/和古罗马衰亡时期一样讲究着美食，/而且因为污秽，陈腐和罪恶/把它无所不容的肚子装饱"——在抗战的炮声响彻中国大地，北平、上海、天津等"无数的城市"正在日寇的蹂躏之下呻吟的时候。④ 周文，也感叹着"沙漠呵！沙漠呵！这就是我们抗战的后方！"⑤ 离开了。最典型的，是既无党派背景，又没有什么政治野心的陈敬容，也在《后方小都市》中，写下了她对"满塞着愚蠢的梦"，"不制造飞机、炮弹，/不制造巨大的抗战力量，/而忙着在五色梦中/赶制着腐烂同灭亡"⑥ 的成都的愤怒之后，走向了荒凉的西北。

1939年下半年，日军开始对重庆、成都等城市进行轰炸，把所谓"大后方"也变成了战争第一线之后，学校和文化机构大量疏散到乡下，何其

---

① 陈翔鹤：《关于后方中等学校国文教材问题》，《笔阵》1939年3月1日第2期。
② 曹葆华：《题未定》，《文艺阵地》1939年5月16日第3卷第3期。
③ 何其芳：《一个平常的故事》，《何其芳全集》（第2卷），河北人民出版社2000年版，第80—82页。
④ 何其芳：《成都，让我把你摇醒》，《工作》1938年6月16日第7期。
⑤ 周文：《成都的印象》，《周文文集》（第3卷），作家出版社2011年版，第158页。
⑥ 陈敬容：《后方小都市》，《笔阵》1939年3月1日第2期。

芳们表达愤怒和不满的空间，更进一步彻底消失了。四川现代新诗，并没有通过他们的《工作》或"呐喊"而扎根下来。一切，都还有待于抗战的进一步推动。

本书的主题和结构

回头来看，成都等后方城市在抗战初期的"沉睡"，虽然体现在文化界和知识分子身上，但背后却关联着中国抗战的整体格局。首先是最高当局内部仍然存在着战、和两派的争执，如何战，以及如何和，在当时的局中人看来，都还存在着变数。于是相应地，四川本土实力派在与中央当局的关系上，也自然就暗流涌动，影响到了文化界的团结和组织。"文协"成都分会迟迟得不到当局批准立案，就是一个例子。更极端的，是重庆大学师生，甚至还因为是否欢迎中央入川，以四川为根据地进行长期抗战而公开发生过争执。直到国民政府移驻四川，宣布重庆为陪都，与伪汪国民政府公开决裂，中国抗战进入了长期相持阶段，大量厂矿、学校、政府机关、文化机构和事业团体纷纷落地在四川，在长期抗战的国策下有条不紊地运转起来之后，现代新诗才算在四川找到了发生、发展和生存的空间。

一般文学史论著都会注意到的第一个直观事实是：随着学校、党政机关和文化团体的西迁，大量作家从上海、平津、南京、广州和武汉等文化中心城市进入四川，使得四川从战前的"沙漠"，变成了新文学第三个十年的中心区域。如果把"抗战时期的四川"当作一个静态存在的话，"四川抗战新诗史"，确实也就应该如通常的文学史那样，关注和描述这些作家因抗战而寓居四川时期的创作。但前面已经说过，我们关心的不是作家们抗战时期在四川的新诗创作，而是现代新诗如何在"抗战时期的四川"这个特殊的文化空间里发生、成长和壮大的问题。质言之，就是讲述哪些抗战时期的四川所特有的文化生产机制，促成了现代新诗在四川之发生和发展的"文学史故事"。

简化到极致，本书认为：是中高等学校的内迁和报纸的副刊的繁荣两大因素，促成了现代新在诗四川的发生和发展。前者，为四川带来了大量的新诗读者和作者，让他们在现代教育体制里，获得了生存和创作空间。并且，以这种体制的连续性，保证了其生存和创作的可持续性，让新文学社会文化空间牢牢地在四川扎下了根基，保证了现代四川新诗在抗战结束，大量"下江人"复原东下之后，仍然保持着它持续不断的生命活力。本书第一章，处理的就是这个问题。

抗战时期的四川，既是全国的政治中心，又是文化和出版中心。按理来说，应该是期刊和报纸副刊齐头并进，共同推动了现代新诗"公共空间"的形成。但由于日军从1939年开始对重庆、成都等中心城市进行大轰炸，出版业首当其冲，遭受到了毁灭性的打击。在很长一段时间里，国民政府不得不集中仅存的出版力量用于中小学教材、新闻报纸等急需出版物的印行，文学期刊长期不能正常出版。不少月刊、半月刊事实上已经成了半年刊、年刊。① 这个特殊的历史背景，使得报纸副刊取代定期出版物，变成了现代新诗在抗战时期的四川得以持续存在的唯一保证。本书第二章，选取《新华日报》《国民公报》和《新蜀报》等三家副刊，对报纸副刊对现代四川新诗的历史贡献，做了一个粗线条的勾勒。

最后，为了凸显"四川性"，本书第三章特别对以成都本土作者为主体的平原诗社诗人群的创作，做了一个详尽而深入的论析，借以彰显本土作者如何在"抗战时期的四川"这个特殊文化空间里成长、壮大，最后汇入了中国现代新诗总体脉络之中的历史过程。

概括来说，本书三章，实际上可以归纳为这样一句话：抗战时期的四川，由于大量中高等学校的内迁和报纸副刊的繁荣，现代新诗终于获得了它生存和发展的文化空间，从而不仅让大批外来新诗作者在这里获得继续从事创作的机会，更让本土青年诗人从无到有，从幼稚到成熟，汇入了中国现代新诗发展的历史洪流。

---

① 关于大轰炸对大后方出版业之影响，可参见段从学《夏季大轰炸与大后方文学转型》，《中国现代文学研究丛刊》2011年第7期。

第一章　学校内迁与战时四川新诗

现代中国新文学，是市民文化、以高等学校为主体的校园文化、政党政治文化三种不同的文化机制的产物。由于现代工业和商业不发达，以市民文化为根基的现代性公共文化空间，一直未能在四川得到正常的孕育和发展。长期的军阀混战和各自为政的"防区制"体系，又极大地阻碍了现代意义上的政党政治文化的形成。在这种情形之下，随着沿海和东部地区中级、高级学校大量内迁而形成的校园文化，就成了抗战时期四川现代新诗发生和发展最重要的文化生产机制。

学校内迁对四川抗战新诗的发展，主要体现在如下几个方面。第一，带来了大量的新诗和新文学读者，促进了新文学社会风气和生产机制的形成。第二，不少在抗战之前就已经开始发表诗作的教师和青年学生，随着所在学校进入四川，成为新诗创作的中坚力量。原来集中在南京的金陵诗人群，就是一个典型的案例。第三，作为一种现代性文化生产空间，大量中高等学校，为青年诗人的成长，提供了基本的庇护，为他们提供了一个相对稳定的学习和生活环境。这种庇护，一方面是为他们提供了进入中高等学校学习现代知识，接受新文学熏陶的机会；另一方面，实际上等于免费的贷学金制度，为不少青年诗人提供了最基本的物质生活保障，成为他们从事新诗创作的港湾。

这一章里，我们分别选取诗人李广田所在的国立六中、从南京西迁的金陵诗人群，以及其他影响比较大的中高等学校诗人加以论述，具体呈现学校内迁如何影响四川抗战新诗的历史细节。

第一节　李广田与新诗的"锻冶厂"

1940年3月1日，重庆《大公报·战线》副刊在"文坛小景"栏内，刊载了这样一则短短的消息：

> 梓潼六中有几十位同学正在写诗，也算奇景。李广田、方敬等都在该校执教。

三天后，李广田在他的日记里，写下了他读了这条文坛消息后的反应：

> 渝大公战线"文坛小景"载，"梓潼六中学生数十人正在作诗"，也算奇景，"李广田、方敬均在该校任教"，也算奇景！这怎么能算是奇景呢！①

今天看来，不管《战线》副刊的编者是在怎样的意义上使用"也算奇景"一语，李广田又是在怎样的情形下将其解读成了讥讽，这所从山东经河南、湖北、陕西一路辗转迁川的学校，确实可以看作中国现代新诗史上最引人瞩目的"奇景"之一：在李广田、方敬、陈翔鹤等人的引导下，这里先后走出了贺敬之、朱寨、孙跃冬、白莎、枫林、朱健、牧丁等一批活跃在延安和大后方青年诗人，显示了"新诗教育"的巨大成功及其丰厚的创作实绩。如果把李广田和方敬两人的创作也考虑进去的话，这"奇景"的分量，就更值得我们敬重了。

李广田与国立六中的"锻冶厂"

抗战爆发后，不甘做亡国奴的山东广大爱国学生，根据有关党政部门的安排，先后集中到河南许昌，然后奉命迁往湖北，组成国立湖北中学，师范部设在均县，中学部在郧阳。随着战争局势的变化，半年后，又再次

---

① 李广田：《青城日记》，《李广田全集》（第6卷），云南人民出版社2010年版，第292页。

西迁，于 1939 年初到达四川绵阳，重新编为国立第六中学。除了校本部外，下设四个分校，分散在临近的德阳、罗江等地。① "校本部是高中部，在绵阳；第一分校是师范部，在梓潼；第二、三、四分校都是初中部，分别在德阳、绵阳新店子和罗江。"② 其中，设在罗江的第四分校，基本上是战前济南一中的复原。战前任教于济南一中，并在战争中随青年学生过河南、驻湖北、经陕西一路辗转西迁入川，和广大学生建立了感情上的血肉联系，成功地"把流亡学校造成了一个战斗的堡垒"③ 的诗人李广田，就是在这里开始建立新诗的"锻冶厂"，最终创造中国现代新诗史上的"奇景"。

还在流亡途中，李广田就开始不拘一格，大量选用新鲜的抗战文学名篇佳作，开始了对青年学生的"战时文学教育"。朱寨回忆李氏在郧阳国立湖北中学教授国文的情形说：

> 当时李广田先生虽然担任的只是高年级国文教员，而实际上却成了全校的国文教员。因为他选用的教材和讲课内容，为时代青年普遍关注，所以这一消息不胫而走，很快流传全校。如《闸北打了起来》在《七月》杂志刚发表，便被他选作课堂教材，他认为"这是抗战以来我所读到的第一篇好文章"。又如《差半车麦秸》在《文艺阵地》上发表后，尚未引起社会的普遍关注，在我们校园却已经传开。他通过课堂和教材把青年学子引入时代潮流。④

此外，他还针对中学生情感丰富，"往往特别爱好文艺"⑤ 的特点，结合当时的社会文化潮流，利用壁报、歌咏表演、课堂和课外讨论等形式，

---

① 参见朱寨《"李广田老师"——李广田先生与"时代青年"》，《李广田全集》（第6卷），云南人民出版社 2010 年版，第 580—586 页。
② 刘禹轩：《永远的李广田老师》，《李广田全集》（第6卷），云南人民出版社 2010 年版，第 613 页。
③ 李广田：《文艺书简·自己的事情》，《李广田全集》（第5卷），云南人民出版社 2010 年版，第 187 页。
④ 朱寨：《"李广田老师"——李广田先生与"时代青年"》，《李广田全集》（第6卷），云南人民出版社 2010 年版，第 583 页。
⑤ 李广田：《文艺书简·中学生与文艺》，《李广田全集》（第5卷），云南人民出版社 2010 年版，第 159 页。

积极引导他们通过阅读抗战书刊和文艺作品来了解和认识中国社会现实。在他的引导和支持下，"同学们住下来，便自觉地组成读书会、小组会、歌咏队、话剧团，出版墙报，开讨论会"，把从山东到四川的辗转流亡，变成了人生成长的宝贵财富。抵达罗江后，身为作家的李广田，对青年学生的课外文学活动，一如既往地给予了积极支持。孙跃冬回忆说：

> 李老师要算是老师们中间最忙碌的一位。他除了上课以外，还有一大部分时间是为校内外（包括国立六中校本部即高中部和一、二、三分校学生）修改课外的文艺创作稿件和回答一些写作问题。因为稿子太多，一人往往不是一两篇，而是几篇或十几篇……李老师是每信必复，有的信长达一两千字，而且还是工整的毛笔小楷。①

在李氏的热情引导和鼓励下，国立六中——尤其是设在罗江的四分校——上下弥漫着浓郁的新文学空气，形成了教育、阅读和写作之间的良性互动环境。著名诗人方敬和作家陈翔鹤应李广田之邀到四分校任教，进一步把这股进步的校园新文学氛围，推向了高潮。

在这种情形之下，李广田以四分校校刊的名义，创刊了公开发行的《锻冶厂》，把国立六中的"校园文学"活动，变成了战时新文学的有机组成部分。孙跃冬回忆说，自己和不少同学几乎天天都在写诗，写好后就请李广田老师修改。"在这种情形之下，李广田先生想到了要创办一个发表青年人文艺习作的园地，借以对他们更好地进行指导和培养。于是，便产生了《锻冶厂》。"这个文艺月刊，创刊于1939年6月1日创刊，1940年7月1日终刊，前后共出10期。"这一年多时间内出版的十期刊物中，共发表文艺理论八篇，小说十二篇，散文十二篇，诗十三首，散曲一首，木刻版画一幅。"② 李广田、方敬和陈翔鹤三人，都在刊物上发表过不少作品，对青年学生的创作给予了极大的鼓励和支持。该刊名义上是罗江四分校的校刊，但李广田和陈翔鹤等人却以开放性的编辑态度，对其他学校作者的稿子一视同仁。后来成为著名文艺理论家的朱寨，和著名诗人贺敬之等，

---

① 孙跃冬：《李广田先生一生中最重要的转折——抗战初期跟随李广田老师流亡记》，《李广田全集》（第6卷），云南人民出版社2010年版，第630—632页。
② 孙跃冬：《记李广田和他主编的〈锻冶厂〉》，《抗战文艺研究》1983年第2期。

虽非四分校学生,但都不止一次地从李广田,从《锻冶厂》这里得到过鼓励和支持。李广田和他的《锻冶厂》,因而也成了他们走上文学道路的最初桥梁。

李广田与方敬创作

由于个人阅历和时代变化,抗战时期的李广田,逐渐把精力转向了散文和小说创作,新诗作品数量不多。《奠祭二十二个少女》,以"怀着愤怒,怀着希望,逃出了敌人的毒手"① 的二十二名女生在西迁湖北途中,不幸葬身汉江的悲剧事件为题材,为她们美丽的生命,留下了一首沉痛的挽歌:

> 惟愿世间完全干枯,
> 也不要一滴清露,
> 免得它照见花影,
> 惊破了多泪的魂灵!
>
> 但完全干枯又有何用?
> 最难晴朗的是我的眼睛,
> 是谁把二十二个美丽的生命,
> 送到寂寞的鲛人之深宫!
>
> "俺们还不如杀敌而死!"
> 我仿佛听到她们在哭诉,
> 当绿满断岸的暮春时节,
> 激怒的波涛化作一江寒雾!

此外,《消息》《我们在黑暗中前进》等诗,也记录了在流亡途中的见闻和感想,见证了诗人在抗战中成长的精神历程。《给爱星的人们》一诗,

---

① 李广田:《流亡日记·杖履所及》,《李广田全集》(第6卷),云南人民出版社2010年版,第81页。又,关于此一悲剧性事件的相关情况,亦可参见该日记有关记载。

则不妨视为"地之子"李广田这个时期的诗学宣言：

> 祝福你们爱星星的人们，
> 你们生于泥土而又倦于泥土的气息。
>
> 我呢，我却是更爱人的星，
> 我爱那作为灵魂的窗子
> 而又说着那无声的温语的
> 人的星星。
>
> 你还说："白云间的金星是美丽的，
> 而万里无云的星空却更美丽。"
>
> 是的，我们却更要发下誓愿，
> 把人星间的云雾完全扫开，
> 使人的星空更亮，更光彩，
> 而能够连接一起，更相爱。

循着这种对大地上的"人的星"，而非虚无缥缈的天空里的星星的热爱，李广田最终走向了广大朴素的"善良的人民"（《城市的繁荣》），完成了自己生命的转换。

相形之下，方敬抗战时期的创作，却更丰富，也更值得关注。

方敬（1914—1996），原名方家齐，曾用远兹、杨番等笔名，四川万县（现重庆万州区）人，早年就读于北京大学外语系，1930年代前期开始在《文学季刊》《文季月刊》《新诗》《大公报·文艺》等发表新诗和散文作品，后来结集为《雨景》《风尘集》等。抗战爆发后回到成都，参加中华全国文艺界抗敌协会，与何其芳、卞之琳等合编《工作》半月刊，积极参与抗战文艺活动。1939年下半年，应李广田之邀请，前往罗江国立第六中学四分校任教，对《锻冶厂》诗人群的形成和成熟，起到了积极的促进作用。1940年底，离开四川，辗转昆明、桂林、贵阳等地，创办工作社，主编《大刚报·阵地》副刊等。抗战时期的诗作，后来结集为《声音》

《行吟的歌》《受难者的短曲》等。20世纪50年代之后，一直在西南师范大学（现西南大学）从事教育工作，曾任副校长、党委副书记等职。20世纪80年代后，出版有《拾穗集》《花的种子》《飞鸟的影子》等诗集。四川文艺出版社1991年推出的《方敬选集》，收录诗人不同时期创作的文学作品近七十万字。

方敬早年的诗歌，正如诗人自己后来承认的那样，乃是一个"孤寂灵魂"顾影自怜的低徊吟哦和自言自语——并且时刻注意捕捉这种自言自语——的倾诉。诗人解释说：

> 当初，由于孤独，由于苦闷，也由于生之执着，我吟哦着。在那些长长的阴晦日子里，由家乡的荒芜，到异地的凄凉，在无边的空虚中，我追寻着崇高，追寻着美。我的世界是多么寂寞而狭小的，每次意象的金光的闪现，情感火花的迸放，生命的音籁的流露，都使我整个心灵悸颤，惑醉，至于迷失。但当我重归于宁静时，才发现我指下的琴音是那样枯涩，仿佛在哀惋着我生命之流的干涸。①

诗人一方面沉浸在何其芳、卞之琳等北平"前线诗人"反复吟哦的孤独、感伤和孤寂情调之中，② 另一面则从欧美现代派诗人身上汲取艺术营养，由此形成了其诗歌的基本母题和生命情感结构。作为北平古城的外来者，方敬蘸着现代派的艺术汁液，在《雪街》里书写着他对眼前世界的厌倦和拒绝：

> 贫血的长街，
> 行路人是一管针药，
> 在注射着温暖。
> 留下迹印在皮肤上，
> 行路人骄傲于事功的完成，
> 竖起大衣领子，

---

① 方敬：《雨景·后记》，《方敬选集》，四川文艺出版社1991年版，第33—34页。
② 关于"前线诗人"及其情感与姿态的分析，参见张洁宇《荒原上的丁香——20世纪30年代北平"前线诗人"诗歌研究》（中国人民大学出版社2003年版）一书。

站在街头。
于是揭示牌上混乱的字迹，
乘隙闯入他思想里
蹂躏着，
倦了晕了他回顾，
谁家檐角悲哀的半旗
在祭吊僵冷的长街。

但有意思的是，诗人又刻意地保持着这种站在世界之外的姿态，有意无意地沉浸在自己一手制造的孤独和寂寞之中，"感到夜之阴暗与寒冷"（《孤独者》），以此感受并确认自己的存在。在这个意义上，《都市鸟》的形象，可以看作诗人的夫子自道：

它嗅熟都市辛锐的煤烟味，
虽常有一点暴躁和一点郁闷，
它知道如何珍爱它的心情：
　　　　　不想飞。

影响更大，也更能体现诗人迷醉于自己亲手制造出来孤寂和忧郁之中，以此确认自身之存在感的，当属《阴天》：

忧郁的宽檐帽
使我所有的日子都是阴天。

是快下久旱的雨？
是快飘纷纷的雪？
我想学一只倦鸟
驮着低沉的天色
飞到温暖的阳光里。

我要走过一块空地

去访我的朋友。
我要到浓荫下
去访我亲切的记忆。
我是夏天的梦者。

忧郁的宽檐帽
使我所有的日子都是阴天。

一方面是对现实世界的厌倦和拒绝，另一方面是有意无意地迷醉在自己制造出来的孤寂和忧郁之中，以此确认自身的存在。两者一正一反，组成了一个封闭的情感结构。诗人越是厌倦，越是拒绝现实世界，就越是更深地沉入并迷醉在自己制造出来的孤寂和忧郁之中。而诗人越是沉入并迷醉在自己制造出来的孤寂和忧郁之中，现实世界也就越是陌生，越是不可理解，不可接受，诗人对现实世界的厌倦和拒绝，也就越强烈。

在这个自我封闭，且在自我封闭中不断增殖的封闭性生命情感结构的作用下，现实世界变成了永恒的"荒原"，"这儿空虚向空虚礼敬，/这儿空虚与空虚握手"（《炉》）。而个人，则被牢牢禁锢在这个永恒的"荒原"里，成了一个永远冲不出封闭与禁锢的空洞的符号性存在。如《圆与线》所写的那样：

多少年，一个圆，
人造的小天地，
围快乐，围悲哀，
围远古的人生，
而今落到后人的手里，
被珍视，被赏玩，
环连着两代人的心。

多少里，一根线，
把情感往远处牵，
让哀乐去奔驰，

去缢死或伸长，
而在风晨雨夕，
又以依稀的轻颤，
系着两地人的心。

一个这样小小的圆，
一根这样细细的线，
便永远替人生
打下一个难解的结。

抗战爆发后，方敬辗转回到四川，个人情感、诗歌主题和艺术风格等，都发生了根本性变化。诗人叙述自己的变化说：

> 空前的苦难在锻炼我们整个民族的命运。于是我们把思想意志与力量，一齐投进那万丈光芒的熔炉里去。到处都是血与肉的搏战，反抗的呼声，对自由、解放和光明迫切的渴求。到处呈现着生命，呈现着力。这些感召了我的心，不由得不鼓舞，振奋，我因而变得快活，健壮，热忱，走到朗阔的天地里，学着爱人，爱斗争，爱真理的歌唱。我听到了生活的警钟。我听到了写作的警钟。
>
> 我爱生活甚于写作。
>
> 我也还在写着，而且深信一切艺术都应该从生活出发。一棵写作的活生生的树，只有植根在现实肥沃的土壤里，才会结出人人都爱的果实。吸取无尽的生活的涌泉，我们哺养自己，发育自己，成长自己。
>
> 现在，对人对己，我都存着希望。[①]

确实，一望而知的第一个变化，是自我封闭和彼此孤立的孤寂感消失了，取而代之的，是由抗战大时代孕育和生产出来的整体关联感，彼此之间的亲密感。在《光》中，后方生产妇女手中的"针的光／剪刀的光"，和

---

① 方敬：《雨景·后记》，《方敬选集》，四川文艺出版社1991年版，第34页。

前方将士手中的"枪的光/刺刀的光",彼此交相辉映;后方生产妇女在严寒的冬夜挑灯纺织,前方将士在同样严寒的冬夜警惕着敌人,守卫着民族的生存与自由,两者共同的"无眠的眼珠的光",温暖着中国严寒的冬夜,照亮了民族解放的道路。在《报》里,人与人之间的界限,职业与职业之间的分割消失了,民族解放的鲜血,将这一切凝聚成了一个坚强有力的共同体:

> 痛苦与正义交糅的情感,
> 灾难与真理合织的思想,
> 辛劳与钢铁镕铸的意志,
> 随着每颗子弹的射击,
> 随着每支笔的刻划,
> 随着印机轮子的飞跃,
> 成为不可磨灭的徽记,
> 展现在多少对热情的眼前,
> 要求警觉,要求力量。
>
> 油墨的字里,
> 闪烁着汗珠,
> 每个标点,每道线条,
> 都是鲜血凝成的。
> 这里:
> 战士,记者,作家,工人,
> 构成了坚强的阵线,
> 这里:
> 时论,新闻,通讯,报告,
> 织成了战斗的火网。
> 每个善良的灵魂,
> 都在向无耻的暴力抗议,
> 向大众控诉……

——或许，我们还可以从语言与现实之关系的角度，加上这么一句：在民族共同感的魔力下，语言与现实之间的界限，也消失了，被反抗和解放的鲜血，溶解了。一切的一切，都被神圣的抗战召唤出来，聚集起来，镕铸成了一个有机的生命整体。

　　相应地，诗人的基本情感，也从厌倦生活，拒绝现实世界，转向了对世界的赞美，对生活的热爱。我们的诗人，发现了世界的美，发现了世界的勃勃生机，并对之发出了由衷的赞美和感激。他赞美沉重而艰辛的《骆驼群》，因为"那曾驮运过／北方人民的财物的背脊，／而今输送着粮秣军械"，让我们"仿佛听见自由的消息／而感到了慰藉"。他歌颂《棉花机》，"沙滩边的棉花机"，因为它给前线将士送去了棉衣，给中国抗战增添了无穷的活力。他赞美跋涉在"不毛的羊肠小道上"，或"负载着煤块的重压"，或者"负载着军械的重压"的《挡夫》，他们每一步艰难的跋涉，都和"辽远的战争"，和"明日的世界"，有了亲切的血肉关联。他赞美普通而平凡的乡下人，赞美他们日复一日的劳动说，"你们的劳力／令我想起天空，海洋，／和征服了天空海洋的人类"（《劳力》）。在《丰收》中，他赞美"九月的田野"，对"养育我们好多代的／大地母亲"，对肥沃的祖国大地，发出了由衷的感激：

　　　　跪下，卧倒，
　　　　亲近这土地，爱这土地，
　　　　流一滴战斗的血，
　　　　去安慰养育我们好多代的
　　　　大地母亲。

　　更重要的，是中国的大地上，和诗人的心灵深处，都生长出了"路"。抗战后方的《路》，沟通、交织成"一袭密密的网络"，联结起"津浦、粤汉、北宁"，集合起整个中国的力量，"去捕捉人类的豺狼"。每一条道路，每一份力量，因而都关系着中国的新生，指引着民族的未来：

　　　　前进，一切都前进着，
　　　　骡蹄，车轮，足步，

> 沿途压下希望的花纹，
> 一切都前进着，
> 每条路都通到胜利，
> 通到南京、北平、东北……

诗人的灵魂，也舒展开来，撑破了"圆与线"的禁锢和封闭，向着阔大的世界，向着未来，生长出了"路"。战争中的流离和跋涉，丰富着方敬的人生体验，消除了自我与他者的界限，也消除了他对世界的陌生感和距离感。陌生的他乡，随着亲切的《记忆》，变成了诗人的未来和希望：

> 一些陌生的地方
> 在遥遥地诱召我的心，
> 我日日都在扩大我的地图，
> 在扩大我正在扩大的心灵。

时代之路上来来往往的车辆、行人和物资，交织着，喧闹着，转动着古老而沉重的中国，"唱着时代的歌"（《古城的歌》），也撞击着诗人的灵魂。笨拙而沉重的《骡车》，在给抗战输送物资，给民族增添"自卫力量"的同时，也给诗人带来了严肃的思考：

> 把长征的踪迹留在这里，
> 你又匆促地走了，
> 而这时我无眠的沉思，
> 也正从无尽的路，
> 走向无尽的路，
> 一条真理的路呵。
> 让星月的光辉前导，
> 让我的沉思前导，
> 你这风尘的过客
> 远去，远去……

曾经惑醉在自己亲手制造的孤寂和忧郁之中而"不想飞"的"都市鸟",开始对行动,对飞翔的渴望:

> 高飞的翅。远航的帆。
> 引人远瞻遐想的天空。
> 我想起北方南方一切我走过的地方,
> 我想起了我的友与敌,爱与憎,
> 我想起一些过去的长长的阴暗的日子,
> "要投到光明世界却是一件难事。"

——《风雨夜》

"皖南事变"后,方敬辗转昆明、桂林、贵阳等地,以实际行动投身到了他一直渴望的"光明世界"。其诗歌创作,也一改抗战初期略嫌简单的乐观,有了更多的沉思和复杂性,更多因人民的苦难而来的愤怒与反抗,进入了另一个新的历史阶段。

孙跃冬

从《锻冶厂》走出来的青年诗人中,孙跃冬是当时最为活跃的一个。孙跃冬(1922—2009),山东济南人,原名孙耀东,另有笔名丙丁、YT、江帆、黄河滨、孙骏、采薇、白泥等。抗战爆发后,随济南一中经河南、湖北、陕西等地,辗转南迁到四川罗江,就读于国立六中第四分校,在李广田、陈翔鹤、方敬等人影响下开始文学创作。作品主要散见于《笔阵》《抗战文艺》《诗创作》《诗垦地》《现代文艺》,以及《新蜀报·蜀道》《华西晚报·艺坛》《国民公报·文群》等报刊。1942年,加入"文协"成都分会。同年,与蔡月牧、芦甸、方然等组织平原诗社。次年,和谢宇衡等发起组织山谷诗社,并主编《山谷诗贴》。1943年,考入四川大学,参加"民协",又和杜谷等发起"川大文学笔会",积极参加进步师生的民主运动。20世纪50年代后,主要从事新闻工作。1955年,因受"胡风反革命集团"冤案牵连,停止了文学活动。20世纪80年代后,重新开始发表作品。出版有散文诗集《昨夜的花朵》，诗集《心灵的抒情》等。① 华人国际新闻出版集团 2008 年印行的《孙跃冬诗文集》，收录诗人不同时期创作的作品较为全面。

孙跃冬抗战时期的诗歌，大致包含这样三个方面的内容。第一，是书写个人的生命体验和哲理感悟。在这方面，抒发因疾病和思乡之情的困扰而萌发的对生活、对生命的厌倦之情的《病》一诗，确实有脱离时代，甚至无病呻吟的空洞和矫揉造作之嫌。但同样以游子思乡之情为主题的另一首小诗《伞》，却写得亲切而结实，而且隐约中见出了抗战大时代在普通人亲情上的投射：

　　游子离家远行了，
　　母亲送一把伞，
　　叮嘱着：
　　——自己去爱惜自己吧！

　　大雨中，
　　游子撑起伞；
　　烈日下，
　　游子撑起伞。

　　遮蔽在塔形的伞下，
　　游子仿佛回到了家。

这首小诗写成后，曾经和其他诗稿一起，寄给胡风主编的《七月》，结果遭到退稿。胡在退稿信中说，"寄来的诗看过，其中《伞》一首较好，但总是思家的心情，离时代的要求太远了"。诗人说：

　　在当时抗日战争的最艰苦阶段，胡风先生这意见当然是对的，我

---

① 关于诗人生平及其创作情况的叙述，参考海梦主编的《中国当代诗人传略》（第 2 集），四川文艺出版社 1991 年版，"孙跃冬"条。

诚恳地接受这一批评，以后写诗总是紧扣着时代的脉搏。哪知全国解放后，1955年"胡风反革命案件"一来，这封信却给我带来一场"灾难"，成了我的主要罪状。①

今天，有了历史的"后见之明"，知晓了诗人在炮火连天的战争环境中，经山东、河南、湖北、陕西一路辗转进入四川的人生经历，读过了他书写一路跋涉内迁的感受与体验的同类作品，理解了他"为了众人和众人的亲人/而辞别了自己的双亲"（《追求》）的心境之后，回头来看《伞》这首小诗，胡风的批评，就显得有些过火了。相形之下，还是流沙河先生知人论世的评价，要恰当得多：

> 跃冬先生早慧，栉沐于抗日流亡的风雨，十七岁写的《在北方的漠野上》尚具有"战斗诗"的宣传鼓动腔调，十九岁写的《流亡旅途》《夜行》《伞》已显示了诗艺成熟，语言简洁，结构精致，既嗅得出时代的气息，又看得见诗人的面目。尤其是《伞》精简异常，想象鲜明，游子恋母之心分明上承"慈母手中线，游子身上衣"的唐人句意，已俨然大手笔。80年代印的四十年诗选，据说有两三种，宜有此诗入选才好。他是不是一块写诗的材料，到此已无疑义。②

以一把伞而连起抗战大后方，与沦陷了的故乡之间的感情关联，"离时代的要求太远"之说，显然不甚恰当。如果一定要说的话，只能说它似乎太精巧了一点，内敛有余而丰满不足。这种精巧，实际上也正是孙跃冬书写生命体验与人生哲理时的普遍不足：要么如《望江楼》那样，被对象所限制，生硬地"做题目"；要么如《笑的花朵》《四行》等诗作，追求"深刻主题"或"时代意识"，反而把诗变成了枯燥的格言警句。

第二方面的内容，是抒发诗人对生活的热爱，对胜利和祖国之未来的展望。从山东济南到四川罗江的辗转流离，并没有摧毁诗人对自我生命的

---

① 参见《伞》诗末自注，孙跃冬《孙跃冬诗文集》，华人国际新闻出版集团2008年版，第25页。
② 流沙河：《读跃冬诗》，孙跃冬《孙跃冬诗文集》，华人国际新闻出版集团2008年版，第5页。

坚强乐观，没有动摇诗人对胜利，对中国的未来的信仰。相反地，正如李广田所看到的那样，孩子们"自己磨炼，自己教育，自己开辟自己的生活道路"，在数千里的艰苦跋涉中变得越来越勇敢，越来越坚强，"像经过了春雨滋润的种子，自己萌发，自己生长起来了"，他们一天比一天变得"更泼辣，更坚实，更增加了生活能力"。[①] 在抗战初期举国上下的兴奋与乐观氛围中，优美的风景诱发了年轻的跋涉者对祖国的热爱和陶醉，"在辽幅的山水画中／是路径领我而行呢／还是我领路径而行呢"（《飞沙集·途中》）。而路途的艰难，则反过来，激发了诗人征服困难，大步向前迈进的生命豪情：

> 不要怨这土地的辽阔
> 应责难于双足呵
> 看看
> 黄昏就要撒下
> 前面还有悠长的山径等你
>
> 走呵
> 行走于途中的旅人
> 我们当向路骄傲
> 不要对双足叱责
> 让我们欣慰的欢呼吧
> 明日将要与阳光，绿原，
> 河流相遇……
>
> ——《飞沙集·明日》

在洋溢着青春气息的浪漫主义生命激情，以及抗战初期中国社会普遍性的乐观与兴奋情绪的共同作用下，战时中国一草一木、普通人的劳作、平凡的生活片段，在诗人的眼睛里，都绽现出了它们的光彩。《淘金者》的冲淘、拣选和发掘，让诗人激动不安地联想到中国在抗战炮火洗礼中的

---

① 李广田：《力量》，《李广田全集》（第1卷），云南人民出版社2010年版，第439—440页。

新生：

> 来冲淘吧，
> 伟大的淘金者！
> 在我们艰苦的抗战中淘去废物，渣滓……
> 把坚强的力量留给祖国。

在普通民众《修路》的劳作中，诗人看见"一条，又一条"的道路，连通了"祖国的山野、城镇"，变成了"祖国肌体的动脉血管"，为古老的中国注入了新鲜的生命活力。眼前的八月的田野，让诗人想到了北方的青纱帐，看见了无限辽阔的丰饶而美丽的中国（《秋歌三唱·海》）。诗人像初次睁开眼的孩子那样，打量着生机勃勃的中国，对世界，对每天的日常生活，发出了愉快的问候：

> 车辆带去我清晨温甜的梦，
> 带给我一日繁忙的工作，
> 电笛是老相识的招呼，
> 我向每部车辆问候。
>
> ——《窗前草·公路》

甚至，单纯的自然景物，也诱惑着诗人，让诗人"深信我们明日的工作是好的"（《外面》），看见了生命和世界的美丽：

> 外面刚落过一阵细雨，
> 外面无比的清新……
> 让我们到外面去。
>
> 外面刚落过一阵细雨
> 而太阳却出来了。
> 啊，好鲜亮的太阳！
> 夕阳在我们的脸上，

留下鲜亮的痕迹，
我们是无比美丽！

  这类作品的代表作，当推长诗《到阳光的下面去》。抗战进入相持阶段后，日本侵略者在正面进攻的同时，对我国西南抗战大后方主要城市，展开了残暴而旷日持久的战略大轰炸，企图摧毁中国军民的抗战意志，最终迫使国民政府投降，结束他们所谓的"中国事变"。由于四川多雾，这种轰炸只能在天气晴朗的日子进行，由此而形成的一个战争景象，是阳光明媚的日子，往往同时又是大后方老百姓纷纷从城里来到郊外，来到原野上，躲避空袭的日子。日本侵略者没有想到的是，对平民和军事目标不加区别的残暴轰炸，不仅没有摧毁中国人民的抗战意志，反而因共同的遭遇而激起了上下一心抗战到底的坚强意志。

  《到阳光的下面去》，以跑警报、在阳光下学习和相互致意、返城三个片段，完整地展现了抗战大后方的普通人如何因为空袭而纷纷离开城市，来到和煦温暖的阳光下，彼此相互致意，相互接近而产生了亲切的国家共同感，一个民族如何在侵略者的空袭中变得更健康，更强壮的故事。"太阳出来了，/太阳撒下一片金黄"，早已经习惯了空袭的人们，从容地，从城里向着郊外走去，仿佛去参加一场热闹的聚会：

那娃儿脱下短短的衣裤，
在阳光中又唱又跳。
那推车的汉子，
索性把背心也脱掉。
那大街上店铺的伙计，
推出装货的四轮车，
妈的，好天气！
准有警报……

  不同年龄、不同身份的人们，熙熙攘攘地，为着抗战的最后胜利，为着祖国的未来这个神圣的最终目标，向着郊外，向着阳光走去。被居所、被职业隔离开来的人们，在跑警报的过程中，有了共同的目标：

到阳光的下面去!
走啊!
坐在厅堂的老祖母,
别再摸索。
守在深院的母亲,姐姐,
别再噜嗦
小弟弟,
我们的幼芽,
走啊!
到阳光的下面去。

甚至,消除了彼此之间的误解与隔膜:

(哟!还拉载上货车。
物比人值钱?
货物是用汽油运来的,
保存我们的实力。)
走!到阳光的下面去!

更重要的是,空袭并没有摧毁中华民族的抗战意志,没有妨害中华民族的成长。在跑警报的过程中,彼此素不相识的人们,获得了相互亲近,相互结识的机会。温暖的阳光,消融了彼此之间的距离:

在阳光的下面,
我们相遇了。
忙公事的伯伯,
整年不出门的姥姥,
父母姊妹……
不论你是谁,
不论你住在哪条街道,

> 今天是好机会，
> 大家认识吧。
>
> 太阳的爱，
> 没有厚薄，
> 宫殿里的王后，
> 街上的乞者，
> 他照着你，
> 一般温热！

温暖的阳光，碧绿的原野，还让人们有了亲近自然，学习新知识的机会。诗人号召说：

> 大家不要偷闲啊！
> 在这有阳光，
> 有风
> 有禾苗的地方，
> 我们要相识，
> 我们要学习，
> 不放过，
> 没分时光！

面向书本是学习。面向田野，面向农人，同样是一种学习，而且，是一种充满了战时气息，富于浓郁的时代特色的学习：

> 不论你干什么职业，
> 不论你在战斗中，
> 站在哪个岗位，
> 多得一点知识，
> 就像多了一件宝贝。

诗人满怀天真而热情洋溢地，把原本被迫的躲避空袭之举，转变成了对阳光，对生活，对成长的感激：

> 今天啊，
> 让我们感激阳光吧，
> 阳光把我们召唤，
> 召唤来让大家相识，
> 召唤来与田野相遇，
> 召唤来向自然学习！

身为中学生的孙跃冬，把自身的体验和感受，成功地升华成了中华民族在战争健康成长，获得了生机和活力的民族叙事。在阳光的照耀下，孩子们的身体变得更健康，知识变得更丰富，对未来，也更加充满信心了。新中国的未来，与人们的笑脸，在蒙太奇式的结尾中，获得了高度的有机统一：

> 老伯伯掀起胡须笑着，
> 老母亲露出空空的牙床笑着，
> 大家的脸上，
> 都在笑着……
>
> 看啊！
> 都变得更红更黑了，
> 每个人的脸，
> 每个人的皮肤……

汪曾祺曾以自己在西南联大的生活经历为题材，撰写《跑警报》，宣告了日本侵略者对中国抗战大后方旷日持久的大轰炸的失败：

日本人派飞机来轰炸昆明，其实没有什么实际的军事意义，用意不过是吓唬吓唬昆明人，施加威胁，使人产生恐惧。他们不知道中国人的心理是有很大的弹性的，不那么容易被吓得魂不附体。我们这个民族，长期以来，生于忧患，已经很"皮实"了，对于任何猝然而来的灾难，都用一种"儒道互补"的精神对待之。这种"儒道互补"的真髓，即"不在乎"。这种"不在乎"精神，是永远征不服的。[1]

这个说法，多了些事后的从容，增添了作家个性化的幽默，也确实更接近历史真相一些。但对抗战时期的国人来说，仅仅"不在乎"，仅有"永远征不服"的信念，还远远不够。还必须有更结实，也更有力的"故事"，才能让他们保持着《到阳光的下面去》的乐观，对中国的抗战，对民族的未来，生发出源源不断的理想信念。

在这个意义上，冯至当年在日军对昆明的空袭和轰炸中写下的《十四行集》第七首，反而更有历史的现场感一些，与孙诗不约而同地走到了一起：

> 和暖的阳光内
> 我们来到郊外，
> 像不同的河水
> 融成一片大海。
>
> 有同样的警醒
> 在我们的心头，
> 是同样的命运
> 在我们的肩头。
>
> 要爱惜这个警醒，
> 要爱惜这个运命，
> 不要到危险过去，

---

[1] 汪曾祺：《跑警报》，《汪曾祺全集》（第3卷），北京师范大学出版社1998年版，第401页。

>那些分歧的街衢
>又把我们吸回，
>海水分成河水。①

不同的是，冯至在欣喜地看到跑警报的人们从四面八方来到一起的同时，又多了一层中年人的忧思，多了一层对"海水分成河水"，在抗战中"融成一片大海"的民族再次走向分裂的隐忧。历史事实，证实了这一隐忧的先见之明，也反过来说明了冯氏的睿智和成熟。

但，正如上文所说的那样，当下性的鲜活生命需要的不是事后的冷静，也不是沉思者深刻的睿智，而是直接的、不可遏止的生命激情。正在和侵略者作殊死搏斗的中华民族最迫切，也最真实的需要，就是《到阳光的下面去》那种天真、简单，甚至肤浅，但却热气腾腾的生命活力。孙跃冬以个体生命的激情，直接投入生活的海洋里，呼吸着，进而捕捉到了中华民族在抗战大时代里涌动着的生命活力，使得《到阳光的下面去》，成为最具有时代特色，也最具有诗人青春的生命气息，洋溢着阳光，洋溢着永远的生命热力的诗篇。在谋篇布局上，简短而情绪饱满的诗行，穿插自如的对话和辩驳，也显示出了诗人出色的艺术才能。

孙跃冬诗歌的第三个主题，是对底层民众苦难的关注，以及因此而来的对阶级压迫，对不公正的社会制度的反抗和诅咒。我们看到，早在1940年初的《修路》中，歌颂普通民众为抗战而忍受饥寒的牺牲精神之余，孙跃冬就听见了华丽的"雪佛兰"汽车里发出的"得意的笑"。甚至，在《到阳光的下面去》这样热情洋溢地歌颂抗战，歌颂民族新生的作品中，也出现了挺着肚子的"大老板"的身影，与普通民众的形象，构成了一个小小的讽刺性对比。此后，随着众所周知的中国抗战及其政治形势的发展变化，初期那种简单质朴的乐观气息，在孙跃冬的笔下越来越少，诗人开始了思索，开始越来越多地注意到了普通民众的痛苦。

20世纪40年代中后期，孙跃冬一改其歌颂抗战，歌颂民族新生的姿态，转向了政治讽刺诗和"人民诗歌"的写作，对"那些凭空做梦只动嘴说的家

---

① 冯至：《十四行集·我们来到郊外》，《冯至全集》（第1卷），河北教育出版社1999年版，第222页。

伙,/那些敷衍了事浑水摸鱼的,/那些只用枪口对准自己兄弟的家伙",发出了"滚他们的蛋"的怒吼(《最后胜利》)。诗人仍然保留着一贯的激情,但这激情往往带来怒吼,带来标语口号,甚至变成了鲁迅所说的"辱骂和恐吓"。《家犬》就是一个明显的例子,"呸""滚""畜生"之类的词语,即便在当时的历史语境中,恐怕也不见得有多少战斗力。相形之下,反而是书写诗人自己在民主斗争中的人生收获与生命感悟的作品,如《心境》《这时候》《夜读〈安魂曲〉》等,比较耐读,也在含蓄内敛中,见出了诗人艺术才能的进一步发展。1947年在川北三台写下的《泉》,气势恢宏,诗情饱满而形象鲜明,体现了孙跃冬"人民诗歌"写作的基本特色和艺术成就:

从地层的深处渗透出来
从岩石的细到看不见的缝间流淌出来
从地球的心脏,从三山五岳的重压之下
流淌出来,流淌出来……

泉啊,再细再微弱的
一滴又一滴
一线又一线
聚成一条河
汇成一道江
以毕生所有的力量钻凿开矗立万仞的山石
以滴水聚成的力量造成万马奔腾的瀑布
泉啊,历史正等待你去创造
泉啊,我们的人民正象你
呼啸着,奔腾着
以劈山开岭的力
奔向大海
去集合

从写"朗诵诗"开始,到"政治讽刺诗",孙跃冬一直比较注意诗篇的整体气势和结构,善于用铺排的句式,或贯穿全篇的复沓,营造宏大、有力的声音效果。诗人也善于捕捉富于时代色彩生活片段，用反复的渲染，或淋漓尽致的铺叙，营造生动鲜明的意象，使得不少诗篇，都充满了浓郁的绘画感。此外，诗情饱满，具有浓郁的抒情气息，也是孙诗一个鲜明的艺术特色。

除新诗外，孙跃冬还用"黄河滨"等笔名，发表过小说、杂文，对四川抗战文艺运动的发展，发挥了一定的推动作用。从抗战后期开始，孙跃冬越来越多地参与席卷全国的民主政治运动，像中国现代文学史上无数左翼进步作家那样，最终完成了诗人到革命者的角色转变。这一转变，也可以说是实践了他的诗歌启蒙老师方敬的信念："我爱生活甚于写作。"①

贺敬之、白莎等诗人

抗战之前系同班同学的贺敬之、白莎、枫林、朱健等四人，以及慕李广田之名而转学到国立六中的牧丁，也都在不同程度上，直接或间接地受到了李广田及其《锻冶厂》的影响。

贺敬之，笔名艾漠，山东峄县（今枣庄市）人。1937年，考入山东省立第四乡村师范学校。抗战初期，随学校辗转西迁，就读于国立六中第一分校（即师范部），其间曾与白莎、枫林、顾牧丁等人组织诗社，出版文学壁报。为了提高写作水平和文学修养，他曾经从梓潼步行一百多里来到罗江，向李广田请求转入第四分校就读。被学校以床位不足拒绝后，"他站在教室窗外听李广田老师讲了一节课才返回"。②

贺敬之的文学才能和诗名，虽然是到了延安之后，凭借歌剧《白毛女》等作品确立起来的，但他那永远"在路上"，永远"向前进"的姿态和自我意识，却很早就通过他在梓潼时期的创作建构了出来。而且，留下了他从山东一路辗转而来，最后又从四川步行到延安的"在路上"人生经历的影子。在他标明了写于"梓潼""潼水"或"四川，梓潼"的早期作品里，诗人一方面以其辗转迁徙的真实经历为基础，用田间式短促的诗行和节奏，书写着"在路上"的欢欣和激动，给读者留下了一个在祖国大地上，在太阳下唱着，跳跃着"向前进"的身影。另一方面，现代性的时间

---

① 方敬：《雨景·后记》，《方敬选集》，四川文艺出版社1991年版，第34页。
② 孙跃冬：《李广田先生一生中最重要的转折——抗战初期跟随李广田老师流亡记》，《李广田全集》（第6卷），云南人民出版社2010年版，第631页。

神话也开始进入并支配了他的写作，物理时间意义上的"未来"，变成了诗人期待着的"明天"，变成了前进的目标和方向：

  在无边的黑暗的底层里，
  在无止的悠长的岁月里，
 被损害的善良的黑压压的人群，
   正把耳朵，眼睛，
  扭向吹风的暴响的铁栅外，
喔，孩子们，
喔，妇人们，
喔，汉子们……
  解放的年代——
  一九四〇年来了。

20世纪50年代后，诗人一系列以"十年"为单位的时间颂歌，实际上早在这里，就埋下了种子：单纯的物理时间，被诗人象征化和神秘化，变成了"进步"的同义词。"向前进"，自然也就变成了在现代性时间的轨辙上大踏步地跃进。"在路上"，也相应地，变成了在自己的想象里，在现代性时间神话里。在这个意义上，1940年3月在梓潼写下的组诗《行列》中的《"我的小同志艾末"》，其实就是贺敬之所有诗歌中的自我形象：

 对于一切
 他都注视着，像狼，
 期待"有一天"，
 像期待母亲。

 永远念着祖国，
 对于一切他所应爱的
 他都灼烧般地爱着。

 但是，明天，

>他就走了！
>他唱起歌
>向他爱去的地方……

确如诗中所说，写完《行列》之后，贺敬之就和另外三个同学一起，"唱起歌，/向着他爱去的地方"大踏步地走去，进入了延安。这一举动，对白莎、枫林等的人生道路和诗歌创作，都产生了深远的影响。

白莎（1919—2008），本名晁若冰，笔名有风涛、若冰等，山东菏泽人。1936年考入菏泽师范学校，抗战后随学校内迁入川，就读于国立六中师范部。1940年加入中国共产党。1941年初，曾从梓潼出发北上，拟到延安，中途受阻返回四川，在中江、洪雅、岳池等地从事地下工作。1955年，曾受"胡风反革命集团"案牵连，遭受不公正待遇。20世纪80年代平反后，从事"微型诗"和小说创作，出版有长篇小说《巴山夜雨》。抗战时期的作品，主要散见于重庆《大公报》《新华日报》《新蜀报》和《七月》《诗创作》等报刊。《白莎诗存》，较为完整地反映了他不同历史时期的创作成就和基本面貌。

和大后方千百万追求进步，向往着光明的进步青年一样，白莎的早期的诗歌，表达了他对"北方"的热烈向往。《太行山在战斗着》想象横亘在"亚细亚的/原野上"的太行山，正在进行着庄严而激烈的战斗，人们

>不分昼和夜，
>向着山野，
>向着浓林，
>向火线，
>向城镇，
>向着敌人奔腾
>进袭……

而"战斗的太行山，/守望着/年青的战士"，让他们"呼吸在血火里，/在战斗中成长，/在战火中学习"，成为祖国坚强而健康的新一代。《颂骑士》更进一步，把战斗在太行山的"年青的战士们"比喻为一群健

壮的、年青的骑士,"一群灿烂的红星"。诗人以蒙太奇的透视手法,想象他们的英勇而愉快地战斗在太行山的战斗情形说:

> 青石路扣紧着马蹄,
> 你轻捷的跨上了战马,
> (高伟而骁壮的战马呵!)
> 驰骋过万道山岗,
> 黑的土地,
> 和浓密的山林。
> 在冻结了冰川的山丛里,
> 队伍坚实的行进;
> 战斗的行列中,
> 你们是一样的年青。
> ……
> 你们惯用着
> 敏捷的袭击,
> 越过敌人的"封锁线",
> 严肃行进
> 刀枪扣紧千百颗
> 沸腾的心。……
> 一声摇撼山岳的呐喊,
> 摧毁了侵略者的阵营。
> 你们英勇的完成了任务,
> 驰骋
> 歌唱
> 奔腾……

很显然,这是最典型的浪漫主义想象。不是"太行山"生活的真实情形及其魅力吸引了作者,而是眼前的"现实生活"令人厌倦,令人无奈。对"那里"的美好想象,表达的是对"这里"的抗议。"那里"之所以那样热烈,是因为"这里"如此阴冷。但不同于一般性浪漫主义者的是,诗人心目中的"北方",有着明确的所指。所谓的"骑士",也不是虚无缥缈的传说,而是正在为"千百万大众"而战斗着的民族战士。

所以很自然地,1941年初,白莎毅然决然地和赵枫林、毕春景两人一起,由梓潼出发北上,走上了通往延安的道路。"然而在刚刚走到半途的一座小城里,不幸被迫又折转来了",① 在四川从事进步工作。《路》记载了三人在"一个落着大雾和细雨的夜"里,沿着蜀道悲夜行北上的情形。诗人巧妙地运用"雾"和"路"两大核心意象,不露痕迹地把写实和象征融合在一起,表达了在"浓雾"包围中寻找光明之"路"的决心和信心:

  在我们的前面和后面
  是茫茫的灰沉沉的浓雾
  我辨不出哪是太阳滚出的地方
  我的视线透不过浓厚的空间
  而我们是被浓雾和夜
  晦暗而沉浊的灰色所包围了

  然而,路是有的
  这条路是通到草原的路
  伸过这片难以通过的地带
  浓郁的林木,寒碜的小树,沉浓的雾和夜
  路,引带我们到有太阳的
  阔朗而暖和的地方去……

  高原有着无数条的路
  每条都可通到草原外
  在遥远的天和地接连的那一条线上
  在你的眼睛所能及到的地方
  透过灰色的林木的枝丫
  不是还有着星光的闪耀吗?

---

① 白莎:《生活》,《国民公报·文群》1942年3月28日副刊。

  而躺在星光下面的
  那条深阔的河流
  不是依然在暴怒地汹涌地流？
  路，就是在那地方
  路就在那条河流的岸边
  那就是通往草原的路啊

  不过，也正因为他所要寻找的"通往草原的路"并非物理意义上的交通渠道，而是通往理想和光明的人类社会发展道路，所以被迫"回到南方一座荒僻的小城"之后，[①] 诗人很快从幻灭和沮丧中走出来，开始了自己创造光明，创造理想社会的战斗。《家》表达了不再寻找远方理想的"家"，而是自己动手，为自己，也为他者创造理想的人类之"家"的豪情：

  我底家不像边疆这样的荒凉
  我底家不像这阴暗多雨的地方
  然而我并不眷恋我底家
  因为生活把我和家隔远！

  如今，我走在中国底边疆
  我在边疆上开垦
  我在边疆上播种
  我有我自己的生活
  我有我更多的工作

  虽然有使我流泪的我也流过眼泪
  有使我愤怒的我也有过愤怒
  但我依然有我生活的力量：
  我在边疆上工作
  边疆就是我底家！

---

① 白莎：《生活》，《国民公报·文群》副刊1942年3月28日。

一直想要追寻着贺敬之们的步伐，寻找"通往草原的路"(《路》)，寻找"北方"的光明和温暖的诗人，最终回到自身，通过实际行动，把自己变成了光明的所在。诗人曾经深爱过的"为茂密的灌木丛所绵延的地方"的光明，与荒凉而偏僻的边疆地区的光明，在诗人的笔下汇合为一个整体，远在"辽阔的黄河边"的"你们"，和"这西南边疆"的"我们"最终走到了同一条理想之"路"上，沐浴在了相同的"我们的太阳"之下(《边疆的路》)。在这个意义上，诗人最终还是抵达了"北方"，完成了从浪漫主义诗人向社会变革者的现代性转换。

曾经和白莎等人一起步行北上延安，又被迫一起回到四川的诗人赵枫林（1922—1967），原名赵益友，山东菏泽人。抗战爆发后，随学校内迁四川，就读于国立六中第一分校，与白莎、贺敬之等同学，并于1941年，与白莎同时加入中国共产党。北上延安受阻后，先后在四川中江、重庆等地从事实际工作。1946年，应诗人王亚平之邀进入中原解放区。20世纪50年代后，在北京市文联工作。"文革"初期，自杀身亡。[①]哲理诗《笼鸟》，写出了诗人对充满了风雨的斗争生活的向往，和对平庸现实的厌恶，在某种意义上可以看作诗人自己的人生观。《春雷》也是书写哲理和人生感悟的作品，但意象生动细密，感情充沛而连绵不断，是诗人同类作品中的佳作。结尾处的主观流露，虽比较生硬，但也体现作者试图进一步拓展诗意生成空间，把自我植入写作之中的努力：

今年
天地第一次联欢，
宽阔的笑
——春雷响了！
梦里警醒的眼睛，
流出了激动的泪水。

是呵：

---

① 关于枫林生平的叙述，参考朱健《诗人赵枫林》，《往事知多少》，湖北人民出版社2009年版，第145—148页。

草木醒了，田地醒了。
村庄醒了，城市醒了，
人醒了，连禽兽呀，都醒了……

而春天，正和一切醒来的，
在风雨里秘密地举行婚礼呢。

是的
播种的日子，开花的日子，
结实的日子，丰收的日子，
一切好的日子呀，
都要出生在
孕育和诞生的痛苦里。

怎么？你仍在
梦里苦笑和抹泪水，
唉，睡得好死呵！
石头都醒了呢！

  由《床》《三人》《窗》三首诗构成的组组诗《离去的夜》，虽然迟至 1943 年 4 月 24 日才发表在《国民公报·诗垦地》副刊上，但写的却是他和白莎等三人结伴离开梓潼，北上延安的事。由于对"北方"的美好想象，和个人思想立场的变化，诗人往往借助于后设眼光，把被抛弃，被放逐了的"南方"打入阴暗潮湿的冷宫，变成丑恶和黑暗的同义词。但事实上，远离战争前线，与社会现实也保存着一定距离的校园生活，相对来说还是比较宁静的。白莎就曾在散文中，为当时的校园生活，留下了这样的记载："那里也有海波般的小山，也有铺着天鹅绒一样的柔软的绿茵的小河岸。我们闹热的活跃的一群，平静而又紧张的生活着，自由的呼吸，愉快的歌唱，高朗的笑……"① 枫林的《床》，实际上也以离开之际的依恋之

---

① 白莎：《生活》，《国民公报·文群》副刊 1942 年 3 月 28 日。

情，透露了诗人在梓潼这座小城的深厚感情。虽然这份浓厚的依恋之情，最终还是为了衬托出了诗人追求光明的决心：

> 但我要去，去
> 去……为的是
> 把梦想变成现实……

《三人》则可以和白莎的《路》对照起来看。后者以"当局者"的眼光，从内往外看，写被"浓雾"包围着的情境，和在这种包围中仍然坚信前方有"路"的坚定信念。《三人》则跳出三界，以"局外人"的眼光，用中国山水画的透视法，把包括自己当作观察和描绘的对象，从世界的角度，为包括自己在内的三个人，留下了一幅跋涉在天地之间的写意图。跋涉在天地之间的豪情，溢于言表：

> 一望接天的雪原
> 一片蒙雪的森林
> 蒙雪的道路上呀！绿着
> 蒙雪的小河
> 冰河的水呀！在冰雪下
> 愤怒的暗泣……
> 三个人持了手杖
> 在冰雪封锁的地带
> 向远天急行……

正如无数"北方"的青年们向往着"南方"，向往着自由而阔大的原野一样，抗战时期，无数身处"南方"的青年们向往着"北方"，向往着光明、自由而温暖的"北方"。两者共同的特点，是对现实的不满，对光明与自由的"另一个世界"的热情向往。在这个意义上，枫林的《窗》尽管是为走向"北方"而写，但却表达了他们共同的心声——虽然还带着"学生生活"的稚气：

一个生活在温室的姑娘
曾对我说：
"这里太冷……"

是的
这里太冷
因为在我的床边
开着宽阔的窗子

也曾有人劝我离开
这宽阔的窗子
说她给我招来最多的
令人灵魂寒颤的风

可是他没有想到
在死寂的黑夜里
靠这宽阔的窗子
星光点燃了我的灵魂
任风煽动了我的灵魂……

但明天，
我要离去，为的是
这宽阔的窗子呀！
再不能使我满足……

朱健，山东郓城人，原名杨竹剑，又名杨立可，1923年出生。1937年考入菏泽中学，后随校西迁四川，就读于国立六中四分校，参加进步学生活动并开始发表作品。"皖南事变"后被迫离校，辗转于甘肃、陕西等地，担任过汽车站验票员谋生，业余开始写诗。1946年考入重庆乡村建设学院，从事进步学生运动。1955年，曾受"胡风反革命集团"案牵连而下放工厂劳动。平反后，在湖南潇湘电影制片厂工作。出版有诗集《骆驼和星》《朱健诗选》等，另有杂文和随笔集多部。

诗人回忆说，尽管早在罗江第四分校读书期间，就在李广田的课堂上读到了艾青、田间、天蓝和卞之琳等人的诗作，但自己的心灵尚处于混沌未开的浑浑噩噩状态，这些诗作并没有引起自己的共鸣，更没有想到要模仿和学习写诗。"皖南事变"的灾难性风暴，把他抛到了黄土苍穹、劲风大谷的西北高原，成为了一名政治逃亡者后：

> 浑浑噩噩的心灵中积聚着热烈悲壮的追求，苍凉激越的幻梦，迷惘失落的寂寞。此种情感，犹如西北高原雄浑苍茫的风景在心灵中的投影；或者说，西北高原雄浑苍茫的风景犹如此种感情的外部存在。而每一个政治逃亡者于茫茫人海中总是有着无数难言之隐、难言之苦、难言之痛的。就是在这种情境下，艾青、田间、天蓝那些浸染着祖国和人民血泪苦难的诗句在我的记忆中复活了，成为了我可与之倾吐情愫、接通呼吸的活的对象。于是，摹仿他们的声音，我在一些零碎纸片上记下几行自己的难言之隐、难言之苦、难言之痛。[①]

远在重庆友人白莎读到后，一方面设法给他寄来各种诗集和诗刊，供其阅读和学习，一面又把他的诗作推荐到《新蜀报》《新华日报》《希望》等杂志发表。诗人由此，而走上了诗坛。——后来，又因此而成为了"胡风分子"。

《夜啊》组诗《低云季》，集中反映了诗人以"政治逃亡者"的身份，辗转在西北高原时期的"难言之隐、难言之苦、难言之痛"。在《夜啊》里，诗人一方面体验并承受着无处不在的"夜"的压抑、束缚和迫害，使作为自然时间的"夜"象征化，变成了"一张四面八方全罩进去的黑网"，变成了"政治逃亡者"眼中的现实情境。另一方面又把内心对光明、对理想的追求，转化为切实可见的动作和行为，刻画了一个"向东方"卧倒，"耳朵贴近土地"，倾听着"他们已经告诉了我"的、来自大地深处的声音的自我形象。这种来自大地深处的声音，反过来注入诗人体内，变成了他与无处不在的黑暗相对峙的精神力量。在这种力量的支撑下，无处不在的

[①] 朱健：《胡风这个名字……》，晓风编《我与胡风》，宁夏人民出版社2003年版，第743页。

"夜"的压迫,反过来激起了诗人的反抗斗志,变成了彰显强大的主体性精神的外部媒介。一个倔强而又刚强地,行走在"夜"里的、大写的"我",于是诞生了:

> 我打着
> 寒战　走着
> 我咬紧
> 下嘴唇　走着
> 我不低头　走着
> 夜是一张
> 四面八方全罩进去的黑网
> 我不祈求收网的人　走着

这种大地的声音,当然不是纯自然意义上的。所谓的"向东方",同样也包含着众所周知的社会含义。但和一般把自然现象完全社会化、政治化的诗人不同,朱健在他的诗歌中,——准确地说,是在写诗的过程中,大自然的力量自始至终地,和理想与信念的力量交织在一起,甚至推动着后者的发展,给后者注入了无穷的生命活力。组诗《低云季》的第一首,《早晨,我开始写诗》,实际上可以看作诗人的心灵如何被西北高原雄浑苍莽的风景所唤醒,大自然的力量和声音如何唤醒人类,诗人如何应和着这种力量和声音"开始写诗"的隐喻。仿佛太阳突然跃出高原一样,全诗的开端突兀而短促,但紧接着,就是充沛的感情之流源源而来,推动着繁复铺排的惠特曼式的长诗行,"一个连着一个/像一串圆熟的果实",营造出了一个一切都在跳跃,一切都在生长,一切都在欢呼的热烈而盛大的生命大合唱景象:

> 听啊……
> 应着太阳的召唤,
> 河水在呼喊,山谷在呼喊
> 大公鸡亮着翅膀在呼喊
> 头上包着白布,呵斥着畜牲上套的农民在呼喊

敞披着老羊皮，响着鞭，驱赶牲口
上路的马车夫在呼喊
兵士整齐着队伍，大踏步跨过街道在呼喊
工厂的汽笛，刚发动的引擎，颤抖着
全身在呼喊……

一切都在音响的河道里游泳
一切在呼喊
一切要开始工作……

《沉默》则好像是倒过来，写诗人在世界和自己"醒过来"之前，如何在噩梦般的"密云期"，一边忍受着黑暗特务政治的压迫，一边倾听着大地深处的惊雷，等待着发出呐喊的情形。前半部分，是一幅高度象征化，同时又高度科学化和精细化了的社会"病态"景象，痛快淋漓地写出了诗人内心深处的"难言之隐、难言之苦、难言之痛"，空间的封闭性和压抑感，令人想到巴尔扎克笔下那散发着浓重的下水道气味和厨房的馊臭味的"巴黎公寓"，意象和词句，则仿佛波德莱尔《恶之花》里的"巴黎风光"：

肺结核菌
成团的飞滚着
人们闭紧嘴
不敢呼吸

臃肿而斑癫的疯狗
细菌剧烈的蛀蚀它发臭的内脏，要它死
夹着尾巴满街溜
眼珠血红，瞅着健康的生存者
随时要咬一口
发泄可耻的嫉妒
拖着全世界随它一起死去

> 有人按着胸口，低声地咳嗽
> 有人窒息得脸发青，像煤块
> 啃着气，成群的倒下

后半部分，则从鲁迅的"于无声处听惊雷"（《无题》）中化出，以高度象征化的手法，写出了在黑暗的地层下正在爆发着的斗争。短促有力的诗行，简洁粗犷的线条，浓墨重彩地勾勒出了一幅争取自由解放的木刻画。压迫的沉重，黑暗的深广，恰好构成了反衬行动者的力量之伟大、即将到来的"雷响"之有力的背景：

> 有人急速而沉重地
> 用铁锹敲开冰冻的地壳
> 埋下死者
> 死人的墓穴下
> 是积压了万年的
> 深黑的煤矿……
>
> 黑色的沉默
> 成熟了……
> 天文台发出地震的警号
> 电已闪过
> 请听一声惊雷……

从时间上看，《早晨，我开始写诗》写于"四四年春，宁强"，《沉默》写于"四四年尾，川西"。但后者却反过来，构成前者的序曲。这意味着组诗《低云季》来自一个空间化了的、完成了的情感结构。黑暗、光明和诗人之"我"三者交相引发，构成了这个情感结构的三个侧面，推动着这个情感结构的自我循环：黑暗的重压使得对光明的向往变得更为焦灼、更为强烈，潜隐着的光明反过来使眼前的黑暗彰显为不可忍受的黑暗，激发了更多的、更为强烈的最光明的向往；而周围的黑暗，又迫使诗人把一切都纳入主体自身，变成了心灵深处难以直说的情感旋涡，最后借助于象征化的手法，借助于"写诗"而流溢出来。就主体精神的强大而言，《低云季》是浪漫主义的；就其表现手法而言，是象征主义的；而它争取自由解放的战斗意志，则不折不扣是现实主义，而且是革命现实主义的。整组诗的情感结构，和它的艺术形式圆熟地结合在一起，使得《低云季》成了最能代表朱健创作实绩的艺术精品。

牧丁（1916—1976），原名顾祝漪，又名顾竹猗，笔名有牧丁、朱实、穆汀、石帆等，江苏涟水县人。1934年考入江苏省立石湖乡村简易师范学校，后因家贫辍学。1935年开始发表诗作。抗战爆发后，流亡到陕西西安、安康等地。1939年初，获知李广田在"国立六中"任教的消息后，以战区流亡学生的身份，转入该校师范部就读。[①] 在校期间，"和同学贺敬之、李方立、程芸平等组织诗社，办诗壁报、练习写作"，[②] 并开始在《华西日报》《笔阵》等报刊发表作品。20世纪50年代后，在南开大学、郑州大学等高校任教。出版有诗集《寒云集》《未穗集》《荻华集》等。

牧丁的大部分诗作，哲理气息较浓。对生命、人生和社会的思考，构成了贯穿始终的一个基本主题。《人的儿子——写此勉植并自励》，可以看作他人生的宣言：

> 站起来
> 我们是人的儿子！
> 像寒冷地带的白桦林样的
> 站直了腰干！
> 我们为人哭，
> 我们也为人笑……
> 站出来
> 我们要走人的路！
> 我们要挣脱历史的污辱！
> 站出来

[①] 关于诗人生平及创作情况的介绍，参考贾玉民《他的诗还在人间——记〈海星〉、〈诗星〉的编辑：诗人顾牧丁》，《淮海晚报》2013年11月24日第3版。

[②] 李瑞玉：《牧丁主编〈诗星〉的历程》，《新文学史料》1992年第1期。

>我们再不要像我们的
>爸爸那样被枷住了
>喉咙，没有声息的倒灭了！
>我们再不要像我们的
>妈妈那样含满了
>眼泪，在厨房里把生命又给了
>那可怕的寂寞……
>我们要做人的儿子
>站起来，站起来要成为大的林子

很显然，"站起来"只是生命的第一步。如何摆脱受奴役的传统命运，成为真正的"人的儿子"，才是问题的关键。对此，牧丁给出了明确的回答：融入更阔大、更丰富的存在里去。首先是融入大时代，在血与火的战斗中，在争取民族解放和人类解放的斗争中获得新生。署名"石帆"的政治抒情诗《向莫斯科致敬》，既体现了牧丁广阔的世界性诗学视野，同时又"以人类中一个青年的身份"，表达了诗人融入大时代，汇入人类争取自由解放斗争行列，向着"人的生活的路上前进"的宏大抱负：

>我们的
>旗子，
>是全人类的
>自由！
>我们的
>爱情，
>是全人类的
>生活！
>我们的
>胜利，
>是全人类的
>幸福！

此外如《生命的花》等作品,也表达了牧丁渴望在斗争、在流血中创造自我新生命的渴望。

融入大时代血与火的斗争,只是一个方面,即动的一面。牧丁对如何融入更阔大、更丰富的存在的思考,还有静的一面。《望太湖》一诗,把个人的思想之情和融入大世界以创造新生命的哲理思考有机地融合在一起,把庄子的传统智慧,卞之琳《鱼化石》等诗作中的现代诗性表达巧妙地转化成了自己的独白,体现了牧丁关于静的一面的沉思。无论思想内容,还是艺术成就,都可以看作诗人的代表作:

水因湖有所容注
我有分,也是其中的一滴呢

湖得好山而活
天地有湖,乃有了生命

信哉,鱼相忘于江湖
你我因而骄傲,并不孤独

有所舍,始有所得
你我向湖献出一切吧

你我消失了
给后人留下万顷汪洋

这静的一面,不仅体现了牧丁独特的个人风格,丰富了其诗歌创作的总体面貌。在某种程度上,也是三十年代京派诗人的思想和艺术在抗战时期的潜流。

牧丁的抒情作品,则似乎感染了艾青"土色的忧郁",弥漫着浓厚的忧郁和感伤色彩。同时,又烙上了个人流落在大后方的孤独和寂寞之情。《太阳出来了》写出了诗人在流浪中感受着人类的苦难,同时又全身心"拥向大地,拥向人类,拥向我自己的热情","以苦涩的脚跟着远行的草径"寻找温暖，寻找光明的倔强。《我走在南方阴雨的路上》也表达了同样的主题，但对人类苦难的体认更明确，也更深刻得多。抒情主人公的自我形象，则似乎受到方敬《阴天》一诗的影响，刻画得比较鲜明、别致，体现了诗人试图把京派诗歌孤独寂寞的抒情主人公，和人类之苦联系起来进行思考的可贵努力。抗战大时代孕育出来的"大我"，使得诗人的忧郁和寂寞，更深沉，也更切实了。诗如下：

> 多山的南方，多么的
> 潮湿呵，多雨的
> 山，多雨的城，
> 多雨的我的
> 心，多少日子里
> 我没有看见过太阳……
>
> 我孤独的走在路上，按低了
> 帽子，帽顶成了湖，帽檐挂下了
> 冰冷的瀑布，我凄苦的
> 沉思，那一天，我这双破皮鞋的
> 船，才能航出了这个绝港……
>
> 南方，多雨的田野
> 稻已经收获了，但并不是寂寞的
> 有哗哗的歌唱的小河
> 有风声飘摇中的草穗子……
> 然而，他们只涂深我的忧郁
> 我走着，没有停息过，我是了解的
> 路，没有终点，我也梦过天蓝的
> 睡眠，我也高喊过需要休息
> 但我更怕跌死了人类的希望
> 我要保护她，用像保护每一个嫩弱
> 婴儿的那个母亲的心，在这多雨的日子里

>天是这样的
>低沉，雨是不住的哭泣
>风溜过了竹林，掠过了
>橘子林的尖梢，走上了
>原野，衰黄的草
>都倒下去了，我咽哭的
>是人类像永陷在不拔的苦痛里……

总的来说，抗战时期的牧丁，试图把在三十年代现代派诗风影响下形成的孤寂的个人世界，与大时代的普遍要求结合起来，在人类命运的大背景中来书写个人感情，体现了宏大的诗学视野和富于时代色彩的艺术抱负。但大部分诗作免不了"时代诗"的共通毛病，主题比较直露，对个人孤独和寂寞之情的渲染，则往往流于感伤，影响了表达的力量。

牧丁对四川抗战新诗最重要的贡献，是他主持海星诗社的活动。1940年2月，在萧军的支持和帮助下，牧丁曾以"海星诗社"的名义，借萧军主编的《新民报·新民座谈》副刊版面，创办了"海星诗页"周刊。"出到第九期，《新民报》因成都'抢米案'被迫停刊，'诗页'也到此终刊。九期计发表创作14篇，译诗6篇，杂文6篇。诗稿来自江苏、陕西、山西、重庆、成都。译、作者有牧丁、艾漠（贺敬之）、凌江、赵一无、吕东一、赵潜、黄寅晓、金石、汎群、李西、天南等。"[①]

"海星诗页"停刊后，牧丁又于1940年7月，创办了最初仅有8页、32开本的小型诗刊《诗星》。刊物出版后，很快得到了张天授、李岳南、蒂克等各地诗友的支持，作者队伍不断壮大，刊物篇幅也不断增加。1942年8月，《诗星》从第3集第1期开始扩大篇幅和版面，由牧丁、张天授、蒂克共同主编。遗憾的是，从目前掌握的线索来看，第3集第1期，很可能就是《诗星》的终刊号。从创刊到终刊，《诗星》共发表了八十余位作者的稿子，在大后方青年诗人中间产生了一定影响。牧丁主持的海星诗社还出版过"海星诗丛"和"诗长征丛书"两套丛书。"海星诗丛"已出版

---

① 李瑞玉：《牧丁主编〈诗星〉的历程》，《新文学史料》1992年第1期。又，下文关于《诗星》及相关丛书出版情况的介绍，亦根据此文。

者有：魏荒弩翻译的长诗《爱底高歌》、雷石榆《在战斗中歌唱》、蒂克《小兰花》、李岳南《哀河北》、彭桂萼《边塞的军笳》、覃子豪《自由的旗》、婴子《季候风》等七种。"诗长征丛书"出版《杀人交响曲》《五月的农村》《水车》《街头》等四种，列入出版计划而未果者，有SY的译诗集《少年游》、张天授《北平和北平的人们》、陈时《透集》等多种。

除此之外，海星诗社还积极参与成都文化界的各种社会活动，通过叶菲洛与"文协"成都分会保持着较为密切的联系，对促进四川抗战新诗的发展做出了不可忽视的贡献。

第二节　抗战时期的金陵诗人群

金陵诗人群概述

中国现代金陵人群，指的是围绕着20世纪30年代的"土星笔会"和《诗帆》杂志，以及抗战时期的"中国诗艺社丛书"和《中国诗艺》杂志，以原南京中央大学、金陵大学、金陵女子大学、中央军校等学校师生为主体，逐渐发展而成的一个较为松散，但风格特色鲜明的诗人群体。本节在勾勒其总体面貌的基础上，重点介绍在抗战时期比较活跃的常任侠、孙望、汪铭竹、吕亮耕、李白凤、林咏泉等人的创作。

这个诗群的活动，大致可以分为抗战前、抗战时期和抗战胜利之后三个阶段。抗战之前，诗群的主要活动，是每周六聚会一次的"土星笔会"，出版《诗帆》杂志和"土星笔会丛书"。《诗帆》创刊至1934年9月，到抗战爆发停刊，前后共出3卷17期。其中，创刊至同年底为半月刊，次年2月15日第2卷开始，改为月刊，出至8月停刊。1937年1月5日复出月刊，出版第3卷第1期，5月出版第3卷第5期后停刊。据陆耀东所说，第3卷第6期稿件已编好交印刷厂，因抗战爆发而下落不明，未能出版①。刊物为32开本，每期12面，发表12—14篇诗作，大部分是创作，也有少数译诗。常任侠曾将该刊与上海的《新诗》月刊相提并论，介绍该刊的基

---

① 陆耀东：《〈沈祖棻程千帆新诗集〉前言》，《沈祖棻程千帆新诗集》，武汉大学出版社1992年版，第1—2页。

本情形说：

> 在过去的新诗刊物中，延续得最长久，而成绩也最可观的要推《诗帆》与《新诗月刊》。《诗帆》发刊于南京，共出三卷，因为不喜宣传发售，只寄赠于国外和国内的较大的图书馆，所以流行于一般社会者很少。这是一个同人的杂志，集合主张相同的人，出资发刊的，以汪铭竹、孙望为出面代表者。他们既不喜新月派的韵律的锁链，也不喜现代派的意象的琐碎，标举出新古典主义，力求诗艺的进步，对于现实的把握，与黑暗面的解剖，都市和田园都有所描写。他们汲取国内的和国外的——尤其是法国和苏联——诗艺的精彩，来注射于中国新诗的新婴中，以认真的态度，意图提倡中国新诗在世界诗坛的地位，并给标语口号化的浅薄恶习以纠正。他们努力地创作并努力地翻译，译成法国和苏联几个著名作家的诗集，在东方各国又译了两册阿拉伯的诗，也零碎的译过朝鲜和日本的诗，在质上并力求其优美无憾。在印刷上也是力求考究的。①

预告中的"土星笔会丛书"，最多时共计十二种②，但直到抗战爆发前夕，实出三种。分别是：常任侠《勿忘草》、邹乃文《雨寺》、齐扬《春秋雨》。③ 常任侠的回忆，和个别工具书的介绍，均不准确。

抗战爆发后，随着战局的变化和南京的陷落，土星笔会同人随着国民政府文化机构和高等院校的内迁而陆续进入大后方，开始了重新聚集力量，吸纳新成员以拓展大西南诗歌园地的新阶段，诗风也发生了较大的变化。其主要活动，是刊行《中国诗艺》的出版和"中国诗艺社丛书"。

《中国诗艺》，创刊于 1938 年 8 月 18 日。实际主编者，为当时在长沙某锑业公司任职的孙望。但仅出 1 期，即告停刊。随后，汪铭竹于 1939 年 1 月，在贵阳重新出版《中国诗艺》。叶再生称贵阳版《中国诗艺》由"贵阳

---

① 常任侠：《五四运动与中国新诗的发展》，《常任侠文集》（第 6 卷），安徽教育出版社 2002 年版，第 404 页。
② 参见 1935 年 6 月 25 日《诗帆》第 2 卷第 5、6 期合刊封底广告。
③ 参见 1937 年 5 月 5 日《诗帆》第 3 卷第 5 期封底广告。

中国诗艺社出版，1939年1月创刊，1941年9月出至3卷9期停刊"[1]，显然不可信。还有一种说法，是认定《中国诗艺》有贵阳版和重庆版之别，加上长沙版，从1938年8月到1941年10月，前后三年的时间里，共出8期[2]。但复刊后的《中国诗艺》，实际上并无贵阳版和重庆版之别，而是同时列出贵阳和重庆两个通信地址，但统一注明由"中国诗艺社"发行，编辑者为徐仲年、陈才、吕亮耕、常任侠、孙望、汪铭竹、林咏泉等七人。1941年10月，出版"复刊第四期"后，再次停刊。所以，比较可信的说法，应该是：长沙版1期，复刊后出版4期，前后共出版5期。

徐仲年主编的"中国诗艺社丛书"，由重庆独立出版社出版。据目前掌握的材料来看，至少出版过十三种。分别是：杜蘅之《哀西湖》、孙望《小春集》、常任侠《收获期》、汪铭竹《自画像》、程铮《风铃集》、吕亮耕《金筑集》、张帆《张帆集》、绛燕《微波辞》、李白凤《英雄的梦》、《南行小草》、李长之《星的赞颂》、齐扬《黎明的号角》、徐仲年的译诗集《光明与阴影·特髯迦尔曲》。此外，孙望和常任侠两人还共同编选抗战以来的《现代中国诗选》、孙望编有《战前中国新诗选》。这两个选本，亦在一定程度上，反映了金陵诗人群的诗学趣味和诗歌观念。

综合《中国诗艺》和"中国诗艺社丛书"来看，金陵诗人群的队伍，出现了两个方面的变化。第一是原来在《诗帆》中比较活跃的程千帆、沈祖棻等人逐渐转向古典文学研究，新诗创作日渐稀少，最后完全停止。另有一部分作者，如滕刚、艾珂、周百洪等，则退出了《中国诗艺》的作者队伍。另一方面，是新生力量的加入。吕亮耕、李白凤、林咏泉等，成了这个时期最活跃的作者。李广田、施蛰存、何其芳等诗人，也有诗作在《中国诗艺》发表。程铮、齐扬、张帆、杜蘅之等现代诗歌史上很少有人提及的青年诗人的加入，也体现了徐仲年等人扩大群体影响力，培育新生力量的努力。金陵诗群进入了它最活跃，创作成就和影响也最大的时期。

抗战胜利后，诗群主要成员随着所在高校或任职机构复原下，重聚南京。孙望、汪铭竹、林咏泉等人曾另外组织"星火诗社"，出版《诗星火》文艺月刊，但仅出一期，即告停刊。

---

[1] 叶再生：《中国近现代出版通史》，华文出版社2002年版，第749页。
[2] 左玉河等：《抗战时期期刊介绍》，社会科学文献出版社2009年版，第129页。

田园诗人常任侠

常任侠（1904—1996），安徽颍上人，笔名有季青、牧原、常征、常醒元等。1928年考入中央大学，曾组织中大剧社，任社长，演出过《械斗》《卢沟桥》等颇有影响的现代话剧。1934年，与汪铭竹、孙望等组织"土星笔会"。抗战爆发后，在郭沫若主持的第三厅任职，另在中央大学、四川省立教育学院等校任教。1943年到昆明，任教于东方语言专科学校，与邱晓松、魏荒弩等人组织"百合诗社"。20世纪50年代后，任教于中央美术学院。从1934年在南京发起"土星笔会"，到最后于无形中消散，常氏一直是金陵诗群最热心的组织者和推动者，出版有《毋忘草》《收获期》《蒙古调》等三部新诗集，另有不少诗作散见于《新蜀报》《国民公报》《新华日报》等大后方报刊。

常任侠抗战时期的新诗创作，主要包括三个方面的内容。第一是以其个人爱情生活经历为基础，感情纪实性较强的爱情诗。土星笔会丛书之一的《毋忘草》，和百合文艺丛书之一的《蒙古调》，是其中最为典型的两部。前者以30年代中期留学日本时的一段爱情经历为蓝本，后者则是抗战初期作者与一位蒙古族女性爱情故事的产物。长篇自传《生命的历程》，[①]对这两段感情经历均有比较相近的描述，可作为解读常氏爱情诗的"本事"来看。

第二类，是以自然风景和乡村生活为对象的现代田园诗。这类作品中，既有从现代性"城里人"的立场出发来欣赏"乡村趣味"，也有把自然神圣化，从中汲取生命活力和抗战力量的作品。前者的代表，是《赶场》。诗人带着异乡人的现代性眼光，把西南农村的"赶场"生活，异化为"富有古典的景象"和"富有朴素的农村趣味"的风景，兴致勃勃地浏览着农人们放在竹箩里的农产品和手工制品，观察着来往穿梭的男人、女人和孩子，听着他们"笑的声音，论价的声音，／乡村人惯使用的骂的声音"，恍若来到了另一个世界：

[①] 常任侠：《生命的历程》，《常任侠文集》（第6卷），安徽教育出版社2005年版，第1—126页。

> 在这里像接触到《旧约》里的人物一样，
> 像接触到《天方夜谭》里的人物一样，
> 在朴质可爱的
> 乡野人民的面容上，耀着太阳的光彩。

这样的作品，虽然也在一定程度上反映了西南山陵地带所特有的生活情境，但更多地，还是常氏的抒情之作，流露了诗人"看风景"的现代趣味，以及作为"看风景的人"而流寓四川时的生活经验。此外，《冬日小诗四章》《布谷鸟》等，也写出了作者对田园生活的热爱，洋溢着浓郁的乡土气息。

《麦秋》则把自然神圣化，以怀着皈依的心情，回忆自己儿时在"地母"的怀抱里摸爬游戏的情形，描绘"地母"博大而圣洁的收获景象，表达了作为诗人对大地无穷的感激和热爱。大地上的事情，从"风景"变成了圣神的宗教图像：

> 听啊，到处是杜鹃鸟飞的声音，
> 麦秋的季节，
> 又是这么丰盛的成熟了。
> 黄的麦浪连着黄的麦浪，
> 金色的穗子微微摇动着，
> 被光辉的炎阳，
> 烫成祥云样的卷涡，
> 仿佛是地母的
> 披拂着的美丽的金发，
> 在头发的林里，
> 蕴着初烘出的面包香。
>
> 地母啊，明天在黎明的时候，
> 我将随同大队的农人，
> 荷着新磨的镰刀，
> 来为你仔细修剪，

并且为你唱山村的牧歌。

《原野》的构思，明显受到了艾青《北方》的影响，把"原野"当作"国土"的同义词，表达了和无数已经化成了"这原野的泥沙"同在，和原野上的一切同生共死的抗战激情。这种感情，虽然不乏真实感，但实际上也是艾青早已经反复书写过了的。常氏的特别之处，就在于最后从艾青的"悲哀的国土"中挣脱出来，把对民族国家的热爱和忠诚，转化成了对自然事物的热爱，把前者悲情的沉重，转化成了宁静的空灵。

我爱这原野的声音，
这村犬的吠，鸡的啼叫，
和牛的鸣声，
或是一匹野马，
一只虫子都能引起我神往。
而颜色又是这样美好啊，
在朴素中显出典雅与安闲。

我爱每一溪桥，
每一岩谷和村落，
甚至每一蜷卧的小丘，
都给我以可亲的容貌。

坐在山和山叠绕的
田和田环曲的，
路和路区划的，
雾气濛濛的田野中，
我闻着而且喜爱着，
那么不知名的干草香。

这种变化，在一定程度上也反映了爱国主义感情在抗战时期的发展和演化：战争进入相持阶段后，诗人逐渐摆脱了抗战初期那种生死关头的

"哀兵"心态，获得相对较为优裕平和的心态与眼光，爱国主义感情的书写，也开始呈现出了多样化的状态。

第三，常任侠还创作了大量直接反映抗战生活、激励民族精神的作品，如带有通俗宣传性质的《壮丁上前线》，为台儿庄战役周年纪念而作的《胜利的史迹》，谴责日寇轰炸重庆，表达中国人民不可征服的抗战意志的《轰炸与炸后》，等等。作为历史学家和考古学家的常任侠，往往立足于大历史的视野，从人类命运的角度来俯视眼前的遭遇，追求"史诗"的宏大气魄，使得他对抗战的书写，带上了"新神话"的色彩。

在长诗《重庆废墟的复兴》里，作者在"死亡—复活"的神话模式中，掺入了现代性的阶级眼光来书写日寇对重庆的大轰炸，和中国人民建设新重庆的坚强意志。在诗人眼中，被日寇毁灭之前的重庆，繁华中充斥着现代性的罪恶，橱窗里陈列着各种奢侈的东西，一双皮鞋可以抵一个人五年的工资，绅士们依然生活在享乐的太平盛世，"Radio 播送着异国情调的夜曲"。在这个意义上，"历史的大劫"固然毁去了重庆的繁华，但同时也毁去了"历史的腐朽"，毁去了"把幸福建筑在别人的身上"阶级寄生虫的生存土壤，"只剩一块一块的岩石，/成为这都市永不能灭的基础"。这块坚实的废墟，因此而成为了人们重建干净、朴素新重庆的理想根基：

> 人们来往着，喧嚷着，
> 废墟上又冒出蒸腾的生气。
> 单是烧绝了帝国主义者的商品。
> 重庆，又从现代的都市，
> 回复到古代的趁墟赶场，
> 像古代典籍里所描画的，
> 日中为市的样子。
> 人们扯起可移动的布棚，
> 渐渐的，人们又搭起简陋的木棚，
> 渐渐的，人们又建筑起朴素的瓦屋。
> 人们规划着，测量着，
> 让出马路的地位。
> 应该在不久的将来，

>   多层的花岗石建筑的高楼，
>   又会从废墟上出现，
>   而且连成一条一条的
>   仿佛巴峡那样的街的峡道。
>   因为人们爱恋着这土地，
>   爱恋着祖先辛苦开辟的都市啊！
>
>   若果我们扫清了帝国主义的侵略，
>   为公理而斗争者得到应得的幸福，
>   人们将更爱重庆，
>   重庆将像一支火中新生的凤凰，
>   抖一抖金翅，飞腾翱翔。
>   面着长江、嘉陵江，无数的烟囱交响着，
>   向浑茫的大气中鸣叫。

深受叶赛宁影响的常任侠，感情深处一直存在着古老纯朴的乡村生活，与奢侈浮华的现代都市的二元对立。在他看来，理想的社会，应该是传统与现代的有机融合。一方面保持着古代"日中为市"的纯朴风尚，保持着乡土社会的生活道德，另一方面又充分利用现代科学技术来改造自然，征服自然，造福人类。就此而言，《重庆废墟的复兴》其实不是写实，而是抒情，表达了诗人对未来"新重庆"的憧憬："回复到古代的趁墟赶场"纯朴状态，同时又有"无数的烟囱交响着"。

长诗《创世记》也反映了这种社会理想，改变了常氏"田园诗人"形象。诗人袭用《圣经》创世神话的构思，表达了现代人挣脱"神的权力与魔鬼的利爪"，凭借技术的力量"同自然斗争"，创造"都市与原野"交响的新文化，新时代的宏大理想。诗中的"巨人"，其实就是"现代"的化身，而所谓的"新时代"，也即是钢铁的时代，机械的时代：

>   巨人还创造出许多
>   新奇可爱的铁的动物，
>   为人类而工作。

巨人所创造的，
正是一个新的铁器时代啊！

巨人是永生的，
他活在全人类的身体中，
人类都依着他的形状尺度，
继续向上生长；
于是巨人成长为不可数的巨人，
生活在这片新的世界上。

诗人运用把抽象品质拟人化的手法直接歌颂"现代"本身，以宏大的气势，把包括文化建设、开采矿产资源、修筑道路等在内的一切现代现象都纳入笔下展开书写，元气淋漓而又酣畅通达，体现了常氏的"现代史诗"追求。

抗日战争把中国从古老的朝代国家转变成了现代性的民族国家，让中国第一次全面地、深刻地卷入了世界体系，与全球范围内的国际和政治事务建立了密不可分的整体关联。为此，朱自清曾经提出"现代史诗"的设想，希望诗人们以现代性的制度和群体为题材对象，积极地歌颂中国的现代化，歌颂建设现代国家的伟大事业。[①] 常任侠《重庆废墟的复兴》《创世记》等，实际上就是朱氏所期待的"现代史诗"，为现代新诗的"现代"书写，做出了积极的贡献。孙望曾说，常任侠虽然极清丽的作品，"但这并不是作者的本色"，"倒是'我为你拉起大手风琴，唱玛耶柯夫斯基之诗句'这一派壮阔洪亮的诗句，才是他本格的作风"。[②] 这个评价，恰如其分地道出了常氏骨子里作为"现代人"的精神内涵，肯定了其"现代史诗"的重要价值。

[①] 朱自清：《新诗杂话·诗与建国》，《朱自清全集》（第2卷），江苏教育出版社1996年版，第351—352页。
[②] 孙望：《〈战前中国新诗选〉初版后记》，《战前中国新诗选》，百花洲文艺出版社1983年版，第125—126页。

孙望的新诗创作

后来以古典文学研究专家著称的孙望，也是金陵诗人群中创作成就较高的一位核心成员。孙望（1912—1990），原名孙自强，字止畺，江苏常熟人。1931年就读于省立南京中学商科，在国文教师汪静之的影响下，开始学写新诗。1932年，在南京中学组织"洪荒文艺社"，在《国民日报》编辑《洪荒文艺周刊》。同年9月，考入金陵大学文学院。1934年，与汪铭竹、常任侠、滕刚等发起"土星笔会"。抗战爆发后，任职于国民政府资源委员会。1943年，到内迁成都的金陵大学担任教职。20世纪50年代后，在南京师范大学任教。出版有《小春集》《煤矿夫》两部新诗集，另有部分作品散见《诗帆》《文艺先锋》等报刊。《孙望选集》收录其新诗作品最为完备。

南京《诗帆》时期的孙望，受法国象征主义和中国古典诗词的影响较深，多写一时一地的个人感触，笔调细腻，风格婉约而格局不大。还有相当一部分诗作，乃同人之间的赠答与唱和，以现代白话"拟古"，夹杂以生硬的古人词句，近乎"做题目"的游戏之作，与新文学相距较远。抗战后，孙望一方面继续以古典的笔调和风致来书写战争带来的灾难和破坏。"江南战后"系列诗作，以草木依旧反衬人事不再的沧桑，借田园风光的描写来抒发河山沦陷之痛，令人想起古人所谓的"黍离之悲"，颇为神似于"过春风十里，尽荠麦青青"（姜夔《扬州慢》）的无言与沉重，写出了中国古典士大夫的千古兴亡之叹。《江南战后之一·四月》，最能代表其风格与笔致：

> 江南四月之农庄
> 泛豆麦底清香的；
> 但田畴主妇已去，
> 阡陌生没胫的芜草了。
>
> 依旧唤村而过底候鸟，
> 依旧压墙底榆花，
> 然织纱人垂头不语，

已失去了春之心情。

普通读者实际上很难直接领悟这类作品中的诗意和现实感,而必须借助于"知人论世"的笺注,了解其写作时间、历史背景和诗人的经历之后,才能引发共鸣。但对具有相同的古典文学修养,系统地阅读过从中国古代诗词和戏曲作品的"自己人"来说,则一读之下,就会自然而然地把它们和《诗经》里的"黍离之悲"、唐代以来的咏史诗、南宋词人姜夔的家国之叹,乃至晚明清初的遗民心事联系起来,生发出无穷的感慨,收到一唱三叹的效果。就是说,这类作品必须借助于古典传统这个巨大的历时性语境,才能得到恰如其分的理解,成为一首完整的作品。它的优势在这里,然弱点和不足,也在这里。

另一方面,因战争而流离西迁,以及随任职机构辗转在湘西、贵州、重庆等地的现实经验,也越来越多地进入孙望的笔下。诗人开始越来越多地,用散文化的手法直接书写和记录自己的见闻和感受。在这类作品中,共时性经验既是它的书写对象,反过来又构成它的语境,每一首都因此而成为一个独立自足的话语空间。他的第二部诗集《煤矿夫》,实际上已经完全摆脱了古典符号世界的束缚,成为了直接面向现实,从当前的世界里寻找和提炼诗意的现代新诗。

抗战时期,大片河山沦陷,国民政府移驻西南一隅。但普通民众和知识分子并没有产生中国古典文学传统中屡见不鲜的"偏安"之感,以及因此而来的历史兴亡慨叹,其中一个最直接,也最重要的现实因素,就是现代交通已经把以四川为中心的西南地区和广大的国土联结成为一个亲密的整体。"路",既是抗战时期的中国知识分子不可须臾或离的日常生活情境,又构成了触发他们的现代性国家认同,维系其"国家共同感"的有机媒介。诗人的《路》,形象而生动地写出了这种以"路"为纽带的现代感:

> 你是大陆底大动脉,
> 交织着。
> 车辆爬行在公路上,
> 长长的路,
> 行不尽的路,

川流着,
循回着,
这周转在血脉里的血轮呀!

有桥梁来接引你,
有渡船来接引你,
有隧道来接引你;
你翻过山,穿过山,
你涉过河,涉过江,
大陆上,路,
已不再有你的障碍了。

路,你平铺在大陆上。
像是一幅
四通八达的蜘蛛网。

这幅"四通八达的蜘蛛网",把传统知识人以都城为中心来看待国家,乃至世界的"天下模式",转化成了以平面化和同质化的国土为立足点的现代性"民族国家"认同模式。在现代性之"路"交织而成的网络中,任何一个节点都必然在川流不息的循环和流转中成为通向下一个节点的过渡,"中心"因此而消散了。取而代之的,是一个无止息地变动着,生长着现代世界。《车站》既写出了抗战时期热闹而喧嚣的交通景象,又以公路的交通连接,暗示了共同的生存家园的存在,展开了一个永无休止地蒸腾着、涌动着的现代性活力的"动的世界":

车站辐射着
向各处伸展出去的公路,
车站是公路的出发点;
车站集纳着
从四面八方投射过来的公路,
车站是公路的终点。

> 整天喧嚷着的
> 人声和车声呀，
> 你吞食了车站的宁静了！
> 除了深夜，车站有片刻的安息，
> 它是永远在喧嚣中的。

此外，《生活》《十一月的重庆》等诗，也同样写出了战时中国所特有的喧嚣、繁忙而热气腾腾的活力，写出了诗人对抗战的乐观信念。

气魄宏大的《城》，是中国现代诗歌史上为数不多的以南京陷落为题材的作品，也是现代都市诗歌中不可多得的长篇杰作。全诗由《城市的诞生》《这是新兴的都市呀》和《从繁荣到沦陷》三部组成，六百八十余行。以上海书写为中心形成的中国现代都市诗，大多以横截面展示的方式，在共时性空间中展示现代都市纷繁复杂的现代景观和包罗万象的消费符号。面对既充斥着新兴的现代消费符号，又弥漫着从中国历史中绵延下来的六朝烟水气息的南京，孙望的《城》采取了历时性的勾勒，和共时性的呈现相结合的写法。在第一部《城的诞生》中，诗人展开诗性想象力的翅膀，描绘了"我们远代的祖先"们，在"莽芜的平原上"劈开茫昧，廓清荒芜，筑造了南京城的艰难而又伟大的历史景象。诗人抓住典型的细节和生动的意象，首先描绘了城市诞生之前的自然景象：一望无际的平原上，坐落着稀疏的村落，草泽和荒林散布着坟冢，坟冢里匿伏着狐狸、黄鼠狼、猪獾、蛇、鹦鹉、田鼠……在这样一幅破败而荒凉的自然景象面前，城市的建造者出场了，"窑工、石工、挑工、/土方工、砌工和木工"们呻吟着，流着汗，开始了艰辛的工作。"农家的子弟们"在烈日下淌着汗，一边发出诅咒，一边辛苦地劳作着。

> 开辟着莽原，
> 伐着林木，
> 除着草，
> 捕着野鸡、猪獾和兔子．
> 他们赶走鹦鹉，
> 　赶走蛇，

赶走狐狸，

赶走黄鼠狼，

田鼠和许多许多的野兽，

在自己的被征用了的土地上，"做着清除/破坏和建设的工作"。窑工们"赤露着硕健的胸脯"，烧制砖块。"伟大的石工，/坚毅耐性的石工"，在烈日下挥动斧子，开凿石块。"无数的挑工和杂工"，从四面八方汇聚拢来，"搬运泥土、砖头和石头"。"砌工和泥水匠"们，在监工的督促下，"堆砌着/堆砌着，一块又一块，/一层又一层，/一方又一方"。……终于，一座伟大的城市，通过无数艰辛的劳作，诞生了：

城，

当那荒芜的草坪上，

开始建起了

精致的大厦的时光，

当那莽原上

开辟了许多许多的

马路、街衢

和像蛛网一般的巷子的时光，

当那稀疏的村落，

密集地，密集地

连接成了繁盛的市集的时光，

当那些长满荆棘的坟地上，

当那些种植着农作物的田野里

建起了各种建筑物的时光，

城，

你是幸运地诞生了。

第二部《这是新兴的都市呀》，以历史时间为线索，分古代、十六世纪以来的近代和第二次鸦片战争以来的现代三个时段，高度浓缩地勾勒了南京悠久、丰富而又多元的文明景观。扬子江一样悠久的本土文明哺育着南京，给她了"古代的哲学，/古代的文学，/古代的艺术"，也给她了丰厚的历史底蕴。而"十六世纪末叶"以后，古老的南京又敞开她阔大的胸怀，接纳现代西洋文明，像美国诗人桑德堡笔下的《芝加哥》那样，生机勃勃地吞噬着一切，消化着一切，生长成了一个世界性的大都市：

  城，
  你是初次的
    和西洋文明接触着了。
  渐渐地，
  你有着惊人的食量，
  这于你生命的意义上
    是值得炫夸的。
  你每天吞食着巨量的人口，
  你每天咀嚼着巨量的牲畜，
  你每天需要巨量的营养品，
  你的营养品是人类的文化，
  你的营养品是农村的作物，
  你的营养品是
    各色各种的原料
    和粗制精制的许多工艺品。
  你吸吮这民间的精华，
  你消化着一切。

  第二次鸦片战争之后，随着口岸的进一步开放，数量庞大的"外国来的商船队"，又给南京带来了"欧洲产业革命以后的/过剩下来的/各种新型的工业品"，"从上海铺筑过来的铁轨"，给南京带来了"大宗的行李、原料和制成品"。港口和轮船，铁路和火车，把南京和世界联结为一个整体，把古老的南京卷入了世界性的生产和消费体系。最终，在民主政治潮流的洗礼下，南京"以血送走东亚的专制的十九世纪"，迎来了自由与和平的新时代，变成了"一个新兴国家的大脑，/一个新兴的/民主国家的神经中枢"。诗人热情洋溢地唱道：

每一个居民是一个细胞，
每一条马路，
是一条街道，
每一条巷子，
是你身上的一支脉络，
一根血管。
看吧，
在你的血管里流着
　　小火车、摩托车、
　　人力车、自行车、
　　两轮马车和四轮马车，
　　大车、板车，
　　骡子队和马队；
　　男人和女人
　　（有知识的和没有知识的）；
沸腾着，哄闹着，
　　拥挤着，叫嚣着，
　　遄行着，周流着。
当电力的奇迹
　　普及地伸入了
　　每一条马路，
　　每一条街道，
　　每一条巷子的时候，
无数盏路灯，
无数盏霓虹灯，
闪烁着，
流着红色的，
　　紫色的，
　　绿色的，
　　白色的，

以及各种颜色的光彩，
夏夜的天空的繁星，
不能比你更美。
这是新兴的都市呀！

与新感觉派笔下的上海相比，孙望的南京首先是多了在广袤而苍莽的大自然映衬下的雄伟，多了在扬子江的怀抱里养成的灵气。其次，无数"朝代的兴替史"，给南京带来了深厚的文化底蕴和历史记忆。最后，最重要的是，古老而底蕴深厚的南京，包容一切而又涵化一切，把现代性的物质世界和消费符号，成功地转化成了自身的生产能力，把自己变成了一个热气腾腾的有机生命整体。所以相应地，孙望对南京的感情，也是那样热烈而充沛，洋溢着新感觉派所没有的自豪感和认同感。

循着这种高度的自豪感和认同感，第三部《从繁荣到沦陷》，进一步描绘了南京在民国时期的繁荣。这里，不用说也和上海一样，充斥着大商贾、买办、银行经理、大学教授，流淌着色情而又摩登的现代性消费符号，弥漫着"纽约的，/巴黎的和上海的/爱时髦的气息"。但不同的是，作为新兴民主国家的神经中枢，南京又孕育并发展出了独特的政治现代性，把自己变成了民族复兴的发动机和火车头：

你孕育着
　　每一个新兴的政治意念，
你创建着
　　每一种新兴的政治制度，
你倡导着，
　　鼓吹着，
　　　推行着
每一种新兴政治。
二十六个年头了，
城，
全中国的每一个省份，
　　每一个县份，

每一个镇市，
在你的导率之下，
有着飞快的进步。
有组织地，
有系统地，
有展望地，
像是一个神经中枢，
指挥者全身的
　　　每一根脉络；
像是一个心脏，
输纳着周身的血液。
光荣的城呀，
这是多么丰美的生活呀！

古老的南京，在"自新的道途"，缓慢，但却稳健地，迈开了现代性的历史脚步。至此，南京的元气淋漓的繁荣达到了顶点，诗人对南京的感情，也抵达了顶峰。这个高峰，一方面是此前的繁复细密的铺叙和展开的高潮，另一方面又和下文的陷落，构成了强烈的对比，有力地反衬了日本强盗的反文明的凶残嘴脸。

把南京的伟大和繁华推向顶点之后，孙望陡然一转，直接指向了"野蛮的日本军队"如何以"火药、炸弹、毒气／和一切的爆炸品"，把这座城市变成了废墟：

无数的生命被牺牲了，
无数的工厂、栈房、
　　高耸入云的大厦，
　　金碧辉煌的大厦，
　　和一切的建筑物被摧毁了！
第一条马路，
每一条街巷都被炸毁了！

"毁灭人道的恶魔"们烧毁了一切，破坏了一切，把一切都化成了灰烬。古老的南京，繁华的南京，现代中国的神经中枢，沦陷了！

作为历史上著名的古都，南京在中华民族的历史上曾经多次遭遇到被占领的悲惨结局，由此而成了古代咏史诗人反复吟咏的对象。这些诗作，大多以景物依旧反衬历史沧桑巨变，终结于无可奈何的哀婉或叹息。但孙望的《城》，改写了这个常见的"南京结局"。虽然沦陷了，但南京并没有屈服。孙望的诗情，也没有就此结束。毁灭和陷落，反过来，更多地激起了诗人对南京的热爱和怀恋，对侵略者的痛恨，以及抗战必胜的坚定信心：

> 现在你是给侵略者玷辱了，
> 现在你是给侵略者破坏了，
> 现在我们是暂时地离开你了！
> 但历史昭示我们，
> 侵略是必归于失败的！
> 现实昭示我们，
> 侵略者是必归于失败的！
> 等着吧，城，
> 等着我们胜利的一天，
> 等着我们打回老家的一天，
> 城，
> 我们再来和你握手，
> 我们再来为你洗涤污辱，
> 我们再来建设你，
> 我们再来繁荣你，
> 　　恢复你，
> 　　解放你，
> 像一九三七年十二月以前一样。
> 城，
> 文明的城，
> 我们时时纪念着你。

作为古典文学研究专家,孙望曾经在《唐诗与南京》中,介绍过李白、许浑、刘禹锡、杜牧、韦庄等人十几首以南京为题材的作品,称许为"传诵千载的文学作品,深受珍视的艺术瑰宝"。① 在我看来,无论是把这个题目改为《新诗与南京》,还是拓展为《中国诗歌与南京》,构思繁复,气魄宏大的《城》都有充足的理由在其中占据重要的一席之地。

汪铭竹的诗

汪铭竹(1905—1989),原名汪鸿勋,南京人,毕业于中央大学哲学系,出版有《纪德与蝶》《自画像》两部诗集,另有部分散见当时大后方的报刊。20 世纪 50 年代后居台湾,停止了诗歌创作。汪氏的诗歌创作,起步于对李金发、戴望舒等人的学习和模仿。随后,他越过李金发,直接从波德莱尔、纪德等人,从法国象征主义吸取艺术营养,形成了自己独特的风格。

"土星笔会"时期的汪铭竹,多写个人苦闷与内心矛盾,有意识地追求意象的新奇诡谲。代表作《自画像》,就明显地残留着李金发的《弃妇》,和波德莱尔的影子。另外一些印象派式的小诗,如《春之风格》《鸡鸣古寺口占》等,抒写闲静中的个人感受和印象,则受到了戴望舒的影响。《足趾敷蔻丹的女人》《乳(一)》《手提包》等带着浓厚的女性身体线条与肉欲气息的作品,则似乎染上了当时流行的比亚利兹装饰画的世纪末情调。魏荒弩晚年回忆说,"《诗帆》时代的汪铭竹,有人说他仿波德莱尔;有人说颇似早期的戴望舒;台湾诗人覃子豪则认为他受李金发影响最深。总之,被视为一个'现代派'诗人"。② 这种情形,一方面说明了他在艺术趣味的驳杂与丰富,另一方面,也可以说诗人尚在艺术的"学徒期",走在摸索与学习的道路上。

抗战爆发后,汪铭竹和所有的现代派诗人一样,很快宣告与过去决裂,走上了面向现实的创作道路,进入了诗艺的成熟期。诗人这个时期的创作,大致沿着两个向度展开。第一,是以象征主义的婉约笔调,表现战争带来的灾难和个人流离失所之苦。虽仍然带着感伤的气息和古典情调,

---

① 孙望:《唐诗与南京》,《孙望选集》,南京师范大学出版社 2008 年版,第 830 页。
② 魏荒弩:《隔海的思忆》,《渭水集》,北京大学出版社 1997 年版,第 61—62 页。

但却有了强烈的现实关怀。在《春日苦雨》里，诗人一方面借以象征主义的忧郁情调，书写着走在"非故乡之熟径"上的愁绪，另一方面憧憬着"一个响晴的天"，期盼着在"蓝天下，看我们铁鸟去长征"。忧郁的情调和阴雨的气息，反过来，衬托出了诗人对胜利的有力期待。而在《控诉》，更是把对沦陷了的故乡南京的怀念，转化成了对日寇暴行的愤怒控诉，对复仇的渴望：

  熟悉的面孔，一个一个的
  给毒害了，没留下一点影子。
  春天虽然来了，死城里
  却处处是野蛮的嘶声。

  最后的殉道者呀，你们底眼，
  我知道再不忍抬起；你们
  卑微的脊骨，再也不胜
  其残余生命之重荷了。

  然而埋在这死城里之尸身们
  是不会不萌起芽来的。
  指着这作证吧，长江里一个浪花
  悄语着一个尸身：朋友，我们明天见。

  个人的切身经验和感受，由此而与民族国家的命运，与抗战，发生了亲密的血肉关联。

  汪铭竹的另一部分作品，则直接以抗战为题材，既有强烈的现实性，又蒙上了诗人一贯的个人风格和特色。比较典型的，是以1939年冬的南宁战役为题材的《中国的春季——为南宁祝捷而作》，和在世界体系中来思考抗战与中国之新生的《世界落日中的龙》。前者在深切的个人感情中加入"中国"要素，在宗教救赎的视域中，把中国的抗战与人类新生联系起来书写，体现了汪氏力图超越一时一地的历史现象，在宏大的人类文化空间中来反思和透视现实经验的努力：

九月攻势，冬季攻势……
　　敌人贫血的憧憬，
　　化为死叶，一片片落下，
　　无声的躺在秋风中。

　　中国　背负着人类的
　　十字架；以百年的
　　含垢忍辱，以血，
　　带上了这顶荆棘的王冠。

　　这是为人类最后的一战；
　　我们懂得爱，懂得憎。
　　三日过去了，基督
　　从墓中复活升了天。

　　中国的秋天过去了，同样，冬天
　　也过去了。人类中所有
　　善良的灵魂，快洗净你们的
　　手吧，来迎接中国的春天。

　　诗中既有"九月攻势""冬季攻势"等高度纪实性的词语，也有对日军之失败的精巧新奇的蒙太奇透视。但更重要的是，所有的一切，都被诗人纳入基督"三日"复活的神话体系之中，作为自然季节的秋天、冬天和春天因此而变成了象征性符号，反过来孕生了中国之复活和胜利的强大信念。神话的必然性逻辑，变成了支配现实的强大力量。
　　正如诗人所说的那样，只有在远景中才能看出事物的伟大。《中国的春季——为南宁祝捷而作》是在高度抽象的象征性远景中来看待中国抗战，《世界落日中的龙》则把抗战时期的中国，放在五千年的历史和第二次世界大战两大坐标轴上来透视，以恢宏的气势，宣告了中国必然在战火的洗礼中浴血重生的信念：

一种伟大在远景中才能看出；世界
落日中，中国这条龙再不静若处女。

每个金灿灿鳞甲响出神圣之肯定；
爪牙间，射出潜伏五千年的战斗力量。

这次是温和与强暴战，卑谦博爱和骄傲
与暴力战；我们掷出手套，让血以血来洗。

我们先人类而受难，我们流徙，我们
死亡，将灾难的地球扛在我们肩上。

我们学会了胆怯的勇敢，勇敢的胆怯，
我们拔出牙来，种在血的土地里。

最后像耶和华站在烈山荆棘
火焰中，毫发都未伤。中国也就是那样。

看得出来，抗战时期的汪铭竹，虽然宣告"嵌着云母石的诗句，/已成为隔世之事了"（《死去的诗》），意识到了自己"无福作个隐者"（《我来自夜街上》），"不敢再做白日梦"（《寄故人》），从凝望着远处和天空的象征主义者，转变成了大地上的诗人，但仍然保留了在阔大空灵的符号体系中来透视现实，而不是淹没在现实的直接性和事实性之中的象征性眼光。意象圆润明净、想象精巧的《中国与海》，实际上就是借着地图学的透视法则来看待"中国"的产物：

东海在向我们招手，
黄海在向我们招手，
南海在向我们招手……

从此，我们将
恋着爱，一如昔日，
我们恋着大地。

打开东南这一排
大窗子，中国有爽朗的
笑，向世界广播。

谁再想蒙住我们的眼，
扼住我们的喉，他亵渎的
手，将被砍下如谷穗。

中国——这太阳，
要在大地上跳跃，同样
也要在海上跳跃。

一天，指着海，我们说，
让海中有路，
路即一条条涌出。

呼呼：中国列车开到了，
载着一切恩宠——
（自五彩锦绣珠宝，

至精金般之文化。）放入
善良世人手中，
一个也不落空。

相应地，他早期诗歌中的宗教和神话色彩也被保存下来，变成了他"抗战诗"的风格标签之一。从这个角度上来说，汪氏在抗战时期的转变，其实是拓展其战前的隐喻系统和象征体系，将其运用到新遭遇到的生活经验上的结果。在"变"中，诗人保持了"不变"的艺术追求，在运用象征主义艺术模式来书写现实题材方面，做出了有益的探索。

吕亮耕的"抗战诗"

吕亮耕（1915—1974），笔名有蒲柳、上官柳、朱颜、上官卿、黄河清等，湖南益阳人。抗战前开始在南京、上海等地报刊上发表散文、诗歌。1937年发表在《新诗》杂志上的《Ottava Rima 四帖》《独唱》（外三首）等作品，给他带来了很高的声誉，被研究者归入了"三十年代的现代派诗人"①之列。抗战初期，曾经在长沙，与孙望、常任侠、力扬等人一起，主编《抗战日报·诗歌战线》副刊，组织诗歌座谈会和朗诵会，并发起组织"中国诗艺社"，出版《中国诗艺》月刊。1938年后，辗转流徙在重庆、贵阳等地，积极推动《中国诗艺》复刊，并在《国民公报·文群》副刊、《中国诗艺》、桂林《自由中国》等报刊发表了大量诗作。出版有诗集《女神集》《金筑集》等。20世纪50年代后，在衡阳任中学教师。1957年被打成"右派"，随后被开除公职，1974年辞世。②湖南文艺出版社1989年出版的《吕亮耕诗选》，收入诗作一百二十余首。另有诗作、散文和论文，散见不同时期的报刊，未见收录。

吕亮耕战前的诗作数量不多，受《现代》诗人群，尤其是施蛰存、徐迟的都市诗和卞之琳的影响比较明显，尚未显示出自己独立的艺术个性。抗战爆发后，吕亮耕很快就在《大时代的诗人》里，"壮快地吹动诗的号角"，发出了战斗的号召：

> 召唤未死的国魂
> 召唤未死的民心
> 集合为正义而献身的战士们
> 集合一切不愿做奴隶的人们
> 和仇敌决一场生死的斗争！

---

① 蓝棣之：《一位现代派诗人的去向——谈吕亮耕的诗》，《中国现代文学研究丛刊》1989年第4期。

② 关于诗人生平的叙述，参考吕宗林《吕亮耕小传》，《吕亮耕诗选》，湖南文艺出版社1989年版，"附录"第1—4页。

不同的是，吕亮耕并没有简单而彻底地"转向"，而是提出了既要面向现实，又要注重诗艺的综合主张，开创了"抗战诗"写作的新风格。《中国诗艺》的另一位发起人孙望回忆说：

> 诗刊的《征稿小笺》是亮耕草拟的。《征稿小笺》针对当时诗歌创作界严重存在的概念化、公式化与标语口号化的不良倾向而提出了看法，认为诗作者们"老是在蔽塞的小天地中回旋"，乍看起来"虽冠冕堂皇而实际上却空无一物"。因而提出了"要面对现实"及"内容与艺术并重"的主张。"中国诗艺社"的同人就是企图使这股时风有所改变，并愿以各自的创作来实践这种主张。①

在吕亮耕看来，所谓的"抗战诗"，并非简单地在诗歌里注入抗战的题材内容，或者用写都市体验的方式，来写抗战生活，而应该是一种把内容和形式有机地融合在一起而形成的一种特殊类型的新诗。1939年11月11日第84期《文群》副刊，他在《抗战情诗习作》的题目下，发表了两首各自独立的作品，一为《相见欢》，一为《远别离》。两首诗作，都不是现代意义上的"写实主义"作品。诗人的出发点，并不是具体的生活经验或社会情境，而是某种特殊的"诗文学"。只要稍具常识者，都不难发现《相见欢》和《远别离》这两个题目与中国古典文学，尤其是南朝民歌和通俗词曲传统之间的联系。诗人特意将两者对举，放在"抗战情诗"的题目下，显然是为了彰显他的"抗战诗"，与源远流长的中国"诗文学"之间的复杂关联。

对通行的"抗战诗歌"来说，问题的重心在于如何用诗来反映和传达抗战时期的"现实"。换言之，"现实"（内容）是否"抗战"，决定了诗歌是否为"抗战诗歌"。两者的联结点，是诗歌中的"现实"，与诗歌之外的社会"现实"的符合程度。而对吕亮耕来说，除了诗歌中的"现实"与社会"现实"之间的关联外，另一个必须考虑的因素，是诗与诗之间，即抗战时期的新诗，与中国传统"诗文学"之间的关联。换句话说，能否纳入源远流长的"诗文学"中，成为其中有机组成部分，同样是"抗战诗

---

① 孙望：《〈吕亮耕诗选〉前记》，《吕亮耕诗选》，湖南文艺出版社1989年版，第10—11页。

歌"必须考虑的问题。

我们看到，无论《相见欢》，还是《远别离》，诗人都不止是在字面上借用古典"诗文学"，或者像战前的作品那样，简单地运用古诗词语句来营造现代诗的"古意"。《相见欢》里的女郎，一方面是"永远的女郎"，是人类理想的女性的化身，另一方面，又是"和时代同跃进的女郎"。她曾经那样充满了"古意"，和"闺房""珠围翠绕的体饰""花朵般轻柔的闺愁"等中国古代"诗文学"中的泛滥成灾的女性意象缠绕在一起。但作为"和时代同跃进的女郎"，今天的"她"，又和时代站在一起，以另一种姿态，另一种面目，出现在诗人面前：

> 你扬弃旧时代的面纱
> 羞涩感的面纱，
> 你解除珠围翠绕的体饰
> 那温柔的镣铐，
> 走出闺房，和时代
> 肩并肩地走来了——
> 啊，你的姿态何其眩惑着我！
> 正如这个可爱的大时代，
> 强烈地眩惑着我，
> 啊，女郎！
> 你笑着向我走来
> 正如神圣的抗战的火炬——
> 以巨幅的光
> 照亮了我的眼；
> 以高度的热
> 温暖着我的心。

从诗歌艺术的角度来说，那些被"时代女郎"抛弃了的事物，实际上以词语和意象的形式，即以符号的形式，把吕亮耕的《相见欢》和中国古代"诗文学"联结在了一起，成为中国"诗文学"的一个有机组成部分。从"诗文学"的角度来看，吕亮耕的《相见欢》因此而毫无疑问地，是抗战时期的"诗"。诗中的"时代女郎",则是理想化了的,符号世界的"诗歌意象"。

但另一方面,这个"时代女郎"却又是走出了古代"诗文学"的"符号世界",在抗战时期的"现实世界"里获得了她的实实在在的生存形式的"人物形象"。在诗人的笔下,这个"人物形象",变成了投身抗战大时代,奔走着,为抗战服务的真实存在:

> 为祖国服役,
> 为战争奔走,
> 你终天劳动
> 流不尽辛劳的汗珠,
> 而你却笑得那么爽朗,
> 如浴着朝日光的海洋
> 泛溢着原始的热情
> 因而你青春的脸姿,
> 那如朝阳花开放的脸姿,
> (和这个时代同样喷射出异采的)
> 是显得更年青了。

这个"时代女郎",作为"诗歌意象",她的"真实性"[①] 取决于是否能够得到"诗文学"里的同类意象的印证和支持;而作为"人物形象",她的"真实性"却取决于共时性的"现实世界",取决于能否得到同时性的"非文学"经验的印证和支持。粗糙一点说,就是:前者取决于我们阅读"这首诗"的经验,能否和阅读其他"文学作品"的经验保持一致;后者取决于我们是否相信,在书本之外的"现实世界"里,确确实实存在着"像她这样的人"。"像"不等于"是",所以说到底,还是不同类型叙事之间的重合度和类似性问题。

显然,正因为这个"时代女郎"并非理想化了的、符号世界的"诗歌

[①] 从理论上说,这里的"真实性"实际上应该是"被当作真实之物的认可度",一个需要辨析和清理的话题。限于本书论题,这里不作展开。

意象"，而是"现实世界"的"人物形象"，才产生了如何对其进行"诗化"的问题。前面引述的诗行中的比喻，"如浴着朝日光的海洋"，"如朝阳花开放的脸姿"等，显然就是吕亮耕为了将"人物形象"，尽可能向着"诗歌意象"提升，将"时代女郎"的现实性转化为诗性的努力。这种努力越明显，"时代女郎"身上的现实性，就越浓厚。

语言和符号永远不可能"抓住现实"，而"现实世界"也永远不可能等同于符号世界。吕亮耕关于"抗战诗"的理解，因此只能这样来理解：所谓的"面向现实"，指的是共时性维度上的文学叙事与非文学叙事之间如何相互呼应，保持话语的"家族同一性"的问题；所谓的"重视艺术"，指的是如何在历时性的维度上，在文学叙事的范围内，保持一首诗与既往"诗文学"之间的"家族同一性"。

必须指出的是，所谓历时性维度上既往的"诗文学"，绝不能在封闭的、直线式的单一文学传统内部来理解。准确的理解，应该是：广义地，它是诗人在创作这首诗之前所接触到的所有"文学经验"；狭义地，是对诗人这首诗，有着可以被辨认出来的直接或间接影响的"文学经验"。我们看到，在《相见欢》里，吕亮耕所理解的"诗文学"，实际上还自然而然地，在中国古典传统之外，包括了西方的"文学经验"：

　　啊，我的女郎
　　永远的女郎
　　你灼电一般的热情
　　是如此有力地吸引着我，
　　而我——像拜伦一样
　　狂热地讴歌着解放的战争
　　和自己所处的热情的年代
　　而又为它执役的年青人，
　　愿意呈献出我整部的热情，
　　兑取你美丽的笑诺
　　和真挚的心许呀！
　　给我热情的嘴唇，我的女郎
　　因为我是如此地

> 酷慕着你自由宽阔的姿态，
> 如同酷慕这个时代，
> 让我们热烈地握手吧！
> 我理想的女郎，
> 我的花木兰，
> 我的贞德。

除了"贞德"和"拜伦"的名字直接告诉我们的"文学经验"而外，这里引述诗行中，我们至少还可以再辨认出两种"文学经验"的在场。第一，是"灼电一般的热情""热情的嘴唇"之类的表述，明显不是来源于中国古典"诗文学"，而是来源于19世纪欧洲浪漫主义诗歌成熟得几乎成了俗套的表述。第二，"你自由宽阔的姿态"等语，则很容易令人想到艾青《北方》里的诗行：

> 我爱这悲哀的国土，
> 它的广大而瘠瘦的土地，
> 带给我们以纯朴的语言
> 与宽阔的姿态，

如果再冒点简化的风险，把吕亮耕所理解的问题转述为"现实性"和"艺术性"之间的张力的话，前面的分析，可以归结为这样的表述："现实性"是抗战时期的文学与非文学叙事之间的"家族同一性"问题；"艺术性"指的是抗战时期的文学与非抗战时期的文学叙事之间的"家族同一性"问题。吕亮耕所说的"抗战诗"，就是试图在两者之间保持平衡，既不愿意因为过分偏离后者而被指责为"艺术低劣"，也不愿过分偏离前者而被指为"脱离现实"。

基于这样的理解，吕亮耕在处理不同的题材时，总是在贴近抗战时期的社会现实的同时，又紧盯着历时性的"诗文学"对同类题材的书写，尽可能采纳或引入相关的词语、意象等，营造类似的情调和意境，致力于把眼前的现实，与更开阔、更丰富的"诗文学"世界联系起来。面对江南景物，书写因日寇侵略导致的个人离乱之情和家园荒芜景象，其情调与笔法，恍若古典诗词的江南书写。《芦花》一诗，和他抗战之前的诗作毫无两样，纯粹自然景物和宋词境界，除了始终流露出来的情绪之外，可以说完全无法辨识通常意义上的"时代色彩"或"现实特征"：

  芦花开在江渚，
  芦花是秋天最后的装点了。
  芦花渚有流雁来寄泊；
  有流浪人的舟楫来寄泊。
  燕子几时归去呢？
  流浪少年则归去已无家。
  寄语燕子珍重你的形色，
  流浪少年在天涯吹芦管送你。

《一叶航船》，同样是宋词境界，宛若姜夔《扬州慢》"黍离之悲"的现代版：

  战后断桥剩呜咽的流水，
  断桥的垂柳亦黯然了，
  拴一叶舟于桥下的老船夫，
  夜来怅望断桥底月色，
  眼角珠泪迸落如柳花。

  西湖景已如此萧条呵，
  断桥上日夜少人行过，
  断桥下日夜少舟楫划过，
  流水是老船夫无尽的太息。

除了"战后""西湖"等词语外，始终完全找不出一点"现实生活"在场的踪迹。与自然之物浑然一体的诗境，配合着亘古不变的人情世故，《一叶航船》营造了一种流水般超时空的诗境，把自己不着痕迹地，融入了中国古典"诗文学"传统的有机存在。

但在处理传统"诗文学"未曾遭遇到的"现实生活"时，吕亮耕却又和同时代的现实主义诗人一样，体现出了突破"诗性"成规，直接将非文学叙事，转化文学叙事的高度勇气和语言才能。这就是说，吕亮耕之重视抗战诗歌的艺术性，并不是要把一切都封闭在既有"诗文学"的符号系统之内，而是强调针对不同的题材，采取不同的处理方式，挪用不同的艺术资源。艺术上不甚成功，但因此而更能说明问题的，是《割去这些历史的赘疣——为反汪精卫伪组织而作》《号召——号召农民入伍》两诗。前者和当时铺天盖地的"讨汪诗歌"一样，不顾标语口号之嫌而直接发出了呐喊，后者用散文化的语言，号召农民"抛弃古旧的锄头/掮起崭新的枪支"，为着祖国的自由解放，"英勇地投标战争"。

《公路》《寄到陪都》《破坏》等诗，则的确是"内容与艺术并重"的成功之作。《公路》描写公路上的运输情境，进而以其沟通前方与后方，沟通全国各地的物理特性为触发点，想象中国的整体性和同一性，题材是现代性条件下所特有的"金属的繁响"，"新的年代的噪声"。更重要的，是诗中的现代民族国家共同感，打上了鲜明的战时中国的烙印，体现了鲜明的时代特征：

　　公路连接着山和山原野和原野
　　连接着广袤的乡村和乡村
　　也连接着不同地域人民的感情
　　公路更给贫穷的村落带来
　　新的繁荣新的生气新的希望
　　人民的希望正如同
　　长长的公路伸向无限的遥远
　　而我，来自农村的土地的儿子
　　更是感激地讴唱出这
　　公路的颂歌
　　而公路的颂歌呀
　　正是为胜利的明天播奏的
　　战争的凯歌的一支序曲。

《破坏》处理的，也是中国抗战——尤其是以长沙为中心的几次湘北会战——所特有的战争景象：为了阻击敌人，主动破坏整饬完好的公路系统，坚壁清野，转移物资；战争结束后，又重新修筑，重建日常生活家园。这是一个大面积散布在当时的报章宣传文字里，但传统"诗文学"从未遭遇和处理过的题材。吕亮耕采用戏剧化手法，把他者的声音和语调，甚至报章口号，都转化成了自己诗歌的词语和意象。先写破坏：

> 是的，我们"化路成田"，又灌注了水，
> 路：再也负承不起些微的压载，
> 人也好，车也好，只要一踏上它，就深深地
> 陷了下去——再也拔不出脚踝和轮鞅！
>
> 是啊，为了阻挡敌人的进军，
> 我们来把乡野大路彻底破坏了！
> 那时：树芽方才菁葵，秧针刚刚出水，
> 可是我们抛弃一切，走入了山寨……

接着，再写会战结束后返回故土，重建生活家园时的景象：

> 此刻，我们商量着：修葺房舍，扶植作物……
> 把一切给敌人破坏的拿来重整，
> 要生命的绿色重新掩覆
> 平静的村庄，和喂养大地的子民。
>
> 可是，搁下这一切；我们最先来担土，荷石，
> 吆喝着，在阳光下勤恳地铺设道路！
> 由于道路是自己亲手破坏的；
> 今天我们再以汗，以笑，以劳力，以歌声，
> 重新建造美丽的康庄……

所有的诗句、词语和意象，都在直接和非文学叙事的对接和相互交融

中，摆脱了古色古香的"诗文学"符号体系，洋溢着战时中国所特有的生活景象和乐观气息。

《寄到陪都》也是直接处理抗战时期的重庆所特有的生活经验的成功之作。抗战初期，由于中国空军损失殆尽，而防空力量又极其脆弱，日军曾连续四年，对以战时首都重庆为中心的中国大后方城市展开了旷日持久的大轰炸。限于当时技术和气象条件，日军对重庆的大轰炸只能集中在每年五至十月进行。进入冬春两季，四川和西南地区的浓雾，就构成了阻碍日军轰炸，庇护市民日常生活的天然屏障。由于这个缘故，原本雾蒙蒙的、阴冷潮湿的冬季，反而因为摆脱了日军的轰炸，显现出了勃勃的生机，变成了重建家园，展示中华民族不屈不挠的抗战意志的时节。这是一个典型的战时中国宏大叙事，一个只能在图像世界中展示其存在的"想象的生活场景"。吕亮耕却在驰骋想象的虚构中，纳入丰富而具体的意象和生活细节，把蒙太奇镜头般的宏大叙事和细腻的生活气息，很好地融合在了一起。

总的来说，吕亮耕的"抗战诗"，可以分为两大类型。第一是以自然景物和乡村生活经验为对象的作品。这类作品，糅合了叶赛宁的田园诗，和传统中国"诗文学"的意境与情调，意象明丽生动，略带忧郁低沉的个人色彩，富于浓郁的抒情气息。另一类，以战时中国现代性经验为对象，艺术手法题材变化多样，体现了诗人多方面的艺术才能。相对说来，后一类诗作，更能体现吕亮耕的艺术成就。

林咏泉的"故乡"与国土

林咏泉（1911—2005），原名林永泉，辽宁岫岩人。1930年考入南京中央军校学习，20世纪30年代中期，开始在《北平晨报》《华北日报》等发表新诗作品。抗战初期，曾参加过南口战役等重大战事。1941年到重庆，任设在南温泉的中央政治学校教官，结识孙望、艾青、常任侠等，开始在《中国诗艺》《文艺先锋》等报刊发表作品。20世纪50年代，曾在江西进贤等地农场劳动，晚年居上海。[①] 出版有诗集《塞上吟》，另有大量

[①] 关于林氏生平的介绍，参考蒋星煜《一位被忘却的诗人》（原载2011年2月28日《文汇报》）和赵国忠《〈每日文艺〉及穆时英的一篇佚文》（原载《博览群书》2011年第3期）两篇文章的相关内容。

作品散见于《国民公报·文群》副刊、《新蜀报·蜀道》副刊等。

林氏"长于表现的是细腻的摹描和柔情的抒发",①《塞上吟》里的作品,最为引人注目的,首先是对自然景物的繁复铺陈。诗人善于围绕核心意象展开舒缓、细腻的描摹,在轻柔而略带咏叹气息的情调中,表达对大自然的欣赏、热爱和感激之情。《二月》以一连串的排比句式,围绕着花、风、蝴蝶、蜜蜂等核心意象展开铺叙,浓墨重彩地描绘出了二月的繁盛与热烈。从语义学的角度看,《月夜》的开篇,实际上只是一个复杂长句,但却被诗人细腻的笔调,组织成了绵密的诗行,形式上虽然分隔开了,但这种分隔反过来约束着内在的诗情,形成了连绵不断而又悠长的内在节奏:

> 从重重叠叠白杨小叶隙穿过来的,
> 从一大张一大张
> 梧桐手掌的边沿跨过来的;
> 从凌凌乱乱
> 橘树丛中溜过来的,
> 你温良而缄默的月魄啊
> 每当你照耀到人间
> 每当你燃起天上底灯火
> 轮值着月月勤务的时候,
> 夜是如此幽媚
> 大地是如此可爱啊!
> 你把成张成片的光辉
> 铺放在硕大而宽阔的形体上;
> 你也把零碎的彩泽
> 撒洒在斑斓的树叶上
> 如朝阳之光,夕阳之光
> 憩止在海边的石片贝壳上一样。

---

① 蒋星煜:《读〈塞上吟〉》,林咏泉《塞上吟》,文艺出版社 1948 年再版本,第 1 页。

这种细腻繁复而又善于营造整体氛围的笔触，还被诗人运用到抗战题材上，同样也取得了较大的成功。长诗《路》立足于宏大的历史时空，从人类于草莽和森林中践踏出路开始落笔，一直写到贯穿中国大地的路，最后落脚在西南大后方，以路连接人类的过去与现在，连接中国的前线与后方，酣畅淋漓地写出了中国抗战之"路"的繁荣与无穷活力。全诗围绕着"路"这个核心意象展开，以繁复的书写和细密的烘托，把具体坚实的"路"与作为人类生存象征符号的"路"不着痕迹地嫁接在一起，显示了作者圆熟的艺术手腕：

> 今天，中国底大后方
> 有成千成万只挥动钻锤的手臂
> 辟筑那从温带到寒带
> 从长绿的南方到沙漠的北方
> 一条条纵横地绵长的公路
> 公路上成天成夜地
> 飞转着成串的车轮
> 飞驰着各种载重的大卡车
> 各种军用的三轮车，二轮车
> 以及各式各样的唐克
> 中国底资源是无穷尽的呵
> 中国底战斗力是无穷尽的呵。
> 在前线，筑路者是战士
> 毁路者是战士，
> 坦平的大路变成湖沼池塘
> 敌人底战事被坑陷了
> 敌人底战马被阻止了
> 在山林中，在田畴中
> 在每一块阵地的周围
> 都藏匿着，回绕着羊肠路，崎岖路
> 无数"难如上青天"的小径
> 而我们底战士却披着轻装

> 从熟稔的路之网里，路之阵里
> 神出鬼没地在敌人底翼侧，
> 敌人底后方，奇突地袭击着
> 勇敢地进攻着，
> 而敌人，则被困于中国之路了。
> 中国有着后方的平坦的运输之路呵
> 中国有着前线的崎岖的战斗之路呵。

流寓西南大后方的林咏泉，反复吟咏的另一个主题，是对辽南故乡的怀念。在抗战时期的历史情境中，这种怀念，自然而然地包含了对侵略者的仇恨，和收复失地的爱国主义感情。相应地，怀恋故土也就成了诗坛的一个流行母题。林咏泉的特别之处，就在于它不是把故乡当作一个整体性的抽象符号来对待，而是抚摸着具体坚实的意象，召唤着有名有姓的事物，真正写出了对故乡一草一木的热爱。《忆辽东——故乡追忆之一》，就在宏大的地图学式的"辽东"这个符号下，逐渐把目光收缩在了自己的家乡岫岩上，以"大洋河""哨子河"等实体意象，把"故乡"变成了与自己有着切身关联的大地上的事物。最典型的，是"故乡追忆之二"的《鸭儿河》。在这首诗里，不是对"故乡"的怀念落实到了"鸭儿河"上，而是对"鸭儿河"的怀念，被诗人纳入了"故乡"的范畴。所以，诗人的心绪和笔触，都自始至终逗留和游走在"鸭儿河"上，追随着它的流动性存在，细腻而具体地描绘着它的种种情态，以及它带给人们的欢乐：

> 鸭儿河是最宜于长夏的
> 最使涉水人深切地感到
> 水底温柔，沙底细腻
> 而涉水人便依恋地
> 游泳在水流中
> 游戏在沙滩上。
>
> 当倾降着长夏的暴雨时候
> 鸭儿河底水面

浮起浊白色的泡沫
从而在上流，那发自山谷的
海啸般的巨浪，挟着
硕大的树木和牲畜
向下流翻腾而奔驰
而渡口的两岸
河水环抱着林树的腰围
河水泛滥到原野里
而原野成为广阔的湖泽了,
湖面上有剪形的燕子穿飞
——他们交织着温情的长夏梦
有大眼睛的红蜻蜓
翩点着晶样的翼翅
而这明净的湖水底面脸
正多情地仰向碧蓝色的天宇
做着最亲密的默语。

蒋星煜曾把《鸭儿河》当作诗集中"最为紧凑而生动的诗篇"之一，并赞扬了它"巧妙地布置着排句把绚烂的诗篇镶嵌得更绚烂"[①]的特长，充分肯定了它在语言艺术上所取得的成就。但在我看来，还应该肯定的，是林氏这种把被现代性欲望和文化机制符号化了的"故乡"还原为实体性存在，用"写实"的笔法来表达对故乡之依恋的勇气和胆识：在"写实"中，潜涵着诗人对作为生活世界的"故乡"的挚爱，以及对自己切身经验的执着与自信。这种执着与自信，不仅给他的诗作带来了实实在在的严肃性，更为抗战新诗中的"国土"注入了劳动和生活的馨香，使之从空洞的符号，变成了弥漫着欢乐与生机的家园。

沈祖棻、李白凤等诗人

程千帆、沈祖棻、李白凤、程铮、杜蘅之、齐扬等，也是金陵诗人群

[①] 蒋星煜：《读〈塞上吟〉》，林咏泉《塞上吟》，文艺出版社1948年再版本，第1—2页。

中比较活跃的成员。

程千帆和沈祖棻夫妇，后来以古典文学研究大家而闻名，早年则是《诗帆》最活跃的作者之一。沈祖棻有《微波辞》列入"中国诗艺社丛书"，程千帆则有两部诗集编入"土星笔会丛书"，但因战争爆发未能出版。迄今，陆耀东编的《沈祖棻程千帆新诗集》，搜罗两人诗作最为完备①。

《微波辞》第一辑中的作品，都是直接以抗战为题材的作品。《空军颂》歌颂抗战初期我军英勇顽强，略显拘谨局促的古典式遣词造句虽尚不足以驾驭新的大时代事件，但却显示了以细腻婉约的诗风见长的女诗人浓浓的现实情怀。《夜警》以日军对重庆的大轰炸为题材，既写出了"无数市房在火光里倾颓，/无数建筑在黑烟中崩毁"的残酷景象，又真实地写出了个体生命在战争的血与火面前"如秋风中的蜘蛛网"般脆弱的心理体验。为着宣传和鼓舞士气的需要，同类题材的作品，大多从"民族生命"或"城市史"的角度着眼，有意无意地淡化轰炸的残酷性，而把重点放在"新生"与"重建"上。当时负责文化宣传工作的郭沫若，就曾批评描绘轰炸后的悲惨景象的作品"不能共鸣"说，"据四年来所见，无论在南京、武汉、长沙、桂林、重庆，凡经轰炸之后第一印象，大都是乐观，每一个人的脸上都有欣然的喜色，即使自己的家屋被炸乃至自己的亲人被炸，都并不怎么悲戚。这原因，我想是由于自己的生命，越过了一道生死线，普遍地生出了一种力量极大的喜悦吧"。② 沈祖棻则执着于自己的"妇人之见"，立足于个体生命存在，写出了大轰炸的残酷，写出了生命不可替代的唯一性，写出了死亡和毁灭永远无法得到修复或弥补的沉痛：

  最后是解除警号来舒一口长气，
  死的城市遂在号声中苏醒；
  沉重的空气中换来轻快的呼吸；
  大街上又有了匆遽的行人；

---

① 陆耀东编：《沈祖棻程千帆新诗集》，武汉大学出版社1992年版。下文关于沈祖棻和程千帆新诗创作概况的论述，参考了陆氏《前言》的相关内容。

② 郭沫若：《致孙望（1941年8月19日）》，黄淳浩编《郭沫若书信集》（上），中国社会科学出版社1992年版，第509页。

>但不见往昔居住的里巷，
>焦黑的短木和碎瓦是从前的家；
>年轻娇艳的妻已百唤不应，
>活泼的孩子何处去了呢？
>多少事业像梦影样永逝了
>多少家庭在泪光中消隐了，
>欢乐的种子随着生命埋葬，
>未死者的悲哀是更难忍受的；
>路上遂多无家可归的受难者，
>巷角里传来阵阵少妇的悲戚；
>从血泊中觅取残短的胴体，
>谁能认识以前亲爱的家人呢？
>第二天的太阳照耀着残破的城市，
>只剩苍白的脸色和凄厉的哭声了。

《五月》《故事》《忆江南》等诗，则与传统的"黍离之悲"来抒写抗战的家国之思的作品类似，只是描写更细腻，情调更沉重，包含着对人类永恒苦难的体认。意象繁复细密，情感低沉而如水银泻地般流贯全诗的《故事》，最能体现沈氏的成就和艺术特色：

>纺织娘振翅于南瓜花上，
>其歌声乃震落夜之露；
>萤火虫在草坪上点起亮。
>襟角上的茉莉花球开绽了，
>芭蕉扇遂摇来浓郁的凉风；
>老祖母的话匣子打开了，
>照例是说不完的长毛故事。
>孩子们战栗于流血的恐怖；
>一颗流星悄悄地坠下了，
>深夜竹床上乃有孩子的噩梦。

>现在又该是纺织娘放歌的时候,
>记忆中的家园已在炮火中颓毁,
>南瓜花早为异国的马蹄踏残了吧?
>闪烁于荒原上的该是点点磷火?
>老祖母的白骨在地下无恙吗?
>但她的神灵是不能安宁的。
>当年的孩子早已经长成了,
>并且流亡到一座座陌生的城市,
>她经历过比长毛更可怕的故事,
>而这故事也是永远说不完的。

除了直接的现实题材诗作之外,沈祖棻还有不少抒写人生哲理的诗作,在浅唱低徊中表达人生喟叹,如《问西湖》《一棵无名的小草》等。但这类作品,大多未脱古典诗词已有的意境和窠臼。沈祖棻第三个比较集中的题材领域,是爱情诗。《爱神的赞歌》,可视为其爱情宣言和理解其爱情诗的钥匙。写给远行的丈夫程千帆的《炉火》,则最能体现诗人编织意象和驰骋想象的才情。此外,沈祖棻还有一部分诗作,是金陵诗人群相互赠答之作,如《谏亮耕孙望》《寄亮耕》等,对我们理解金陵诗人群的整体性存在,也有一定价值。

程千帆,曾是《诗帆》最活跃的作者。在3卷共17期的《诗帆》上,共发表新诗45首。其数量之多,仅次于汪铭竹。抗战后,也不时有新诗在《中国诗艺》及其他刊物发表。他的诗作,大多写一时一地的人生感悟。语言上,多用古典诗词的格调和句式,是金陵诗人群中古典气息最浓厚的一位。抗战后,"为了兴趣的转移",[①] 新诗写作日渐稀少,最后完全停止了。为数不多的几首抗战题材的诗作《夜袭》《一个"皇军"的墓志铭》等,精巧但却往往显出古典格调与节奏束缚下的局促,未能有更大的进展和突破。

李白凤(1914—1978),原名李象贤,又名李逢,笔名有李木子、鹑衣小吏、若木、李百朋等,祖籍北京,出生于四川成都(一说广汉)。抗

---

① 沈祖棻:《致孙望书之一》,《微波辞》(外二种),河北教育出版社1999年版,第222页。

战之前开始在《新诗》《星火》等刊物发表诗作，被评论看作"现代派"的重要成员。1938年在长沙，结识孙望、常任侠等，成为金陵诗群的重要成员。有诗集《南行小草》被编入"中国诗艺社丛书"出版。此外，还出版有诗集《春天，花朵的春天》《北风辞》等。20世纪40年代中后期开始转向小说创作，出版有《芳邻》《马和放马的人》等小说集。20世纪50年代后，任教于开封河南大学。2014年，河南大学出版社出版了《李白凤新诗集》《李白凤小说集》和《李白凤诗集》，收录其文学作品较为完备。

一般"现代派"诗人的情感底色，是人生的忧郁和生命的迷惘感。而李白凤，则是悲苦和愤怒。其诗歌创作，也更多地带上了社会批判的色彩和杂文式的愤怒。抗战爆发后，他顺理成章地宣告了和过去的决裂，"想着战争不禁拔剑起舞／一如老骥伏枥念及千里沙场"（《寄任侠》），在《诗人》中宣告了不惜"为了拯救自己与世人"而踏进痛苦的深潭，把写诗当作"终身的苦刑"的立场。诗人深知"自己的诗中，很少不离乎时代太远的作品"，所以准备完全抛弃现代派的写法，用另一种笔调来做"伟大时代的记录工作"①，撰写长诗《英雄的梦》。该诗据说"费时数年精心创作"而成，"规模宏大，分上卷、中卷和下卷，每卷三曲，每曲千行，总诗长达万行，笔致细腻流畅、奔放，为汗与血缀成之雄篇"②，但遗憾的是，该诗迄今未见发表或出版踪迹。诗人在抗战时期留下诗篇，大多仍然带着抽象抒情的色彩，较少切实具体的现实经验。个别篇章，如《辞官》《夜歌》等，还可以说是诗人所鄙视的"标语口号"——虽然是以"标语口号"的方式，宣告要为祖国的抗战而献出生命。想象雄浑阔大，而又比较切实具体的，是《血宴》：

  在寂寞的大地上
  人类的鲜血充溢着平静的草原
  若牧笛之军号吹起丧曲
  黄昏之攻击开始：
  永久仆伏的尸体流着血

---

① 李白凤：《〈南行小草〉自跋》，韦智绪编《李白凤新诗集》，河南大学出版社2014年版，第98页。

② 韦智绪：《〈李白凤新诗集〉前言》，韦智绪编《李白凤新诗集》，河南大学出版社2014年版，第3页。

如五月荔枝的殷红
牺牲者都是从容就义的
你看他们英武的姿态
跳出战壕又跃入另一方的战壕
战火如朔风席卷太平洋上的古国
在烈焰中高举我们光荣的旗帜
而白刃战与血腥的气息中
生龙活虎的勇士搏斗着;
从星月到光明
我们希望获得如太阳更多的光焰
生死惧不足转移人的性情
世界上原没有人可以永生。

  这种意识上想要投身并歌颂抗战大时代,但写作上却未能真正进入并歌颂大时代的矛盾,既表明了金陵诗人群"艺术与现实并重"的立场,也说明了李白凤忠实于写作、忠实于艺术的品质。所以随着抗战趋向结束,诗人又开始把目光转向都市生活,在批判现代都市的腐朽和罪恶中,走向了对中国社会现实的批判,汇入了争取国统区争取民主政治的文化大潮。

  程铮也是抗战时期比较活跃的青年诗人,有《风铃集》列入《中国诗艺社丛书》出版,《憧憬集》由商务印书馆出版。另有大量作品散见于《中央日报》《文艺先锋》《新蜀报·蜀道》等。他是金陵诗人群中现实主义色彩最浓厚的诗人,尝试过朗诵诗、报告诗等大众化和通俗化形式的写作。报告诗《五台山武装起来了》,描述了五台山的和尚们放下经卷,走出佛殿,开始学习"跑步,开枪"等打击敌人的本领,武装起来走进了抗战行列的情形,歌颂了他们为"伟大的抗战史诗"做出的历史贡献。《宜兴在游击队的掌中》则以新闻片段和诗性想象相结合的方式,歌颂了故乡的游击队"隐匿在河畔,/隐匿在桥根,/隐匿在草丛,/埋伏在荒坟",神出鬼没地打击侵略者,一度收复了县城的英勇事迹。《护路村》描绘了不甘做亡国奴的村民,如何英勇机智地配合游击队,用锄头、钉耙打击敌人的情形。这些诗作中的题材和事件,当时的报刊多有宣传报道,程铮以自己的诗性想象,在其中加入了浓烈的个人感情,既体现了诗人为抗战服务的创作态度，也表明了文学中的"现实经验"的多种可能性。

朗诵诗《不再逃亡》是程铮影响比较大的作品。诗人应和着当时流行于四川大后方的"东北怀乡"情绪，动情地描绘了自己太湖边的家乡的美丽，向所有在战争中失去了家乡的流亡者发出了响亮的号召：

>我们从此，不再逃亡，
>不再哼着颓丧的歌唱。
>"抵抗！""抵抗！"
>这呼声，指示了我们的方向。
>瞧吧，东方已经升起晨曦的光亮
>到前线去罢，
>到前线去罢，
>到前线去，走上民族解放的战场。

《国旗在召唤》影响虽不那么大，但气势恢宏而感情热烈，是不可多得的从整体上"想象中国"的成功之作。诗人一方面在地图学透视框架中，勾勒了囊括东西南北名山大川的"符号中国"形象，进而又在这个形象中，加入了不同身份、不同行业的人们为了圣神的抗战而劳动着，战斗着的热烈景象，描绘了中国在人民的劳动和战斗中向着未来，向着自由解放行进着的宏大气势。其中最有特色的，是对人民劳动和战斗情景的描绘：

>祖国呵，
>在你怀里的人们：
>农夫，
>在耕耘，播种，施肥，
>　除草，收获……
>抱膝谈笑着丰收。
>工人，
>在打铁，锯木，纺织，
>　缝纫，印刷……

为祖国奠定抗战的基石。
看刀,枪,子弹,抵御着强盗,
看建筑物和白云比高,
看小型工厂和手工厂,
雄健的站起来。
市场上:
曼彻斯特,
大阪,
汉堡,
芝加哥,
马赛,
北明翰……的货物
都隐消匿迹了。
我国大批的出版物:
印刷在贡川纸,
　　　嘉乐纸,
和其他的土纸上。
商人,
愉快地推销国货,
(不再把"老牌西洋货"炫耀顾客)
以笔抗战的著作家,
跳出了抒写个人情感的圈圈,
在抗战的旗帜下,
激发正义的情绪。
大批的垦殖者,
在开垦荒原,
往昔,人们不到的地方,
如今,深夜灯火相对着天星。
像山岳般堆积的出产物,
从那地腹挖掘出来的,
　　从地面上收获的,

载进一辆辆车厢，
向国外倾销。

意象的鲜明具体，令人想到田间《给战斗者》对树木、禾麦、卖酒、米粉、烟草、燃料、白麻、蓝布之类"中国意象"的枚举。恢宏的气势和连绵不断的充沛感情，则近似于粗野而肆无忌惮地歌颂着美国，歌颂着美洲和世界之新生的惠特曼。抗战时期的诗坛上，影响最大的是艾青的"悲哀"而忧郁的爱国情绪，程铮从自豪的胸怀中流溢出来乐观而旺盛的爱国主义感情，丰富了抗战新诗中的爱国主义感情，自有其不可替代的历史地位。

齐敩，生平不详，有诗集《黎明的号角》列入"中国诗艺社丛书"出版。他的诗，受何其芳影响较深，就连题目，如《休洗红》《小楼》《忧思吟》之类，都带着何其芳的痕迹。《寄北战场上的何其芳君》一诗，熟练而恰当地引用了不少何其芳的语句，表明他对何氏的作品和抗战之后的行踪、思想转变等，均非常熟悉。齐氏在这首诗中，表达了追随何其芳的步伐，"摇醒每一个梦寐"，"点起大时代的明灯"的愿望。但就实际的创作情形而言，《黎明的号角》总体上并未挣脱何其芳战前的气息与格局，字里行间随处可见古典的意境和词句，个人化的情调和凭空想象的痕迹比较明显。最能代表其写作风格与诗学追求的，是以日寇夜间轰炸大后方城市为题材的《夜袭口占》：

纵使月亮清得如水，
在嘉陵江中的
一叶小舟，轻轻地
荡破水中月色的寂寞，
夏虫奏着可爱之夜歌，
有着斯特老斯的旋律，
也挽不过山洞旁
忧虑的人们的怨色，
远山像沉思的老人，
把世界的气息

压在他沉重的静穆里，
人们乃感到
极重的窒息。

山峰的那一边，
传来二十世纪鸢鸟的鸣声，
是使人颤抖的；
在心上再划下一条痕印，
记载了残忍的次数，
直到那清算血债的那一天，
才会放开这痕印的痉挛，
这时候草坪上的人群，
再不感到露水的沉重，
只剩下心爽的焚烧。

杜蘅之（1913—1997），浙江青田人，出生于北京，早年就读于之江大学。在校期间，参与组织文学社团"菉葤社"。抗战时期，在国民政府空军部队任职。晚年去台，为著名国际政治学者和政论家。

列入"中国诗艺社丛书"的《哀西湖》，是长达千余行的一首叙事长诗。作者饱含深情，追忆了杭州在战争之前的繁华景象，同时又根据报章记载等相关资料，描绘了日寇占领杭州之后的种种暴行，表达了报仇雪耻、光复故国的战斗意志。从《序》来看，诗人对中国现代新诗的历史和现实境遇，都有比较自觉的思考。他是把《哀西湖》自觉地放在世界文学战争史诗的范围之内，放在民族解放战争的大背景下来构思的。他说：

> 世界的大诗人当战争的时候，当祖国被暴敌侵凌的时候，当大英雄用血肉来创造民族的新生命的时候，一定热血沸腾到了极点，有的吟出震彻万千年感动万千人的壮烈的声音，有的竟投笔从军，实现了最高理想：生命就是诗，诗就是生命。[①]

[①] 杜蘅之：《〈哀西湖〉序》，独立出版社1942年版，第8页。

相对来说，前半部分叙述杭州的光荣的历史、近代以来的新兴面貌、普通市民的日常生活等情形比较成功，生动的细节和场景，夹杂着饶有趣味的沪杭土白，使人恍若身临其境。后半部分，描写杭州沦陷后的种种暴行，则显得较为空泛。结尾处反复抒写的"我悲哀，我极度地悲哀"，也显得凌厉有余而沉郁不足。

抗战时期的中国作家，大量笔墨集中在作为象征符号的"卢沟桥""八百壮士""游击战"等事件上，而对南京、杭州、广州等中心城市陷落之类的历史事件，则鲜有关注。杜蘅之的《哀西湖》，不仅填补了历史的空白，而且在"人间天堂"和"偏安之地"两副面孔之外，丰富了杭州在中国文学史上的形象。

第三节　其他学校诗人

抗战之前的四川，仅有四所高等学校，分在成都、重庆两地，而且规模较小，复古风气浓厚，新文学和新诗几乎没有容身之地。抗战爆发后，从东部沿海地区迁入，以及新建的各类高等学校，迅速改变了这种格局，从川北的三台，到川南的江安、叙永，都留下了内迁或新设高校的身影。新文学社会空间和创作风气，也迅速扩展开来，为四川抗战新诗的发展和繁荣，奠定了坚实的社会基础。本节将以此为线索，在概述各高校校园新诗创作活动的基础上，叙述武汉大学的蒂克、邹绛，四川大学的李岳南，育才学校的邹绿芷、炼虹，国立社会教育学院的玉杲等诗人的创作。

武汉大学的蒂克和邹绛

抗战时期的武汉大学，虽地处比较偏僻的乐山，但在校长王星拱和教务长朱光潜等人的主持下，办学规模不断扩大，继续保持了科学、民主的优良校风。在朱光潜、叶圣陶、苏雪林等人的支持和影响下，学校进步社团如岷江读书社、文艺岗位社、大渡河边社、文谈社等活动一直相当活跃，新文学，尤其是新诗创作的风气颇为浓厚。在这种风气的影响下，国文系虽仍"抱残守阙"①，囿于新旧门户之见而对新文学持排斥态度，但从外语系，却走出了两位颇有影响力的诗人：蒂克和邹绛。

蒂克（1918—1965），原名考昭绪，又名考诚，山东潍县人。1937年考入乐山大学外语系，其间曾深入晋南战地，参加抗日救亡工作。大学毕业后，曾在驻昆明的美国飞虎队中任过翻译。20世纪50年代后，先后在上海《新民报》、北京市文联等机构任职。出版有诗集《小兰花》、短篇小说集《旅途》《黎明前》等。另有大量作品散见于《枫林文艺》《现代文艺》《诗星》《诗丛》《火之源》等报刊。

诗集《小兰花》的一个重要内容，是对揭露日寇暴行，歌颂敌后军民英勇顽强的抗战事迹。《血仇》根据作者"与工作同志赴灾区访问"时的亲身经历，记载了盘踞晋南石壁的日寇逃窜之际留下的种种令人发指的兽行，刻画了侵略者的兽行在中国人民心灵上留下的"仇恨的印迹"。《夜行军》描绘了我敌后游击部队"带着两脚浓重的露水/踏着野草交织的山径"，深夜行军的生动情境，抒发了作者跟随着抗战的队伍寻找"灿烂的光明"的豪情。《露营》以我游击部队于"夏夜的三更"天进入某"百十户人家的山村"，为了不惊醒"恬静的睡着的村人"而在村边的打麦场上和衣露营为题，既写出了战士们彼此之间亲密的集体感，又暗示了抗战初期和谐温馨的敌后军民关系。

《夜行军》和《露营》是集体群像，《老丁和油印机》《小鬼阿根——一位幼小的宣传队员》《刘黑疤》等，则是个人特写。《老丁和油印机》刻画了把油印机当作比生命还宝贵的抗战工具的老丁，如何"把我军忠勇的事迹，/敌人的暴行，/简短的消息"等材料，"织成一张张小型报纸"，把它们送到沦陷区群众手里，让它们组成"一条情感的链子/把千万颗群众的心/紧紧地串在一起"的英勇事迹。《小鬼阿根》刻画了尚未成年的小鬼"阿根"的机智可爱的形象，从一个侧面反映了敌后游击部队及其抗战形式的丰富性和多样性。《刘黑疤》描绘了人称"刘黑疤"的游击队首领如何机智而英勇地摆脱敌人的追击，俘获了日军大佐的生动情境，刻画了一位略带几分草莽豪气的英雄形象。苏雪林曾在《序》中，结合作者的亲身经历，对这类作品一一枚举，给予了高度的肯定：

---

① 叶圣陶：《西行日记》（上），《叶圣陶集》（第19卷），江苏教育出版社2004年版，第202页。

抗战的飓风将许多时代的渣宰扫荡了，肃清了，同时也把许多有为的青年带到前方，给予严酷无情的锻炼。它使他们睁开眼睛看见从前看不见的事物。它使他们嗅见血的腥味，枪炮的硝烟。它使他们听见战马的嘶号，兵士的呐喊，飞机大炮的轰隆砰訇惊天动地。他使他们栉风沐雨，忍饥挨饿，崎岖奔走，出生入死。我们的青年诗人便这样在晋南工作过两年，他曾走过黑夜奇险的太行山的高峰，他曾参与过敌人视为盲肠的中条山的战斗，他曾经目睹过府城石壁间敌军暴行留下的遗迹，他和那些抗战的无名英雄如骑着枣红马的刘黑疤，扛着红缨枪的阿毛，与油印机共生死存亡的老丁，在土墙上涂写歪歪扭扭的抗日字句的小鬼阿根，伪装女郎引诱敌兵至埋伏地聚而歼之的樵夫，装疯装傻敌兵踢他叩头，敌兵逼他吃狗屎他不得不吃的侦探老李，都厮混得很熟，他写出他们的面貌，画出他们的言谈举止，传出他们的脉搏心跳，吐出他们的怨恨愤怒。这可使我们知道老百姓们在时代里如何被污辱，遭牺牲，但他们全有一颗不肯屈服的心，又如何在抗战阵线里努力工作，如何艰难而巧妙地执行他们抗敌卫国的义务。①

在揭露日寇暴行，描绘我军民英勇顽强抗战事迹的同时，《小兰花》也抒发了作者在抗战大时代里的激情和幻想，描绘了诗人在抗战中成长的情感轨迹。在《驼铃》里，走向北方战地的诗人，实际上是随着驼铃声"飘向辽远的天涯"，走进埋藏在青春的生命深处的幻想天地。《小兰花》里那个期待着被拯救和被解放的少女"小兰花"，虽然总体上可以看作是正遭受着侵略者践踏的"中国"的象征符号，但也在很大程度上，泄露了诗人"男性英雄"的隐秘幻想。而《我们站在中条山上》的情景，则更像是经过剪接和拼贴之后的电影画面，而非眼前的实在经验。所以很自然地，到后来的《夜歌——给她》中，诗人的关于爱情和战斗的想象，几乎完全蜕化成了"战争乌托邦"的浪漫幻象：

---

① 苏雪林：《〈小兰花〉序》，蒂克《小兰花》，莽原出版社1942年版，第3—4页。按：目录题为《苏雪林先生序》。

我把腰里的手枪取下
　　跳上白马
　　驰过沙滩
　　让马蹄，唱一串
　　战斗的歌

　　逸贞的马
　　飞驰在我的身边
　　她，以纯洁的手
　　紧拉着我持枪的胳膊
　　她的晶莹的泪珠
　　映着飘忽的渔火

这种混合了个人的青春幻想与激情的抗战书写，从另外的角度，真实地反映了抗战大时代之于青年知识分子的复杂意义，把个人与民族国家之间的关系，转变成了现代性的双向认同。文学作品显然不仅仅是时代和生活经验的描摹与记录，更是个人想象和激情的表达。在这个意义上，蒂克抗战诗歌中的个人情感书写，同样值得我们重视。

他的朋友魏荒弩回忆说，蒂克给人的印象"是一个天真无邪的大孩子，显得那么单纯，那么浑厚，那么热情。仿佛世界的一切都那么美好，那么浪漫蒂克"。这在一定程度上，揭示了他的诗作"意象新颖，想象力极其丰富"的个人根源。[1] 不过，蒂克的想象也不完全是个人化的。尤其是四十年代后期，他的笔下开始越来越多地出现了意象新颖而空灵，但却包含着深厚现实意蕴的宏大想象。在《辽阔的歌——遥寄》中，他怀念生活在昆明的朋友们，抒发共同战斗的豪情说：

　　徘徊在南方的好兄弟
　　请谛听夜里的
　　翠湖畔的音响吧

---

[1] 魏荒弩：《缅怀诗人蒂克——兼吊殷平》，《渭水集》，北京大学出版社1997年版，第33页。

鱼尾轻敲着水花
绿叶摇着翅膀
那就是我
向你们祝福的
轻拍的手掌

让我们的歌声
扭绞在一起
跳荡在山岳上
跳荡在村庄里
跳荡在没有足迹的
荒凉的谷地
……
让我们的诗篇
谱进
牛棚边农夫的
斩草的铡刀的吟哦里
村姑的纺车的旋转里
通红的烈火旁的
　　　叮叮当当的铁锤里
领导着大地的音响
向黑色的世界
呵呵的狂笑

　　《小兰花》毕竟是他学生时代的产物。朱光潜、苏雪林等人的奖掖，包含着对青年学子的关爱和鼓励之情。像《遥寄》这类的作品，反而更能代表蒂克的成就，也更能见出他想象力的丰富和诗情的阔大。

　　1943年6月，蒂克还在乐山创办了诗歌刊物《诗月报》。"创刊号上刊有臧克家的《笑》、邹荻帆的《江岸》、朱光潜译的《母亲的悲哀》、绿原的《响着的刀》、蒂克译的《涅克拉索夫诗抄》"① 等作品，无论作者队伍，还是作品质量，都称得上是当时一流的诗歌刊物。该刊前后共出 3 期，对四川抗战新诗的发展起到了一定的促进作用。

邹绛（1922—1996），原名邹德鸿，四川巴县（现重庆市巴南区）人，1922 年出生于乐山五通桥。1940 年，考入内迁乐山的武汉大学外语系。1942 年，加入该校文谈社。1944 年武汉大学毕业后，曾先后在乐山、万县（现重庆万州区）、重庆等地中小学任教。1950 年后，先后在西南人民艺术学院、中国作家协会重庆分会、四川分会等工作，任《西南文艺》《红岩》《星星》《四川文学》等刊物诗歌编辑。1963 年后，长期在西南师范学院（现西南大学）任教，并从事文学翻译工作。1996 年初，不幸因病去世。主要作品收录在《现代格律诗选》和《邹绛现代格律诗选》两部诗集中，另有《黑人诗选》《聂鲁达诗选》等译作。此外，他精心编选的《中国现代格律诗选》《外国名家诗选》（四册）等，也对中国新诗的发展，产生了一定的影响。

诗人精心编订的《现代格律诗选》，按时间顺序，将其诗路历程划分为 1942—1949 年的《星夜之歌》、1949—1963 年的《青城山顶看日出》、1978—1992 年的《春天的乐章》三个阶段。《星夜之歌》收录的，绝大部分是抗战时期，尤其是就读于武汉大学时期的作品。邹绛抗战时期的诗歌，首先以一种回避和逃离的方式，表达了对黑暗现实的抗议。《破碎的城市》，宣告了诗人以及诗人所理解的诗歌在黑暗而破碎的现实面前的无效：

> 趁着傍晚我攀上这城头上面的
> 楼阁，但对着这云雾低漫的宇宙，
> 我却无法唱出我悦意的歌。
>
> 破碎的城市冷寂地躺在我脚下，
> 就像是古代湮没了的庞贝城一样，
> 而那黑色的暗哑的河流也在

---

① 王绿萍编著：《四川报刊五十年集成（1897—1949）》，四川大学出版社 2011 年版，第 667 页。

>　　她的身边几乎停止了搏动……
>
>　　浓重的云雾压着对河的山,
>　　压着没有钟声的庙宇,压着
>　　蛰伏在每一个屋脊下的灰暗
>　　而喋住了喉舌的生物……
>
>　　　　　　我想唱歌,
>　　我想唱一曲充沛着热力与光明的
>　　歌,但对着这云雾低漫的宇宙,
>　　我却无法调整我自己的音律。

　　诗人自己编订的《现代格律诗选》,《破碎的城市》排在第一首,成了邹绛"诗路历程"的开篇之作。不管是有意的精心安排,还是无意中的巧合,这"开篇之作",都可以看作是邹绛诗歌创作的基本姿态:面对一个破碎的、云雾低漫的宇宙,——请注意,诗人使用的词语是"宇宙"——通常意义上的诗歌,已经丧失了歌唱和表达的能力。"唱一曲充沛着热力与光明的歌",既是诗人"我想唱歌"的热烈渴望,同时,也可以理解为赞美生活,歌颂抗战之类的"时代使命"。诗人拒绝了自己的渴望,也委婉,但却毫不含糊地,拒绝了普遍性的"时代使命"。他说,"对着云雾低漫的宇宙,/我却无法调整我自己的音律"。

　　这是整体性的拒绝。诗人并没有采取通常的做法,在眼前黑暗而破碎的城市之外,引入,或者幻想出另一个"光明世界",在对抗和拒绝同时,又保留着因对抗和拒绝而更热烈,更焦灼的对"现实世界"的渴望。这不是某一阶层的黑暗,也不是某一部分的破碎,而是整个宇宙的黑暗和破碎:浓重的云雾,压着每一个处所,压着所有的生物,就连河流——这曾给现代性浪漫主义者带来无穷的关于"远方""光明""希望"之类词语的幻想的基本意象——也"几乎停止了搏动"。这是一个破碎的、绝望的宇宙。

　　悖论在于,诗人邹绛,却又是用"诗",宣告了"无法调整我自己的音律",宣告了自己无法"写诗"。在这个意义上,《破碎的城市》实际上是邹绛关于自己的诗的"元诗",通过写作而宣告写作的不可能,表明了他写作的是"另一种诗"。他的诗歌生命植根于"另一个世界"。

"破碎的城市冷寂地躺在我脚下,/就像是古代湮没了的庞贝城一样",这两行诗,透露了"另一个世界"的秘密踪迹。一般来说,比喻总是运用熟悉的或已知之物,来比喻不熟悉的或未知之物,目的在于使后者从陌生变为熟悉,从不可理解变为可理解。而邹绛这里,却反常地,用了"古代湮没了的庞贝城"这个更遥远也更陌生的事物,来比喻眼前这"破碎的城市"。对一般读者来说,这样的比喻,不是把眼前这"破碎的城市"变得更熟悉,而是变得更陌生,更不可理解了。即便在诗人那里,"古代被湮没了的庞贝城",也只是一个抽象的符号,一个不可能被直观地、现实地经验到的实在之物。从起源上说,它是诗人从阅读中获得并熟知的符号,而不是通常意义上的"现实经验"。

也就是说,诗人写作和运思的"原点",乃是从"书本经验"中获得的符号世界,而不是我们熟悉的"现实世界"。换言之,面对着眼前"破碎的城市"的邹绛,在其写作中并没有"看见"他生活于其中的"现实世界",而只是看见了遥远的、陌生的、作为符号性"书本经验"的"古代湮没了的庞贝城"。我们看到,除了《破碎的城市》之外,邹绛的不少作品,如《星夜之歌》《给缪斯眷顾的人们》等,也同样不是从现代文学理论意义上的"现实世界",而是从个人阅读经验,从"符号世界"中生发出来的。以《给缪斯眷顾的人们》为例:

> 你曾以翱翔空间的恶魔自况
> 你曾写下明朗而轻快的诗篇
> 你曾自比作喇叭,要唤醒人间
> 你曾走海外,寻求慷慨的死亡
>
> 是的,人来自海洋又回归海洋
> 你们在陆上旅行也真像闪电
> 破开乌云层,破开窒息的长天
> 投给我们一道道眩目的哀伤

> 我们有无数的亲友，他们死了
> 我们曾哀哀地哭泣，他们也曾
> 哀哀地哭泣，当他们亲友死了
>
> 但你们，你们的悲哀却是永存
> 像夜的海上，孤灯点点地闪耀
> 像被风摇动的星群，泪光荧荧

这是一首向四位浪漫主义诗人致敬的十四行诗。"翱翔空间的恶魔"指莱蒙托夫，"曾写下明朗而轻快的诗篇"的是普希金，"自比作喇叭，要唤醒人间"的是雪莱，"走海外，寻求慷慨的死亡"的，则是我们熟悉的拜伦。[①] 早年的鲁迅，就曾为他远走海外，离开英国，"花布裹头，去助希腊独立"的举动而"心神俱旺"。[②] 在约定俗成的意义上，这四位诗人，都不属于所谓的"现实世界"，而是图像式的"符号世界"。但对邹绛来说，这个"符号世界"，却远比"现实世界"更有价值，更有力量，构成了他写作和运思的"原点"。

不仅如此，正如《破碎的城市》《星夜之歌》所流露的那样，面对"现实世界"，诗人更多地流露出来的，乃是无话可说的疲乏。相反地，在"书本经验"构成的"符号世界"里，诗人却是那样兴奋，那样天真，那样酣畅淋漓地自由驰骋：

> 我行走在书与书之间，我看见
> 我们的祖先自由地奔走在原野上
> 用弓箭和石器，捕获空中的飞鸟
> 地上的走兽和水里的各种生命
> 黑夜的火光前享受他们的盛筵
> 赤热的红焰惊视着黝黑的裸体

[①] 邹绛：《我又想起了文谈社》，武汉大学文谈社编《回忆文谈社》，自印交流资料，1996年版，第57页。

[②] 鲁迅：《杂忆》，《鲁迅全集》（第1卷），人民文学出版社2005年版，第233页。

> 口渴了，伏在溪边喝一通凉水
> 倦了，爬上枝叶茂密的树干……
>
> 我行走在书与书之间，我看见
> 我们的子孙快乐地散步在街市上
> 男女的胳膊相互地搭上，认识的
> 点点头，如果不认识那就微微
> 含着笑，好像天空中春天的太阳
> 他们的脚步引向着郊外、公园
> 运动场或是图书馆，这是下午
> 他们的工作早已在上午做完。

在这首充满了稚气和浓郁的乌托邦空想——如果考虑到写于"1943年"的事实，还可以说"严重脱离现实"——作品中，诗人邹绛"行走在书本与书本之间"，尽情驰骋其个人想象，将上古理想的"符号世界"，和未来理想的"符号世界"并置在一起，为我们展现了一个远远比我们所熟悉的、以个人切身经验为基础的"现实世界"更阔大，更丰富，同时也更美好的"符号世界"。它通过无数的符号图像，超越个人的有限性和直接性，而与无数的生者和死者联结在一起。从"现实生活"的立场来看，它是虚的。但从人类生存论的角度来看，这样一个"符号世界"，才是人类真正的生活世界，让人类挣脱动物的直接性而成为了世界之内的存在。"每一个人都居住在这个世界之内，但这个世界本身却注定要超越他们所有的人而长久地存在。"[①]

在邹绛笔下，这是一个生者与死者在一起，过去和未来在一起，有限的个人和无限的宇宙在一起的，循环着的世界。它充盈着光，充盈着热，充盈着浓烈的青春和亲密的友谊，和无穷的生命之流，如《一颗星》所昭示的那样：

> 无限的时间在我眼前游过去

[①] [美]汉娜·阿伦特著，王寅丽译：《人的境况》，上海人民出版社2009年版，第1页。

> 哦风，哦雨，哦太阳月亮和星星
> 而且我还看见了众多的你们
> 我的亲爱的姊妹，亲爱的兄弟
>
> 像在一条时光泛滥的河流里
> 竞赛，血液在循环，天体在运行
> 看呵！一颗星刚才划亮了眼睛
> 随即消失在无底黑暗的空际
>
> 让我们且喝一杯青春的浓酒
> 让我们祝福那些光荣的死者
> 他们已经彩绘了他们的生命
>
> 让我们且喝一口青春的浓酒
> 我的亲爱的兄弟，亲爱的姊妹
> 时光在我们的眼前没有停留

这首诗最令人瞩目之处，乃是那种把个人最内在的血液循环和宇宙的运行联结在一起，把个人的生命轨迹和星星、月亮的运转联结在一起的生存感。在这种整体性生存论感觉中，个体生命并非"像"星星和月亮的运行那样，而就"是"整个丰富充盈的宇宙之中的"一颗星"，镶嵌在整个浩瀚的无限世界之中。并且，不是一个冷冰冰的物理学的宇宙，而是一个流溢着生命的欢愉，时时刻刻与人的生命热流亲密地交织在一起的宇宙。

这种对"符号世界"的书写和刻画，当然与邹绛开始其诗歌生活的起点不无关系。诗人是在乐山武汉大学外语系读书期间，在朱光潜、戴镏龄等前辈学者的影响下，通过英语诗歌的阅读和学习，开始踏上诗歌生活道路的。这种特殊的诗歌生活背景，既形成他更多地以"符号世界"作为诗歌"题材"的特殊性，又形成了他终生从事现代格律诗写作的"写法"，最终导致了他的写作一直被边缘化的境遇。

以"符号世界"，还是以"现实世界"为书写对象，诗歌的"题材"背后，隐含着生存论意义上的根本性差别。对邹绛来说，"现实世界"并不是一个需要经过有意识的追求才能捕捉到的对象性存在，而是无意识的自然存在。诗人自己，就是"现实世界"的一个有机组成部分，生活在"现实世界"之中。这是一个无需操心，也无需证明的自然事实。相反地，只有在从"现实世界"之中被抛了出来的现代人这里，如何发现、追求和捕捉所谓的"现实世界"，才成了问题。换言之，发现、追求、捕捉，进而书写"现实世界"的前提，是事实上依然生活在"现实世界"之中的现代人，认定自己脱离了"现实世界"之后，才有可能生发出来的现代性冲动。这是一种从个人观念性的幻觉，而是不是从"现实世界"之中生长出来的现代性情绪。这里涉及的，实际上是两种生存理念，不同类型的人的巨大差别。按照舍勒的说法，前者是理想的传统自然人，后者则是资产者，即心怀怨恨的现代人：

> 第一种类型喜欢冒险和历险，具有未假思索的自我价值感；这种自我价值感流溢于对世界及其自身品质之丰富多彩的热爱之中，不去与他人作任何妒忌的或吃醋的"比较"；这种类型的人"关心"自己及其自己的东西，自己轻松生活，自任于生活，只对触及人们的位格领域的东西才持严肃态度，充分地、无条件地信赖存在和生活——这种信赖排除了一切先验的"批评"和"不信任"态度，这种人大胆，乐于作出牺牲，在一切事情上都大方，这种人根据他人的存在而非根据他对整个人类社会的有用成就来评价他人。第二种类型的人生来就受压于价值低下之生命力类型的自然的畏惧，这使他们害怕危险和冒险；他们有操心自己的精神，从而也使他们在一切事情中寻求"安稳"和"保险"，寻求一切事物的规律性，计算一切东西；这种人必定为自己去挣得自己的存在和价值，必定自己去通过成就来证明自己，这是因为，在另一种类型人的心灵之中心是充实，在他们的心灵之中心是空虚；在他们身上具有的不是对世界及其充实的爱，而是操心——操心该怎么了结"充满敌意的世界"，操心怎么从数量上来"规定"世界、根据目的安排和塑造世界。①

---

① ［德］马克斯·舍勒著，刘小枫编校，罗悌伦等译：《资本主义精神三论》，《资本主义的未来》，三联书店1997年版，第23页。

也就是说，只有在不是生活在"现实世界"之中，生活在充实和丰盈之中，而是生活在个人观念性幻觉之中，生活在空虚和敌意现代人这里，才产生了如何发现、追求和捕捉"现实世界"的问题。对生活在怨恨情绪的包围之中，生活在空虚和敌意之中的现代人来说，"现实世界"不再是一个无需操心、无需证明的自然事实，而是一个需要通过个人体验才能被"看见"的事物。借用海德格尔的说法，就是：存在者只有在被体验和成为体验之际，才被看作是存在着的。①

"现实世界"之中的人看不见，也不存在如何才能捕捉和看见"现实世界"的问题，只有生活在空虚之中，生活在观念性幻觉之中的现代人，才有了如何捕捉和如何反映"现实世界"的问题。柄谷行人以"风景"为例，剖析观念性的生存幻觉与"现实世界"之间的关系说，"风景是和孤独的内心状态紧密联结在一起的"。"换言之，只有在对周围外部世界的东西没有关心的'内在的人'（inner man）那里，风景才能得以发现。风景是被无视'外部'的人发现的。"② 阿伦特把问题转化成了更为巨大，也更为切中肯綮的人类生活秩序的现代性问题："马克斯·韦伯关于资本主义起源的发现的伟大之处，恰恰在于他证明了一种巨大的、严格意义上的世俗活动，可以在完全不关心世界，无论如何不享受这个世界的乐趣的情况下发生，相反，这个活动最深刻的动机乃是对自我的忧虑和操心。"③

对自始至终"生活在世界之中"的邹绛来说，"现实"和"诗意"并不是什么需要通过有意识地寻找和自觉的提炼才能把握的"未知之物"。相反地，它一直作为一种空气般透明的存在而"在那里"，包围着我们，环绕着我们。写诗，因而不是一个发现、捕捉并描写"现实世界"的线性时间过程，而是一个从不同的角度来刻画静静地"在那里"的事物的空间过程。邹绛不是用现代线性时间结构及其叙述逻辑，而是循着古代空间结构，以绘画的方式来"画诗"。他最擅长的，是以一种近乎"静物写意"的方式，从不同的角度、不同的侧面来切近并反复渲染一直就"在那里"

---

① [德]马丁·海德格尔著，孙同兴译：《世界的图像时代》，《林中路》（修订本），上海译文出版社2004年版，第96页。
② [日]柄谷行人著，赵京华译：《日本现代文学的起源》，三联书店2006年版，第15页。
③ [美]汉娜·阿伦特著，王寅丽译：《人的境况》，上海人民出版社2009年版，第203页。

的存在。

诗人对现代格律诗矢志不移的钟情，也可以从这种"画诗"的艺术理念来解释。触及某种"诗意"印象之后，邹绛的艺术焦点，很快转向了对语言表达，对格律形式，对音乐性的精心琢磨。在诗人的回忆和自述中，最核心的问题，乃是对格律和诗体形式的一以贯之的关注：

> 在读大学二年级时，听了朱光潜先生的英诗课，他讲授的那些英国诗人的作品都很讲究音步和韵式。1942年暑假期间，我从英文《国际文学》上转译了莱蒙托夫一首长诗，诗的内容非常激动人心，但我在翻译时只注意到它的韵式。后来读到徐迟《美文集》中一篇文章，介绍孙大雨如何采用音组（现在一般叫音顿）的办法解决了翻译莎士比亚诗剧《璃琊王》的问题。这篇文章给了我很大启发：音组这种办法，不仅可以用来翻译外国的诗剧和格律诗，也可以用来写中国的新诗。那两年，武大"文谈社"的不少同学都喜欢读卞之琳的《十年诗草》和冯至的《十四行集》，也喜欢写点诗，特别是十四行诗，我还逐步摸索到一种严整的建行方式：用三个二字音组和两个三字音组组成每一行诗，称之为"三二、二三"原则。我也试验过每行五个音组而末尾不押韵的素体诗。[①]

笼统点说，邹绛关注的焦点，乃是诗歌的"音乐性"，而不是一般人所重视的思想、主题之类的"意义"。他的现代格律是写作，自开始就属于一个特殊的、不同于以"写实"和表达"意义"为中心的现代白话诗主流，而是以"音乐性"为中心的"小传统"。这意味着：在他的"诗歌生活"中，最重要的不是有限的、一次性的个人经验，而是某种超个人的普遍"符号世界"。既自由多样，又有规则的现代格律诗，意味着写诗不仅是一个按照个人内心情感随心所欲地展开的线性时间过程，它同时还是一个遵奉超个人的"符号世界"，向着某种更高、更完美的方向整饬自己，提升自己的空间过程。无论是描摹静态的景物，还是表达熟悉的个人经验，邹绛的诗歌，因而不是对现代意义上的"现实生活"的表达，而是一

[①] 邹绛：《我的诗路历程》，《现代格律诗选》，天马图书有限公司1992年版，第6—7页。

个不断接近和模仿某种非现实"符号世界"的过程。

相反地,对丧失了"生活在世界之中"的生存感,变成了原子式孤独个体的现代人来说,"其耳目所亲见亲闻所亲身阅历之事物"①,就成了唯一能够把握,因而唯一可靠的存在。以个人切身经验为基础的"现实生活",因此而成了现代文学的"源泉"。就是说,"现实世界"之兴起并压倒"符号世界"的现代性过程,也就是一个"小世界"取代"大世界",有限的个人经验遮蔽丰富的超个人存在的过程。在这个意义上,以"符号世界"为书写对象的邹绛及其现代格律诗写作实践,实际上是在中国现代新诗之外,恪守并形成了另一个小传统,发现并守护了另一个远比我们眼前的"现实世界"更为阔大、更为丰富的"符号世界"。邹绛先生对现代格律诗的坚守,其实是对某种正在日益暗淡下去的超个人"大世界",某种远比有限的个人"所见"更丰富、更完美的"符号世界"的倾听。

川大文艺研究会和李岳南

抗战之前的四川大学,规模较小,风气蔽塞保守,学生中虽有不少新文艺爱好者,但却只能在夹缝中时断时续地艰难生长。抗战爆发后,大批思想进步的学者加入四川大学,改变了教师队伍的结构,加速了知识的更新。与此同时,大量来自北方和东部沿海地区的学生涌入四川,使"川大的学生来源发生了很大变化",② 新文化和新文学风气,才开始在抗日救亡时代大潮的推动下,在四川大学扎下了根。"四川大学文艺研究会"的历史轨辙,就是这种变化的一个缩影。

1940年7月1日出版的《半月文艺》第5、6两期合刊上,署名"菲于"的作者,报告《文艺在川大》的历史轨辙说:

> 文艺,在川大,像一根嫩的幼苗,生长着,七年了,枝头上已经萌芽着许多美丽的花蕾,蓬勃地,快要爆发。

---

① 胡适:《文学改良刍议》,姜义华主编《胡适学术文集·新文学运动》,中华书局1993年版,第23页。
② 陈光复、张明:《在抗战激流中前进的四川大学》,政协西南地区文史资料委员会编《抗战时期西南的文教事业》,贵州省文史书店1994年版,第46—47页。

它底历史，虽然不过短短的七年，但孕育出来的文艺青年确实相当的多，这些聪慧的儿女，被它投到广大的社会里正在发酵，力量固然不算很大，可以说：也是支持整个中国文坛的一根小柱子了。

远在七年前——一九三四，川大文艺研究会便诞生了，那时的成都，不，可说是整个的四川，文艺的空气还相当的沉寂，川大一批爱好文艺的儿女便打着一张鲜明、果敢、雄伟的大旗出现着，前后出了十多期的《文艺》月刊，像一颗巨型的炸弹，惊动了一座死静的古城。

这《文艺》月刊，是当时成都文艺界一支有力、果敢的孤军。到现在，还保存着，四川文艺史上一席光荣的座位。

经常在上面写稿是李伏伽、谭仲超、廖微声、少光、羊角、白井等，编排也异常的新颖，文章都是一些有力的佳作，所以惹起了大众对它的狂爱。

在川大，不，也可以说在整个的四川，这么一个旧势力的腐湿空气里，有这么一根孤独的奇花生长着，这不能不说是难能可贵。

随着刘大杰一九三五年到川大来了，跟着出现的有《前进》。

前年，陈思苓同学曾集合了一部分成都文艺青年出过一个《金箭月刊》，而且在成都各报纸附出过《金箭》《文艺阵地》《铁流》几个周刊，撰稿的大半都是川大的同学。

去年，文艺的空气更转到活跃，教授们出版了《工作》，经常撰稿的都是写文坛闻人，如朱光潜、罗念生、卞之琳和沙汀、周文、何其芳、陈翔鹤等。曾惹起了整个文坛的注意；同学们也出版了《半月文艺》，经常写稿的有方敬、倪平、蔡天心、卓耕、丙生、林丰、倪明、菲于等，并且在学校出版了壁报，内容也非常的精彩，座谈会是每周必开的，同学们都感到很大的兴趣。

文艺的空气，简直充塞了川大。①

这份"报告"，有两点值得注意。第一，20世纪30年代中期的成都，还是"一座死静的古城"，"文艺的空气还相当的沉寂"，川大文艺研究会

---

① 菲于：《文艺在川大》，《半月文艺》1940年9月第5—6期。

及其《文艺》月刊，因而成了"当时成都文艺界一支有力、果敢的孤军"，旧势力包围圈里的"一根孤独的奇花"。第二，抗战爆发后，随着朱光潜、卞之琳、何其芳、沙汀等人的到来，"文艺的空气，简直充塞了川大"。

"报告"中提到的《文艺》月刊，创刊于1934年6月15日，署名"成都文艺月刊社"编辑发行，通讯处为"四川大学文学院李伏伽转"，是一份同人刊物。1936年4月，出至第4卷第4期停刊。同年12月复刊，出新1卷第1期。次年2月，出新1卷第2期。"随着全国抗日救亡运动的发展，川大中文系学生张宣、陈思苓与川大同学缪光钦（海棱）、汤幼言（丁洪）等人，及校外的戴碧湘、赵其文等，发起组织'成都市文艺界救国会'，并于1937年3月进一步组织了'成都市各界救国联合会'。不久，《文艺》便停刊了，另出《金箭》半月刊，成为救国联合会的机关刊物。"① 菲于所列举的几个经常撰稿人，即便在地方性的文学史和文化史上，也很难找到他们的名字。"有力的佳作"云云，只能看作是自己人"戏台里喝彩"。

《前进》的情形，也好不了多少。1936年11月，时任中文系主任的刘大杰、外文系主任的谢文炳，以及外文系教师石璞等人发起《前进》半月刊，试图扫除"一切因袭，陈腐，萎靡，苟安"② 的不良风气，但除了中文系学生陈思苓，以及校外作者李劼人的一两篇外稿，该刊几乎是几个创办人自弹自唱，独立支撑。越到后来，新文学气息越单薄，逐渐变成了既有《契丹人的衣食住》，又有《远东局势之预测》，更关心《四川今年的民食》的综合性刊物。出版周期也从最初的半月刊，变成了月刊，直至停刊。周文曾以该刊的命运为例，说明"文艺在四川受着怎样的遭遇"说：

> 听说前年刘大杰在此地任四川大学中国文学系主任时，曾和一些教授办了一个刊物，名叫《前进》，而许多方面——特别是老先生方面非难的话就出来了，说是有甚么作用，《前进》才出到第六期就不能"进"了。刘大杰后来也终于走掉了。③

---

① 王绿萍编著：《四川报刊五十年集成（1897—1949）》，四川大学出版社2011年版，第312—313页。按：《金箭》实为月刊。
② 石璞：《前进曲》，《前进》1936年11月第1期。
③ 周文：《文艺活动在成都》，《周文文集》（第3卷），作家出版社2011年版，第191页。

《金箭》创刊于1937年8月15日,次年1月15日出版第5期后,"被成都警备司令部强令停刊"。① 经常在该刊发表新诗者,有陈思苓、任劳、林茜西等人,但题材雷同、空洞,水平都不高。刊物的销量,据周文说,不过五六百份,影响不大。②

大约是因为1934年成立的川大文艺研究会久已名存实亡了的缘故罢,1938年2月底,以林茜等"六七个爱好文艺的青年",又再一次发起"文艺研究会",并以校内壁报为基础,出版了公开发行的纯文艺刊物《半月文艺》。该刊创刊于1939年4月21日,1942年9月15日出至第10期后停刊,③ 其中第5、6两期为合刊。在三年多的时间里,《半月文艺》"一共印行了9本10期,前后发表了小说、诗歌、散文、剧本、杂感和书评等各种体裁作品约三百件,最长的一万多字,短小者仅有几百字。虽然未载完,但从创刊号到第4期,还连载了一部中篇小说,直到作者离开成都而停止供稿为止"。作为一个学生社团刊物,《半月文艺》大部分文字,都是20岁左右青年学子常见的感情宣泄,"鲜活倒是鲜活,就是蕴涵少了些,显得稚嫩",④ 艺术性较为薄弱。以新诗而论,陈思苓、林栖、李岳南、歌帆等都是《半月文艺》比较活跃的作者。真正够水准,而且产生了一定影响,就只有李岳南一人。

李岳南,原名李耀南,1917年出生,河北藁城人。抗战之前,开始在天津《大公报》、上海《中流》等报刊发表作品。1939年考入四川大学外语系,成为"文艺研究会"重要成员。1942年毕业后,曾在《国民公报》做副刊编校工作,主编《诗焦点》副刊。1944年,与炼虹、丽砂等人创办诗刊《诗焦点》,发起"《诗焦点》"运动,在大后方青年诗人中产生了较大影响。先后出版有长诗《海河的子孙》、诗集《午夜的诗祭》、诗论集《语体诗歌史话》等。另有大量作品散见于《文艺月刊·战时特刊》《现代文艺》《新华日报》《文艺先锋》等大后方报刊。20世纪50年代后,先

---

① 王绿萍编著:《四川报刊五十年集成(1897—1949)》,四川大学出版社2011年版,第392页。
② 周文:《周文致胡风的信(1938年2月6日)》,《周文文集》(第4卷),作家出版社2011年版,第196页。
③ 王绿萍编著:《四川报刊五十年集成(1897—1949)》,四川大学出版社2011年版,第502页。
④ 龚明德:《老川大的〈工作〉和〈半月文艺〉》,《现代中国文化与文学》(第9辑),巴蜀书社2011年版。

后任职于北京市文联、中国曲艺家协会。

李岳南善于对宏大对象展开全景式描绘，把生动具体的生活经验分散穿插在抗战主题的书写中。发表在《半月文艺》第10期上的长诗《四川，我歌颂你!》，借助于地图学的视角和民俗学的知识，把被称为"后方勘察加"的四川作为书写对象，一方面灵活生动地运用流行的熟语，写出了峨眉、巫山、剑阁、泸州、重庆等地的地理特征，另一方面又如数家珍地列举四川各地的物产，以这些物产的输出为纽带，把四川与中国抗战事业，联结成了一个有机的整体。如果说《四川，我歌颂你!》还不那么圆熟，留下了"下江人"的隔膜与略显空洞的缺憾的话，《故乡的原野》对河北平原的怀念和书写，就不一样了。诗人圆熟地把故乡的民谣和生动具体的生活场景，安置在了作为整体性符号的河北平原上，绘声绘色地描绘了洋溢着浓郁生活气息的故乡：

二十四节
　把生活织成锦绣
　"春打六九头
　芒种对着麦子熟"……
　季候的琴弦
　弹奏在朴素的歌喉
　犹记得大秋过后
　　　年、节临头
　"丝弦"响在野台子
　"吹腔"声送《小放牛》

　牛背上
　鞭梢系着夕阳
　一串串铃声
　唤来漫坡遍野的绵羊
　等北风吹冻村塘
　且把劬劳的脚板
　扣住南墙根的阳光

讲几回《三国》、《水浒》
哼一段《包公放粮》

　　另一方面，则又把这幅有声有色的故乡记忆图景，放置在抗战的大背景之下，以粗犷的笔致，勾勒了"故乡的的原野"在复仇中"站起来了"的雄伟姿态：

燕赵悲歌士
怒吼震太行
故乡的原野
一草一木都是仇恨
山山水水呼唤着反抗
地上青纱帐
地下长城长
即便一把"独轮子"、一支鸟枪
一把镰刀、一杆锄
都变成革命的武装

村和村连成天罗地网
决不让
决不让鬼子车碾石德路
船渡滹沱河

故乡的原野
你受难的土地
你流着血的母亲啊
如今，勇敢地站起来了

　　《哀河北》的题材和艺术手法，甚至部分词句，都与《故乡的原野》相同。但正如副标题所示，乃是"记四十年代一个流浪者的故乡之恋"，故以哀婉情调动人。结尾处近乎口号的诗行，反而成了败笔。

李岳南曾经翻译过雪莱等英国浪漫主义诗人的作品,他这种把"河北"之类抽象的宏大之物拟人化,当作具体对象来把握写法,也受到了后者的影响。《轰隆地,人类自由的列车向前开》,尤为明显:

>轰隆地
>人类自由的列车向前开
>大地跳动着高音的旋律
>海洋涌起了波涛的笑脸
>山峰闪开路
>蓝天点亮了满天星
>一齐欢迎呀
>欢迎
>新人类
>带来了新的世界

昂扬乐观的情调,虽然打上了 20 世纪 40 年代中后期中国命运巨变的历史烙印,但构思和词句,都使人联想到雪莱《生之胜利》开篇里,生命之车轰然而至的情境。

李岳南的另一方面,是对生活和情感细节的极度敏感。在这方面,他也像今天看来近乎滥情感伤的浪漫主义同道一样,往往从极为细小的情境开始,在强烈感情的作用下,迅速推进到对人类命运、世界苦难等宏大主题的关注,反过来让细小的情境迸发出耀眼的火花,映射出环绕着它的厚重的社会性和悠远的命运感。《哭声》就是其中最典型的篇章:

>夜已深,
>夜风吹来了一阵凄厉的哭声:
>"打死我!
>打死我……"发自一个女人的嘶哑的喉咙
>又是一阵噼噼啪啪
>——肉和木棍在猛烈地撞击着,
>小孩也在恐怖地呼叫着。

从这些声音里，

你可以体会到

原始的野兽扑杀人类祖先的残忍。

啊！

你社会学家呀！

你妇女问题专家呀！

你哲学家、文学家、政治家……呀！

请你解释吧：

"这叫什么文明的世纪？"

在某种意义上，正是这种对人类命运的极度敏感，推动着李岳南走向了对光明、新生之类宏大社会主题的关注。越是敏感，则越是难以承受现实的苦难和残忍，相应地，也就越是渴望着"另一个世界"的到来。而对"另一个世界"的期待和想象，反过来照亮了现实的苦难和残忍，使之更进一步沦为了不可承受而必须毁灭的存在。

育才学校的邹绿芷和炼虹

陶行知创办的育才学校，是一所特殊的进步学校。它与中国战时保育会合作，是一所以流亡难童为教育对象的实验学校。除了依照教育部章程，对难童进行文化教育之外，陶行知还在学校积极实践其"天才教育"理念，重视学生的"特殊学习"。学校设立音乐、戏剧、文学、社会、自然、绘画六组，"依据智慧测验和特殊测验，选拔难童加入最合适其才能之一组学习，以期因材施教，务使各得其所"，养成特殊人才。[①] 为此，除了不定期邀请名家到校举办讲座之外，陶行知还花大力气，聘请文学家和艺术家担任特殊学习组的导师。戏剧家章泯，音乐家任光、贺绿汀，文学家魏东明、艾青、邹绿芷等，都曾先后在该校任教，为该校的"特殊学习"做出了自己的贡献。该校的另一个特殊之处，是自始至终保持着进步

---

① 陶行知：《育才二周岁之前夜》，《陶行知全集》（第4卷），四川教育出版社1991年版，第494页。

传统，在中国南方局的影响和指导下开展工作。后期的育才学校，实际上已经成了四川各地党组织培养"在学生运动中涌现出来的积极分子"，向解放区输送革命干部的"特殊学校"。①

除了无须再提的艾青之外，该校还有两位颇有影响的诗人：邹绿芷和炼虹。

邹绿芷（1914—1986），辽宁辽阳人，原名邹尚录，另有笔名费雷、贺新等。抗战前，曾在北京大学、清华大学等校学习，其间开始在《中流》等杂志发表诗歌作品。抗战初期，曾在军队从事战地文化工作，后到延安，入陕北公学学习。随后受组织委派回重庆，到育才学校任教。20世纪50年代后，长期在中国福利会工作。出版翻译作品多种，诗作和散文则散见于《文艺阵地》《文艺生活》《现代文艺》《国民公报·文群》副刊等，未曾结集。

抗战之前的叙事长诗《麦家窝》，表现了诗人对沦陷了的东北故乡"麦家窝"深深的怀念，歌颂了故乡人民"为了自由"而奋起反抗侵略者的英勇事迹。情节和故事，都是当时常见的"抗战故事"，没有多少新意。对"早年"间故乡风物的书写，却清新而真切：

> 麦家窝过着安静的日子，
> 麦家窝是一首活的田园诗：
> 春天染绿了麦家窝的垂杨，
> 到夏天碧绿的豆丛中，
> 有蝈蝈伴着铁叫子唱；
> 愉快的季节的秋天，一车车
> 向村里拖来红穗的高粱。
> 冬天的麦家窝是白白的一片，
> 分不出茅舍，分不出丘岗，
> 老年人的胡须上挂着冰溜，
> 驴子的脊背蒙上一层霜。

---

① 文履平：《陶行知与重庆育才学校》，政协西南地区文史资料协作会议编《抗战时期西南的教育事业》，贵州文史书店1994年版，第148—149页。

《五月的故乡》也是怀恋故土，歌颂故乡人民"浴血肉搏"，打破"那些强盗们制造出来的'乐土'"的反抗精神的诗作，但却多了些抒情气息，也多了些个人的忧郁：

啊！五月的柔风，
吹吧！吹吧！我希望你
吹去故乡的悲伤；
并且将正义与自由
满吹在屈辱而瘠瘦的原野上！

抗战初期的《豫西北剪影》①《潼关啊，晚安！》等诗，记录了他投笔从军时的生活片段，写出了诗人对抗战复杂而又犹豫的认识。作为一名早就歌颂着东北人民的反抗，期待着伟大而神圣的民族解放战争之来临的热血青年，《潼关啊，晚安！》表达了诗人在战争的血与火里涌现出来的庄重而严肃的感情：

潼关啊，晚安！
一天了，你祖国的
古老的倔强的堡垒，
鹄立在西线之前！
如今，当那从塞北
吹来的寒风息了的时候，
你该解下一日里守卫的疲倦！

黄河啊，晚安！
一天了，在西线的前哨，
你汹涌的波涛作成了
祖国的一道天堑。

---

① 该诗最初发表在 1940 年 2 月 15 日《国民公报·文群》副刊上，题为《走向豫西北》。在 1940 年 3 月 1 日出版的《文艺阵地》第 4 卷第 9 期发表时，题为《豫西北剪影》，文字较前者有较大改动。

如今，趁黄昏正宁静
且舒息一下你风沙劳顿的腰身！
今夜，你该更澎湃，厚爱淹殁
那些想跨进中原的强盗们！

哨兵啊，晚安！
一天了，你长满了一身
北地的风寒，守卫着
坚厚的城垣，如今，
就落日的余晖，你且
享受一丝温暖，也息养一下
那因为过度审视而倦怠了的双眼，
好接受艰苦的暗夜与明天！

而你——
东去的，
西去的
陇海列车啊，晚安！
当你奔驰于祖国的辽阔的沃野，
我请你：将我们的意念，
带向祖国的每一个角落；
你就说：这儿的战士们，
将以矢忠的心，无比的英勇，
守卫每一个白昼和每一个暗夜！

同样，叙事长诗《豫西北剪影》也写出了久已失去了故乡和家园的诗人，终于在战争的硝烟与血火中踏上中原大地，回到了祖国故土时激动不安的心情：

当我第一次踏着
这黄色的深厚的土地，

我的心也开始
感到了无边的欣喜——
我说欣喜,
因为着梯形的地土的年轮,
曾给予我丰富的憧憬,
如今更唤回了我幼年的记忆——
我仿佛在家园的夏夜里,
我老迈的祖父,
一只手摇着团扇,
一只手捋着楔形胡,
以悬河样的话语说着
那一些神奇的丰富的
禹王治水和一个哲人
骑青牛过函谷关的掌故——

我说欣喜,
更因为这战斗的日子,
丰富了我的生活,
如今,我也能和那些
壮健的汉子一样,
挺起了胸膛,来保卫
这一片我们先人最初
创业的土地,和守望着
天堑一样的大黄河!

  另一方面,也正是这种宛若置身于"家园的夏夜里"的美好想象和期待,使得眼前的现实情境触目惊心地,刺进了诗人的灵魂深处,让他看到了豫西北人民的苦难:

从那些浊黄的,
不充畅的小溪上,

>从那些凋敝的村落上，
>从那些黝黯的碉楼上，
>我见到了永恒地
>蒙在北方原野上的忧郁。
>当我审视着那些
>残破的荒凉的墟里，
>我遥想这豫西北的人民，
>曾如何艰辛地度过了
>一段漫长的匪盗如毛的时日！
>那些不蔽风雨的斑斓的柴门，
>也使我想到：在烈日炎炎的夏天，
>在风雪蔽天的冬日，提着手杖，
>执着钱粮薄子，穿行过
>多少个凛然的催租人与税吏！

这种对人民苦难的发现和关注，在通行的民族视野中，羼入了阶级话语，深化了诗人对抗战的理解。抗战，因此而变成了不仅是争取民族的独立和解放，同时更要扫荡中原大地上的压迫与剥削，让"先人创业的每一寸国土"，重新焕发出新生的阶级革命。民族话语和阶级话语，最后被诗人统一进了抗战的进程之中，但这种统一，更像是在犹豫和动摇面前的自我说服：

>我坚信，当敌人在我们的
>国土上倒下去的时候，
>当人民用自己的力量，
>销毁了磨难他们的不义与邪恶，
>这古老的沉郁的土脉
>将生长出一个披花的
>幸福的自由的邦国！

大篇幅的对苦难景象的描绘，和对剥削者的愤怒，指认了犹豫和动摇的存在,也把诗人对战争的思考,引向了一个新的高度。他笔下的"人民",不再是《麦家窝》《五月的故乡》等早期诗作里同质化的群体,而是出现了阶级分化,有了为抗战献出一切而被侮辱被损害的"无休止的劳作"着的穷人,与压迫者和剥削者之间的鲜明对立。

邹绿芷在育才学校时期的创作,一直以乡村生活为题材。由于自幼生长在麦家窝这样"一首活的田园诗"里,再加上长期流亡关内养成的原乡情结,纯朴自然的"乡村"生活,对邹绿芷来说已经不是简单的风景,而是变成了一种精神的归宿。位于偏僻乡村的育才学校,恰好又为诗人提供了亲近自然的客观条件。所以很自然地,我们看到,一条"细小的,清浅的"的小《河》,南方山谷间的《晚溪》,都充溢着和谐宁静,给诗人带来了无穷的精神慰藉。但另一方面,以广大被侮辱被损害的人民的苦难为营养的阶级意识,又始终让他在面临着"人的乡村"的刺激和挑战。正像他在《林中》所袒露的那样,想要"沉潜于宁静","企图把焦虑和困累,/投掷在忘我的河流中"的诗人,总是一次又一次地,在人民的苦难面前败退下来:

> 当那些褴褛的伐木人肩抬着
> 硕重的树干,艰难着步子,
> 从田坡走下了溪涧,
> 那么急喘地咻咻而过;
> 当我听到那从过量盛满着
> 青枫柴与癞疤刺的箩筐下
> 频频地发出的窒息的呛咳,……
> 我想到他们的焦烦与困累
> 是如何地不能与我的相比啊!
> 于是我加倍地烦乱着,厌憎着,
> 而更难以形容地羞愧于这末
> 久远而松弛地厌倦着我的生活!

这种羞愧之心,驱动着诗人把目光从"自然的乡村"转向"人的乡村",从消解自我焦虑,转移到了关注广大被侮辱与被损害的乡村民众命运上，承接着《豫西北剪影》对人类亘古的苦难叹息，和对不公正的社会秩序的愤怒，敞开了一个阴郁而苦难的乡土世界。《院落·篱下》以高度写实的笔法，把人和永远在泥土里啄食的鸡群、永不停息地抱怨着的麻雀、瘠瘦而饥饿的黄狗等动物并置在一起，刻画了命运无言的悲哀与沉重：

> 红薯与少许的米珠
> 在锅中嘈杂地哭泣着。
> 一个痴呆的农妇，
> 困倦地守在灶边。
> 她一面将柴枝添入火中，
> 一面不时用破烂的衣角
> 揩着泪水，那些流不完的
> 泪水，无声地坠下——
> 不知是因为潮湿的柴烟
> 所熏烤的呢？或是
> 因为丈夫与婆母的辱骂？

而《院落·老妇》里那个"像一匹不得欢心的老狗，/也像是一个阴郁的天气"一样，操劳着又抱怨着的老妇人，在这个意义上，也变成了人类在大地上的命运的一个隐喻符号：

> 不停息的操劳着，
> 在篱下解开腌菜坛子，
> 又到院落中扫扫鸡埘；
> 也不停息的喋喋着，
> 或是抱怨鸡母踏入了菜畦，
> 或是她媳妇多烧了一瓢猪食，……
> 似乎企图在她永久安眠之前，
> 把自己啃尽了的苦楚，
> 都倾吐给这凌辱她的人间！

不过，作为一个曾经投笔从军，经受过战争血与火的洗礼，又接受了进步思想的青年诗人，蛰伏在大后方偏僻乡村里的邹绿芷，似乎又不甘心把自己和周围的世界等同起来，像他笔下的农妇那样，束手接受命运无言的沉重与悲哀。在《纤夫》中，他以男性的气势，写出了普通民众在命运面前的刚强，把人与自然命运的抗争，变成了一曲永远回响在大地上的人的高歌。我们看到，虽然"像是一群被流逐的罪犯"一样，被大自然和生活的锁链，困锁在永远不能挣脱的纤索上，听凭着不可测知的命运的摆布：

> 但是，在江上，纤夫的歌曲
> 却无止息地飘着，飘着，
> 飘向镇市里的"河街"上，
> 飘向"河街"上的纤夫家小
> 所聚居的蓬户里，
> 飘向那无米为炊的嫠妇的心上，
> 飘向那些呛咳的贫血的
> 拾煤核的孩子的心里……
> 永恒地带着昂奋与悲抑！
> 嘿嘿哟，嘿嘿哟，
> 嘿嘿哟，
> 嘿嘿哟，
> 哟！……

这"永恒地带着昂奋与悲抑"的"嘿嘿哟，/嘿嘿哟"的号叫，和纤夫们"拖拽着重载的船只，/悲哀地前进"的姿态一样，"向着旷野，/向着山谷，/向着市镇"喊出了人类亘古的命运和苦难。但，这"带着昂奋与悲抑"的"嘿嘿哟，/嘿嘿哟"的号叫，同时又是纤夫们反抗命运和苦难的号角，它的昂奋音调，给聚居在"河街"上的家小，给无米为炊的嫠妇，给贫病中的孩子，带来了生活的希望，在他们的心里注入了生命的勇气。在通过这种反抗，川江上的纤夫们，以男性的力量和刚勇，把自己展现成为了人之所以为人的存在。反过来，也正是通过这种反抗，汹涌的激流，潜伏在激流中的礁石，粗糙而坎坷的河岸，才显现为给人类带来苦难的命运之物。两者撕扯着，对抗着，敞开了人类在大地上的永恒的生存境遇：人在反抗命运之物的支配和摆布中成为人，命运之物在人的反抗中成其为支配和摆布着人的命运之物。

而大地，也在这种人与命运之物的撕扯中，成了人类真实的居所，成了人类繁殖着、生长着、死亡着的《村庄》：

> 也有碧绿的野生的茂草，
> 但这野草不是生长在田野上，
> 却生根在颓败的朽烂的屋顶上，
> 或是添寒着那残断的
> 泥土剥落的垣墙。
>
> 而在那烟熏的黝黑的屋檐下，
> 则是蝙蝠、蜈蚣、麻雀，与老鼠的洞穴。
> 在这儿造物者显示了无比的公平：
> 两三间茅蓬里，鸡、鸭、猪、狗……
> 和人一样，都有一个安身之所。
>
> 不分季节地，恶臭便满布着——
> 从猪栏毗连锅灶的屋舍里，
> 总漂浮着粪便的腥骚，
> 烂苹果的味道，或是
> 都市里阻塞的阴沟的气息……
>
> 是穷困的地方，
> 是褴褛的地方，
> 是菌毒滋生，疾病蔓延的地方。
> 是凋敝的荒凉的地方，
> 是富裕吝啬步足的地方，
> 然而却又是财主们喜爱的地方。

> 是卑微的没人理睬的地方，
> 是过多劳役与过少享受的地方，
> 却又是那末慷慨地献出了
> 军谷，
> 俸谷，
> 学谷，
> 徭役，
> 和各式各样的赋税的地方啊！

确实，这是一块充满了苦难、罪恶和不公正的土地。但同样确实的是，这也是一块慷慨地奉献着，养育着人类，最后又埋葬人类的土地。这是一块布满了荆棘和不义的土地。但同时地，又是弥漫着丰饶的收获与爱情的土地。人类之为人类的真实性，就奠基在大地的这种真实性之上：阴郁的大地吞噬着一切，毁灭着一切，但又从它吞噬一切和毁灭一切的阴郁中，涌现出了碧绿的茂草，涌现出了尽管卑微污秽，但却庇护了人类生存的茅屋。

诗人曾经说过，自己"也许不配作勇敢的'尧恩'"（《送S》）。但在我看来，正是这种"不勇敢"，铸就了作为诗人的邹绿芷最好的品质，使他成为现代诗歌史上最优秀——尽管还很少有人注意到——的诗人之一。这种品质，就是勇敢地直面人之所以为人的命运，既承受着大地上的命运之物，又反抗着命运之物，自己为自己创造着阴郁中的生之欢乐，歌唱着生的刚强与欢乐。而没有和那些"勇敢者"一起，逃避到"幸福的自由的邦国"的幻想中。尽管最后不可能挣脱大地吞噬一切和毁灭一切的阴郁，但却以自己的反抗和歌唱，在阴郁大地上划出了一抹生命的亮丽。

炼虹（1921—1992），四川泸州人，原名刘通矩，字文伟，笔名有文苇、文韦、金刃等。自幼丧母，寄养农村，随父做童工，曾在私塾中学习过旧体诗词创作，喜欢模仿民间歌谣的调子，自己编词来唱。中学时的语文教师高歌，既是当时有一定影响的诗人，又是地下党员，发现了他的才能，培养和启发他在歌词里加入有时代意义的内容，作为宣传的武器。抗战爆发后，成为党领导下的抗战宣传队成员，并于1938年入党。随后，被派往育才学校学习和工作。在校期间,受"大众诗人"陶行知,和短期在此任教的诗人艾青影响,开始走上诗歌创作道路。[①] 曾经与李岳南、丽砂等发起"诗焦点"运动,主编过成都版、西昌版《诗焦点》《西南风》等杂志,对四川抗战新诗的发展,发挥了积极的作用。20世纪50年代后,先后在重庆、上海、浙江等地文联工作,出版有诗集《红色绿色的歌》《给夜行者》《向着社会主义》《炼虹朗诵诗选》等。

炼虹最早的新诗创作,是以手抄本形式流传的《育才诗草》。其中大部分作品,是以格律化的语言,描绘或报告学校生活,纪实性较强。比较有意思的,是《草街子赶场》,描绘育才学校给古老的草街子带来的骚动和变化,反映了四川乡村集市在抗战中发生的变化。语言和情调,都充满了浓郁的"川味":

几家茶馆直挤得水泄不通,
就像蜂子朝王一样嗡嗡嗡……
这里没有一个小声小气的人,
谁说话都拼命地放大喉咙。

所有的店铺都"挤得出油"!
店铺外面摆着各种摊头,
除了东洋货没得卖的,
其他东西还是应有尽有。

而等到散了场之后,
无边的宁静又恢复如旧。
历史好像没有留下足迹,
尽管这是在抗战时候!

打从来了育才学校

[①] 炼虹:《我是怎样学起写诗的》,《红色绿色的歌》,广西人民出版社1986年版,第159—164页。

> 古老的草街变了面貌——
> 死去的戏台复活了，
> 演剧唱歌真热闹……
>
> 赶场的人见面就问：
> "有没有看到育才学生？"
> "来了，那不是——一大群！
> 今天，一定有好戏文。"
>
> 于是，赶场的节奏加快了，
> 该买的快买，该卖的快卖……
> 很多热心的老乡，
> 提早走向了戏台。

他的朗诵诗，也以高度的战斗性，在当时产生了较大的影响。汪静之曾在《〈炼虹朗诵诗选〉序》中，介绍相关情形说：

> 他的朗诵诗和诗朗诵有其特点，首先是战斗性比较强。在成都，《华西晚报》曾报道："炼虹朗诵语言生动，使人在轻松的笑声中得到满足和启示。"在兰州，引起反动派的"地震"；在重庆，遭到反动派的"查究"。①

注重鼓动宣传的朗诵诗，和他早年的从模仿民歌开始走上创作道路的经历，使得他的不少诗作，如《育才生活剪影》《教书小唱》《禽兽篇》《大地辑》《树集》等，都明显地带上了"做题目"的气息，缺乏现代新诗直面现实经验，随物宛转，因物赋形的自由气息。倒是一些抒发个人情感体验的作品，摆脱了朗诵诗背后潜含着的"广场意识"的束缚，今天读来，仍不乏新诗应有的新鲜和真切。《窗》就是其中比较有代表性，影响

---

① 汪静之：《〈炼虹朗诵诗选〉序》，炼虹《炼虹朗诵诗选》，浙江文艺出版社1987年版，第1页。

也比较大的一首。诗人首先以散文化的笔法，描绘了"我的破落的窗"在风雨和严冬的侵蚀下，"只剩下几根/糊满了炊烟的窗条子/苦苦地/支持着"的残破景象。接着把自己"破落不堪"，在"冬天的余寒"中苦苦煎熬着的生活环境，放置在春天的原野上，与"绿透的原野/和绿透了的林园"形成鲜明的对比，展示了后者辽远而阔大的勃勃生机。最后笔锋陡然一转，直接把自己的"人之窗"与整个宇宙勾连在一起，喊出了自己的信念和人生大境界：

> 然而，我的窗
> 是开向太阳，
> 开向旷野的。
> 只要有太阳，
> 就该有我的温暖；
> 有旷野，
> 便有我绿色生命的源泉。

国立社会教育学院的玉杲

前面说过，由于事实上的免费制度，抗战时期的中高等学校，还为不少诗人提供了相对较为安定的生活环境，成为了他们专心从事创作的庇护所。玉杲在国立社会教育学院写下的叙事长诗《大渡河支流》，就是一个例子。

玉杲（1919—1992），四川芦山县人，曾用名余念、王正先等。1935年考入成都省立中学，1938年到延安，进入抗日军政大学学习，1939年入党。1940年，受组织委派回芦山，以教书为职业，从事抗战工作。1942年7月，考入设在璧山的国立社会教育学院图书馆学系学习。1946年，重新回延安，任教于米脂中学、延安大学等。20世纪50年代后，在陕西省作协任职。根据冯雪峰在《序》中介绍，长篇叙事诗《刘老五》和《残夜》，还有一些抒情短诗，也极有可能是诗人在国立社会教育学院读书期间的创作。可惜这些诗作,被冯雪峰认为"都远不及《大渡河支流》强"①而未能出版。1950年代后,诗人还创作了大量长篇叙事诗和抒情诗,但艺术质量和影响,都没有超过当年的《大渡河支流》。

根据作者在末尾留下的标记,《大渡河支流》于"一九四四年一月写成,一九四三年八月改写,一九四四年七月重改",1945年6月,发表在因桂林沦陷而迁到重庆出版的《文艺杂志》新1卷第2期上。1947年10月,上海建文书店出版单行本。全诗长达两千余行,是中国现代新诗史上最著名的叙事长诗之一。长期以来,人们一直根据冯雪峰的《序》,在中国现代革命史的宏大叙事中,把长诗理解为暴露封建剥削制度的罪恶,揭示古老而残酷的封建制度必将崩溃之历史命运的"史诗"。但事实上,这样的印象,既与该诗的实际内容相去甚远,又在很大程度上偏离了冯雪峰的真实意见。

冯氏对《大渡河支流》的评价,远不如一般人想象的那么简单。不仅在正文中夹杂着大量括号内的游移和保留性意见,而且又在次日另外添加了一段不算太短的尾巴,在"又记"中含蓄地批评了作者感情上残留着的"阴暗感伤的痕迹"。稍加留意即不难发现,与其说冯氏是在肯定长诗本身,倒不如说是竭力想要把长诗纳入现代革命史的话语谱系,挪用后者的权威,来为这首似乎不尽合乎时宜的长诗谋取合法性。他说:

> 我觉得这是一篇史诗(我以为这是可以这样称它的,虽然我也以为它还不是所谓伟大的史诗),有着惊心动魄的力量,首先就因为这悲剧在现实上是惊心动魄的。(但诗的到达也就在这里,除了完成这史诗的那诗的表现以外,我们还不能不深深地感受着诗人那一贯到底的紧迫的真挚的爱和憎,以及幽愤的跳跃的情绪,织成这首诗篇的生命和光辉。)我不能不想起托尔斯泰的剧本《黑暗的势力》来,虽然一是剧本,一是叙事诗,那使人神经战栗的一点上是相同的。但它们有绝大的不同,托尔斯泰以农民为对象,着眼在宗教的忏悔。这一篇叙事诗,却以地主和土豪的残酷剥削和无人性的惨毒,为罪恶的本体

---

① 冯雪峰:《〈大渡河支流〉序》,玉杲《大渡河支流》,建文书店1947年版,第9页。下文引用冯《序》及该诗相关片段,均据此版,不再详注。

和农村黑暗的主要根源；作品所能给予的暗示，除了革命以外，再没有别的能够超脱的路了。因为最要紧的是，这个中国内地的地主家庭的悲剧，固然为地主和土豪阶级的狠毒及其内在矛盾的必然结果，但尤其是这一切都建筑在他们对于农民的残忍的非人的榨取掠夺的制度上面的。

很明显，在冯氏看来，封建剥削制度衰亡的必然云云，还只是"作品所能给予的暗示"，而非其实际上已经写出来的内容。而这里肯定了的"对于农民的残忍的非人榨取掠夺"，也很快在接下来的文字里，遭受到了同一作者的抵制："这是不用说的，这里远非阶级斗争的正面的图景。并且更不是地主土豪们剥夺和残害农民的正面的和全面的写照。"

循着冯氏的思路，我们还可说：长诗虽然点出了悲剧发生在抗战初期，但除了然福糊里糊涂地入伍、山耳老太爷的偶然流露的一两句感叹，和最后那颇为概念化的书信片段，表示着诗里的人物生活在抗战时期之外，完全看不出"鲜明的时代色彩"之类革命史诗照例应该有的内容。正像那条叫作湄河的"大渡河支流"流淌在偏僻而封闭的山谷里一样，长诗里的人物及其悲剧命运，也发生在一个几乎没有时间性的野蛮、封闭而充满了残酷的世界里。它的主题，其实是"五四"时代的妇女解放。悲剧的根源，是鲁迅等早已经指出了的"无主名的杀人团"，是整个的封建制度。就连山耳老太爷，在某种意义上，也是这个制度的受害者。不同的是，在这个土匪、袍哥、流氓等"歪人"横行的世界里，没有了所谓封建礼教"温情脉脉"的虚伪面纱之后，一切压榨和掠夺，都变得更为赤裸，更为血腥。而妇女们的反抗，也就只能凭借着自己的身体，诉诸近乎动物本能的母性。其悲剧，也就更为令人惊心动魄。

在山耳老太爷身上，其实看不到多少冯雪峰们期待着的地主和土豪阶级"对于农民的残忍的非人的榨取掠夺"。全诗唯一的一次正面描写这种"残忍的非人的榨取掠夺"，是山耳老太爷不顾佃户的死活，不顾然福母亲的苦苦哀求，不顾然福参加了抗战队伍，而衰老的父亲重病卧床的不幸境遇，强行牵走了然福家的牛，夺去了佃户仅有的财产。但这唯一的一次正面描写，并没有交代事件的起因，而仅只是含糊地暗示了然福家长期拖欠田租，揭示了一种可能的原因：牵牛抵债。更重要的是，山耳老太爷并没有出现在这次正面冲突中,在然福母亲的哀求声中咆哮着让张嫂牵走牛的,其实是他的大儿子李承宗。相反地,然福的母亲在牛被牵走,病重的丈夫又不幸死去之后,被迫再次来到主人家里告哀的时候,山耳老太爷才直接出现在现场:

> 那老农妇重复着一句话:
> "可怜他吧,给几块木板……"
> 山耳老太爷听来是
> 不吉祥的声音
> 仿佛是半夜
> 逢到索命的冤魂
> 他打了一个寒噤
> 忽然,他像是遇见了死对头
> 把心里的毒怨一齐向她发泄
> "好,人死了,还要拖我,
> 你们拖欠的田租还不算多么?
> 哪一年你们不讲嘴……"
> 一下子,他的眼前又出现了
> 许多张没有血色的
> 牙齿露出眼睛挺出的
> 干瘦的农民的面孔
> 一齐张开嘴向他喊:
> "你胖我们瘦
> 刻薄鬼,刻薄鬼……"
> 他抡起拳头,更恶毒地叫:
> "我不施舍,我不施舍!
> 我要你们都死得挺直直的!
> 光身躺在田野,让狗吃猪啃。"
> 然后他的眼睛由凶险
> 变为阴沉。他叫:
> "你给我滚!"

这个颇为失态的表现，一直被评论指为暴露其凶残阶级本性的铁证。[①]但从再一次浮现在他眼前的农民们没有血色的脸，和"刻薄鬼，刻薄鬼"的愤怒声讨等情形来看，山耳老太爷身上，其实还隐约残存着几分人性的光芒。而我们知道，这个"良心发现"的象征场景，在第二章《家》里，准备乘麦收时节"大大收囤"，扩大自己财富的时候，就已经以一模一样的形式出现在山耳老太爷的眼前，让"他微微地震了一下"。

充其量，山耳老太爷不过是一个被动地适应着周围环境的要求，竭力保持着他的财产和地位而最终仍免不了失败的没落地主罢了，算不得疯狂榨取和掠夺的典型。长诗一开头，就这样写道：

> 虽然承受了一份好遗产
> 但他可真操够了一颗心
> 忙着盘算西边的地，东边的田
> 也忙着盘算地方公益
> ——修路呀，筑堰呀，办学呀……
> 他一次又一次地扮着主角
> 一次又一次地增加了财产
>
> 一件事，比谁他都要明白
> 有的人对他
> 刻骨地憎恨
> 有的人羡慕他的才干
> 因而生了妒嫉心
> 而当着他的面
> 常是送来谄笑
> 背地呢，花样多着呢
> "成年，找钱
> 虎口里夺食……"

[①] 钟辛：《论〈大渡河支流〉的主题和人物》，龙泉明编《诗歌研究史料选》，四川教育出版社1989年版，第553—554页。

为此，他不得不巴结人，不得不结交流氓、浪子、杀人犯和袍哥大爷，想方设法保住自己目前的财产和地位，以至于不得不和自己死对头"打亲家"，把女儿嫁给"胡玉廷那暴发户"的傻儿子，以至于最终酿成了惨绝人寰的大悲剧。而最后，他不得不亲手杀死自己的"不贞洁"的亲生女儿，在诗人的叙述中，在很大程度上，也是迫于乡村舆论的压力，而非完全丧失了人性：

　　　　他来了，点一盏清油灯
　　　　一个黑影子长长的拖在地上
　　　　他望着那被捆得紧紧的女儿
　　　　望着那出血脸
　　　　他想起他的亡妻
　　　　想起这一个家
　　　　有一个声音在他的耳边响：
　　　　"不要这样毒呵，她里外都受伤了
　　　　再活，也不过三五天了……"
　　　　而他必须在今夜完成毒计
　　　　挽回他一部分的名声……

　　　　他难过得想哭
　　　　而他一咬牙，要动手杀人了
　　　　用绳子套着女儿的颈子
　　　　用破布塞着女儿的嘴和鼻
　　　　用力拉呵，再拉……

　　其结果，也正如他所料，确实在公众那里，挽回了他和女儿的一部分名声：

　　　　第二天，村子里传说着：
　　　　"琼枝回家后，醒了
　　　　便哭着吊死了……"

于是，有人感叹着：
"还算有一分
羞耻心呵……"

山耳老太爷的失败，因而也不意味着封建剥削制度的没落。更不能由此得出革命必将到来的结论。相反地，只能说是封闭、野蛮而落后的封建生活制度及其文化舆论的胜利。

青年农民然福，曾因为其阶级属性而被评论寄予了不切实际的期望，认为只要他没有在抗战的战场上牺牲，"以一个战斗的'兵'的身份回转他的故乡的时候"，必定会不顾一切地"要为他的父母和情人（不仅是男女关系上的'情人'……）复仇"，在古老的封建乡村里掀起轰轰烈烈的革命。① 但事实上，抛开其糊里糊涂地报名入伍等细节不论，在与琼枝的关系上，然福的心情其实相当复杂，并不如评论想象的那样单纯。和琼枝幽会后，作者如是描绘他的心理活动说：

他一边走，一边想
想起山耳老太爷的塌鼻子
生在肥大的，隆起的脸上
那样难看的脸
正如他是可厌恶的人
他是地主，商人，和高利贷者
本地的体面人，绅士
一个刻薄寡恩的老头儿
忽然他想到一句俏皮的话：
"他是我的老丈人"
意味深长地打一个哈哈

---

① 钟辛：《论〈大渡河支流〉的主题和人物》，龙泉明编《诗歌研究史料选》，四川教育出版社1989年版，第555页。

他又为难地想到胡老幺
那姓胡的乡长的儿子
那连数目字也计算不清的傻东西
这恋着他的女人
正是那傻东西的未婚妻
等不到五个月
她就是胡家的少奶奶
他心头冒起一股火
"我抱过的让她抱！"
他切齿："还有那舌尖，那胸口……
狗肏的，滚他娘……"
恶意一闪："杀了她！"
他焦烦，苦恼，颓丧
他的脸像一盆火

一跤——枯藤绊倒他
脑袋险些碰着古墓
猛然记起明天出发
意识地加快了脚步
又自语着："这下一切都完了！
让她嫁去，她总要嫁一个体面人的！
呸……自来食，偷偷摸摸……"

　　从"忽然想到一句俏皮话"，偶然闪过的"杀了她"的恶意，以及最后的"自来食"等语句来看，然福在很大程度上，其实也是把琼枝当作私有物来对待，甚至不乏因此而报复山耳老太爷的恶意。他的入伍，在这个意义上，也未尝不是一种逃避。"这下一切都完了"的含义，其实相当复杂。寄希望于然福对琼枝有现代意义上的爱情，未免太天真了些。指望这个有些流氓无赖气息的青年农民，会在战争的锻炼中成长为无产阶级战士，把他对琼枝的感情扩展为对"不仅仅是男女关系上的'情人'"的爱，更像是痴人说梦。在我看来，诗中另一个人物张嫂的命运，恰好告诉我们，然福充其量也就能够成为张嫂曾经的"情人"那样的角色。在占有张嫂，获得了后者死心塌地的忠实之后，作者借张嫂之口，说出了她自己的"以后"，说出了旧时"不贞洁"乡村女性的普遍命运：

  "以后呢？"
  于是，张嫂叹气了
  "我们逃了，
  翻过一座山，
  在莲华村里落了家。
  我种田，喂猪，
  他依然耍袍哥，喝酒，赌钱，
  跟了他七年，没有儿子，
  他又勾上一个女人逃走了！
  他常说他生性就喜欢浪荡……"
  说完了，一生的经历
  都说完了，说完了！
  她又木然地望着短墙……

事实很清楚，在《大渡河支流》中，唯一具有共同命运的群体，是其中的女性人物。山耳老太爷的大儿子李承宗，在外面寻花问柳的同时，把自己的妻子——琼枝的大嫂——当作私有物品随意打骂：

  他平常也要没来由地打他的女人的
  当他在外面受了闲气
  当他打牌输了钱……

  在他的家里，他的老婆
  不是人，只是三样物件的合成体
  是默默地顺着命运
  勤劳地操作的一头牛
  是生儿子的机器

是丈夫的消气的东西

琼枝的二嫂，李光宗的妻子，嫁入李家一年后，丈夫离家出走，抛下她独自在家，成了"活人的寡妇"。在命运的深渊里，她一面忍受着公公"爬灰"的侮辱，一面忍受着母亲的责骂，最终在众人的冷眼和嘲讽里发了疯，等待着命运的最终裁决：

人们用出奇的口吻描绘
她出奇的病状——
　　白天她睡昏昏
　　夜里梳头，照镜子
　　又压着嗓子低声哭
一些年老的念佛的太太
都断定：那是鬼附着活人身……
而一些年青人都摇头
说是吃了打胎药
白天装病，夜里暗暗伤心……
于是，许多人都把注意
从死人转到了活人
这事情普遍地成了
人们会谈的材料
他们好奇地推断着
那"爬灰"开始的时间
在诙谐的语句里
夹杂了无限的毒意……

那是谁教的呀——
孩子们在街上喊
　　老子爬灰
　　女儿偷人
　　鬼哭神号

家败人亡

她的命运，在某种意义上，其实比琼枝更悲惨。——至少，是如诗人所说的那样，"她们都是/沉落在深渊"里，她们的一生，就是向着深渊"沉呵，再沉……"

甚至，就连胡玉廷——有钱又有势的胡乡长——的妻子，也没有逃过众人充满了怨毒的道德审判。她没有能够在"他们"的闲谈里留下真实的名字，而是以狐狸精的代名词"苏妲己"出现在《大渡河支流》里，出现在"他们"的口中：

"还有，胡家的门楣也不清白呀！
苏妲己是啥东西？
先尝后买，烂污……
讨了她，胡乡长同他本夫打命仗。
一进门就气死了老幺的妈……
四十岁啦，看她那副媚相，
还想迷死八个……
乡长老了，她还不是
同少老幺勾呀搭呀的……"

正如琼枝、李承宗的妻子、李光宗的妻子、张嫂，还有某种意义上的"苏妲己"等来自不同阶级的女性，却都有着共同的被压迫和被侮辱的命运一样，长诗里的"他们"，同样也消泯了阶级和社会属性的划分，酱在一起成了鲁迅所说的"无主名的杀人团"。"他们"无处不在而又没有自己的形体，故此不可能被确定为某种具体的存在而被清除。"他们"是无处不在而永远无法被把握的"他们"。每个人都在"他们"之中，而又觉得自己不是"他们"。"他们"没有和自己本质属性相一致的名字，而只有"各样好名称：慈善家，学者，文士，长者，青年，雅人，君子……"以及"各式好花样：学问，道德，国粹，民意，逻辑，公义，东方文明……"所以，不仅无法确认并追究"是谁"应该为杀人的罪行负责，更重要的是：在"他们"的世界里，受害者根本就没有权力追问"他们"的罪行。任何一个试图反抗和清除"他们"的人，都会被扭转为"戕害慈善家等类的罪人"。[①]

所以很自然地，山耳老太爷一方面在暗地里"爬灰"，另一方面又站在"他们"的立场上，根据"他们"的指令和要求，杀死了自己的亲生女儿，以换取"他们"的部分谅解。而然福，也才会从占有琼枝的行为中，体会到一种报复了山耳老太爷的快感。我们甚至可以想象，假如没有"他们"在旁边观看、鼓掌、起哄的在场感，苏妲已暴跳如雷的举动，或许就不会那么逼真，那么具有喜剧感。

正因为"他们"无处不在而又没有自己的形体，被压迫被侮辱的人们，也就无法找到复仇的对象，而只能把一切都理解为命运。他们的反抗，反过来，也就只能诉诸身体，诉诸自然人性本身。张嫂"偷了汉子"。尽管"他常是喝醉了酒来的"，而且带着不可理喻的病态的暴力，"骂我，打我，扭我的头去碰石头"，但张嫂却死心塌地，跟着他走上了不归路。琼枝坚持要把孩子生下来的决断，建立在母亲与自己骨肉之间的血缘关联之上，同时也对"他们"还残存着最后一点人性的幻想。但事实无情地粉碎了她的幻想，粉碎了她以身体为立足点的挣扎和反抗。早已经等候着这一刻的苏妲己，"夺过那血淋淋的小动物，／一摔呀，打在地板上；／哇的一声就断了气"。接下来，包括自己的婆婆苏妲己、父亲山耳老太爷在内的"他们"，还要更进一步，把琼枝赶上绝路，推进死亡的深渊：

  今天，不是一切都受了么？
  别人摔死她的儿子
  她没有理由去复仇
  别人的口水吐在她脸上
  她只能垂下眼皮
  多久，多久抬不起头……

  从今后，她再能强做笑脸

---

① 鲁迅：《野草·这样的战士》，《鲁迅全集》（第2卷），人民文学出版社2005年版，第219—220页。

承受别人的侮辱的神色么？
她再能像往时那么安详
在人前放肆地诉说自家的猫儿
和用手抚摸邻家孩子的头么？
今天，全村子都在笑她呀！

我还能活下去么？我一定要死么？
在这深夜的时候
她能得到怎样的回答呢？

  回答当然是肯定的：她必须死。山耳老太爷向"他们"献出她的血，换回了"他一部分的名声"，获得了继续混迹在"他们"中间，顶着"本地的体面人"的头衔，继续理所当然地盘剥穷人，大摇大摆地残害他人的通行证。

  冯雪峰等不满意于《大渡河支流》的地方，或许就在于此：长诗的主题，并非当时所急需的"阶级斗争的正面描写"，而是"五四"时代以男女两性关系为中轴线的反封建，而且仅仅是思想革命意义上的反封建。对山耳老太爷一家混乱而充满了身体与情欲气息的男女关系的描写，与曹禺的《雷雨》颇为类似，——虽然前者仅只是一个封闭、落后而野蛮的川西山村里的地主家庭，而非标准的"封建大家庭"。而对隐藏在"各样好名称"背后的谋害者的描述，尤其是通过《街口有两个人在谈话》侧面描写琼枝悲剧的第六章，则令人联想到鲁迅在《祝福》里，通过他人的眼睛来透视祥林嫂悲剧命运的笔法。

  在这个意义上，《大渡河支流》之为《大渡河支流》的地方，不是它的"时代特色"，而是"四川特色"。这是一个与外部世界隔绝，与时代无关的世界：

在这古旧的村里
人们像土洞里的耗子
他们也许会争吵
为了一只破草鞋

> 而关起自己的大门
> 他们从不会让自己的精力
> 为不关自己的事情浪费
> ——仗火打得怎样了？
> 没有人会这样问的
> 傻瓜才会想起这些
>
> 一条狭窄污秽的街
> 像一个无底的罪恶的洞

但这种封闭和隔绝，并没有如幻想家们所期待的那样，形成一个纯朴自然的"有机生活共同体"。正如上文所说，这里没有所谓封建礼教"温情脉脉的面纱"的遮掩，一切都与赤裸裸的暴力相关：

> 这条街上，时常出现着
> 歪戴帽子斜穿衣的人
> 他们是绅士们的爪牙
> 和土匪，流氓，浪子
> 有些也许昨天还是到处躲藏的
> 被拘捕的杀人犯
> 今天在这里坦然走路

没有人能够置身于这张由土匪、流氓、浪子和杀人犯等织成的暴力网络之外。山耳老太爷和胡乡长们，为了保住自己的利益，为了获得更大的利益，也得借助于，最后是加入这暴力之网。"胡乡长，手下养了一群流氓"，逼得山耳老太爷和他"打亲家"，把女儿嫁给了他的傻儿子。为了鸦片种植和收购的利益，一年一度的烟会来临之际，"胡乡长，山耳老太爷/和所有的大爷们，五哥们"，都不得不"预备了江湖迎宾会"，迎接来自三山五岳的江湖好汉，通过"袍哥饭，大家舀"的口号和"一种江湖上的老法式"，把这赤裸裸的暴力网络，变成了理所当然的合法存在。

在这权力直接蜕变成暴力，直接指向自然欲望，指向身体的地方，反抗也就自然而然地，变成了身体与暴力的直接交换。所以，琼枝的婆婆苏妲己根本不需要多余的解释，比如沈从文《萧萧》里那样的家族会议，当即就把刚落地的婴儿当作"小动物"，干净利落，摔死在了自家地板上。而后，丝毫不觉得自己有一丁点的罪责，反而理直气壮地，以受害者的身份，杀气腾腾地冲到山耳老太爷家门口，声讨后者的罪行：

　　不等他开口，她呀
　　用手指头敲着他的鼻子
　　她双脚蹦，跳，喊：
　　"你家的门风呀……"

琼枝以身体和自然欲望为支撑的反抗，因此而变成孤零零的个人，与无处不在的整个暴力世界之间短兵相接的生死搏斗。这个姿态，既是其必然失败的直观写照，又反过来彰显出了她的伟大与悲壮。目睹父亲"爬灰"的丑恶行径之后，陷入了大疯狂的琼枝，越过道德与不道德的界线，越过生与死的界线，越过人与兽的界线，奔跑在田野上的身影：

　　她飞跑在田野
　　哭叫在田野
　　披散了头发
　　她——
　　一个受了屈辱的灵魂
　　飞跑在田野
　　哭叫在田野
　　她疯了么？
　　——有人这么说呵……

　　她飞跑着
　　哭喊：
　　"孩子，妈跟你死……"

她飞跑着
　　像一匹脱了缰的
　　马呀
　　她哭喊着
　　像野兽的咆哮

　　她跑着，哭着
　　从一根田坎到一根田坎
　　石头碰着脚
　　踢开！
　　水沟挡着路
　　跳过！

还有那向着无语的苍穹，向着沉默的大地发出的凄厉的哭诉：

　　她飞跑着
　　哭喊：
　　"孩子，妈跟你死……"

　　"孩子，妈跟你死……"
　　散布在荒野，那声音
　　汇合成一声巨响……

　　"孩子，妈跟你死……"

　　那声音叫听者发抖
　　感到凄惨呵！

　　"孩子，妈跟你死……"

　　是树林哭，是山谷悲鸣

> 是地心里有人叫号……

因而都在高度的浓缩与紧张气氛中，带上了浓郁的象征色彩，变成了人类从没有根由，也没有任何安慰的命运深渊里发出的呼告：

> 这是从古到今，一切慈母的呼声呵！
> 这是真正的人性的呼声呵……

而苍穹和大地，又反过来，以它的无语，它的沉默，把这无助的告呼打回到人类自身，牢牢地定格为人类在无告的深渊里的命运。琼枝的反抗，以及失败后飞跑在大地上的身影，和她那凄厉的哭叫，因此而注定得不到任何解释，得不到任何安慰，只能继续飘荡在充满了苦难的大地上，指认着人类命运深渊的踪迹。

长诗"那使人神经战栗"的悲剧性，根源就在这里：作者在不知不觉中，离开了从阶级剥削和阶级压迫的角度来写山耳老太爷封建家庭之崩溃的构思，留下各种事实上已经埋下了种子的枝蔓，转而把笔触集中到女性命运，进而压缩到琼枝的反抗上，最终把这种反抗铸造成了人类的命运，以及这种命运里必然包含着的人类自身不可克服的深渊。冯雪峰称长诗使人想起托尔斯泰的剧本《黑暗的势力》，但在我看来，琼枝哭喊和告呼于田野的姿态，更接近于鲁迅在《野草·颓败线的颤动》里刻画的场面：

> 她在深夜中尽走，一直走到无边的荒野；四面都是荒野，头上只有高天，并无一个虫鸟飞过。她赤身露体地，石像似的站在荒野的中央，于一刹那间照见过往的一切：饥饿，苦痛，惊异，羞辱，欢欣，于是发抖；害苦，委屈，带累，于是痉挛；杀，于是平静。……又于一刹那间将一切并合：眷念与决绝，爱抚与复仇，养育与歼除，祝福与诅咒……她于是举两手尽量向天，口唇间漏出人与兽的，非人间所

有，所以无词的言语。①

而尽管事后又试图被包裹在社会悲剧的表皮之下，但琼枝的反抗及其失败，则无疑地，更接近于曹禺的《雷雨》，接近于古希腊的命运悲剧，"那种使人神经战栗"的个人与命运的永恒撕扯、交战。在中国现代新诗史上，以感情的激烈和爆发的猛烈而言，唯有郭沫若披着神话外衣的《凤凰涅槃》能与之媲美。但就悲剧性的高度，以及叙事能力而论，迄今仍然没有超过《大渡河支流》的作品出现。

据冯雪峰的《序》，作者"在西北时有一个最亲近的女友，后来回到后方工作，被敌人非常残酷地害死了"②，玉杲因此有可能把个人遭遇投射到琼枝身上，形成了全诗那种紧张到了极点的感情激流。遗憾的是，他留在冯雪峰处的另外两篇叙事长诗《刘老五》和《残夜》，以及一些抒情的短诗，被认为"都远不及《大渡河支流》强"而被搁置了下来，最终没有了下文。否则的话，我们今天看到的，必将是一个更丰富的玉杲。我们的四川抗战新诗史，乃至中国现代新诗史，也会更丰富一些。

---

① 鲁迅：《野草·颓败线的颤动》，《鲁迅全集》（第2卷），人民文学出版社2005年版，第210—211页。

② 冯雪峰：《〈大渡河支流〉序》，玉杲《大渡河支流》，建文书店1947年版，第7页。

第二章　重要报纸副刊诗人群

抗战之前的四川，报纸数量虽然不少，但大多系党政部门的宣传骈枝，发行量和影响都不大，因此也就未能依靠读者订阅和广告收入，建立现代意义上的稿酬制度，成为生产和制作现代新诗的公共文化空间。给作者支付稿酬的，仅有《新蜀报》《华西日报》等屈指可数的几家，而且数量微薄，根本不足以养活职业作家。抗战爆发后，追随着大量文化机构、党政部门和中高级知识分子的步伐，《大公报》《中央日报》《新华日报》和《新民报》等全国性老牌报纸也相继西迁四川出版。在内迁报纸的冲击和影响下，本土《新蜀报》《商务日报》《华西日报》等，也纷纷改变作风，延揽人才，建立现代稿酬制度，给包括新诗作者在内的作者支付稿酬。云集成都、重庆两地报纸副刊，不仅为大量战前已经成名的作家提供了生活保障，也为大后方青年作者提供了发表空间，成为他们走上新诗创作道路的摇篮。尤其是1939年下半年，到1942年上半年这段时间里，日本空军对重庆、成都等大后方中心城市的大轰炸，给大后方图书出版业带来了严重的打击，大量定期刊物纷纷严重脱期甚至完全陷入停顿，报纸副刊，就成了诗人们最后的、也是最重要的出版和发表空间。

本章选取《新华日报》《国民公报》和《新蜀报》三家有较大影响，且具有一定代表性的三家报纸副刊，对其中比较重要或特色鲜明的作者进行论述，以期在呈现四川抗战新诗丰富复杂的创作面貌的同时，也能在一定程度上反映出不同文化倾向诗人群体背后的文化生产机制。

第一节　《新华日报》诗人群

《新华日报》于1938年1月11日创刊于汉口，同年11月25日西迁重庆继续出版,到1947年2月28日被查封为止,前后共连续出版九年一个月又十八天,3231期。它是抗日战争时期和解放战争初期,在第二次国共合作的特殊历史背景之下,中国共产党在国统区唯一公开出版的一份报纸。在中国共产党的领导下,《新华日报》"坚定地站在党的立场上,宣传党中央的政治纲领和政治主张,宣传党在抗日战争时期坚持抗战、坚持团结、坚持进步的方针和政策"[①],在国统区起到了党的宣传者和组织者的作用,对推动中国抗战,和战后的民主运动,起到了巨大的积极作用。

就文艺领域而言,《新华日报》一方面在党的领导下,"团结诗人、作家、艺术家运用文艺武器,在政治上和思想上同国民党反动派及其御用文人进行针锋相对的斗争",[②] 在艰难而又复杂的历史情境中坚持宣传党的文艺方针和文艺政策,确立并旗帜鲜明地引领了抗战文学的现实主义方向。另一方面,它还充分发挥报纸的组织作用,"卓有成效地团结和培养了一批进步文化人",[③] 将郭沫若领导的第三厅、文工会等组织和机构的进步文艺工作者紧密团结在自己周围,形成了一个组织形式相对松散,但文学观念和创作风格却高度一致的作家群体,有力地推动了大后方现实主义文学的繁荣和发展,对中国四川抗战新诗的形成和发展,起到了不可替代的历史作用。

《新华日报》副刊历史沿革

创刊之初的《新华日报》,作者队伍、工作人员等都还在形成之中,办报方针和版面编排等,也都还处在探索阶段,但却高度重视文艺工作。早在1938年1月16日,就邀请胡风以"星期文艺社"的名义,编辑出版了《星期文艺》。《致读者》介绍该刊的出版情况和编辑方针说:

> 从今天起,每个星期日,本报将有五千多字的文艺读物送到读者底前面。五千多字的小篇幅,能够使读者满足什么呢?但我们想,诸

---

① 熊复:《关于〈新华日报〉的历史地位及其特点》,石西民、范剑涯编《〈新华日报〉的回忆·续集》,四川人民出版社1983年版,第63页。
② 徐光霄:《〈新华日报〉在文艺战线上的斗争》,石西民、范剑涯编《〈新华日报〉的回忆·续集》,四川人民出版社1983年版,第253页。
③ 冯并:《中国文艺副刊史》,华文出版社2001年版,第445页。

位在紧张的工作之后，在理论的探讨或逻辑的方向上运用了自己底思维以后，如果能够有一点关于培养情绪，提高意志的食粮，能够注意一下关于培养情绪，提高意志的工作，那也许不是无益的。形象的思维将补助理论底思维的不足或枯燥。

五千多字的小篇幅，能够发表些什么呢？但我们想，文艺上的具体问题（在这里当然不想开展系统的文艺理论或全面的文艺运动问题），例如应该指明的倾向或应该注释的论点，可以短警地提出意见，应该介绍或警告的文艺作品，也可以短警地提出批判。至于短小的诗歌、报告、速写、通讯等，也未始不能从一个小的视角反映出民族战争大潮里的人生面相来。我们还想每次有一幅木刻或漫画，几则关于文艺事业的简报，以及和读者间的关于文艺理论、文艺作品、文艺工作的通讯讨论。

希望工作底进展能够使本刊底内容逐渐充实，能够使本刊的方针逐渐得到修改完善。希望一切作家底助力和批判，希望一切读者底助力和批判。到《星期文艺》成了读者自己底《星期文艺》的时候，我们底工作才算得到报酬了。

遗憾的是，该刊于 1938 年 2 月 20 日出版第 5 期后，就没有了下文，最终未能成为"读者自己底《星期文艺》"。胡风回忆说，当时的《新华日报》共有两个副刊，一个是楼适夷主编的《团结》，另一个就是自己主编的《星期文艺》。

报馆的希望是，《团结》发表一般文艺性的小作品，《星期文艺》则注重文艺评论，特别是批评文艺上的不良倾向。这个用意虽然好，但做起来有很大困难。抗战刚起，一般作者读者感情激动，很难深思熟虑地写文章，当务之急是引导他们用力多写点文章，由编辑慎重地选择发表，现在还很少经得起当倾向评论的作品，性急地做反而不利于创作的发展。尤其是，在党报上发表这样的文章，会使作者产生顾忌，对《团结》的方针不利。再一个困难是，还很少人能写出这种不带副作用的评论来。《七月》是群众刊物，篇幅较大，也很难组织这样的稿子。我把我的想法告诉了华岗和报馆，谈了几次，但报馆还不愿意放弃这工作。我只好接受编几期看。

出版几期后，"报馆看到它的内容和《团结》并没有显著的性质上的区别，也就同意了我的意见，把它停止了，加强《团结》的内容"。①《星期文艺》上，曾经发表过艾青、丁玲、曹白、冯乃超、茅盾、丘东平等人的作品，产生了一定历史影响。

胡风回忆中提到的《团结》，楼适夷主编，创刊于1938年1月11日。《开场白》宣告说，副刊的主要目的是"促进团结，拥护抗战"，具体内容为：

一、报告并讨论救亡工作的经验；
二、介绍抗战中的实际知识；
三、批判各种错误言论，揭发汉奸土匪破坏团结的阴谋；
四、回答读者所提出的各种各样的具体问题。
此外还要选抄革命导师、党国领袖的嘉言警语，也刊载些文艺作品，随笔杂感。

换言之，《团结》实际上是"采纳各色各样的文章而成"的一个综合性副刊。1938年6月9日，出版第96期后停刊。尽管并非单纯的文艺副刊，《团结》仍然发表了相当数量的文学作品。以诗歌而论，就有田间的《中国的春天在号召着全人类》（1月28日）、孙钿《我们的雪天》（2月15日）、臧克家《血的春天》（3月18日）等重要作品，还介绍过延安②、广州，③乃至战地前线④的诗歌朗诵活动经验，对大后方抗战诗歌的发展，起到了一定的积极作用。特别要提到的，是张罗的《你们五万个殉难者》。诗末的附注表明，这是作者看到报载"敌军在我首都屠杀我同胞五万"之后，匆促中写下的急就章。诗中的史实未必准确，感情也略显粗糙，但却

---

① 胡风：《在武汉——抗战回忆录之一》，《新文学史料》1985年第2期。顺便说一下，《星期文艺》前后共出5期，而非胡风回忆说的4期，个别论者未翻检原始材料，把胡风的记忆之误，辗转因袭成了史实错误。
② 黄一修：《诗歌朗诵运动》，《新华日报》1938年3月6日。
③ 苏艾：《诗歌朗诵在广州》，《新华日报》1938年3月30日。
④ 臧克家：《诗歌朗诵运动展开在前方》，《新华日报》1938年8月30日。

是最早反映"南京大屠杀"事件的作品之一。

《团结》停刊后,《新华日报》虽然继续刊发通讯、报告、诗歌、散文等文艺作品,但却一直没有设立固定的文艺副刊栏目。直到1940年2月10日,才有了固定的《文艺之页》。同年12月30日,第27期出版后,暂告停刊。1941年2月2日复刊,从第28期起连续出版。复刊后的《文艺之页》,最初刊期不定,后逐渐固定为周刊。1942年9月11日,出版第62期后,因报纸革新版面而停刊。

从1942年9月18日起,《新华日报》大规模革新版面,改出综合性的《新华副刊》。正式改版两天前,也就是9月16日,报社就在《本报"九一八"起革新内容》的启事中,预告第四版的革新情况说:"除保留《青年》《妇女》专页及增加《团结》专页外,余为综合的文化版,力求内容丰富,文字生动活泼。"创刊号上,《编者的话》表明该刊的立场说:

> 从今天起,在这第四版上新创立了这个《新华副刊》,以后它将每天出现到读者的面前了。
>
> 这一改变并不只表示专刊的减少和普通版的增加,因为跟随着新的名称的获得,这普通版也获得了新的确定的内容,这就是如本报前两天的革新广告中所说的,它将成为一个文化性的综合的副刊。我们希望,这副刊能够名副其实的做到,一方面是在反法西斯的激烈战斗中文化武器的担当者,一方面又是一切读者在工作与战斗之余的"文化公园"。
>
> 因为我们如此希望着自己,也就不能不更多地要求我们的一切作家与读者朋友们的帮助。
>
> 在这里,我要特别向过去帮助支持在四版上的各个专刊的朋友们志谢,希望大家今后同样地支持这综合副刊。因为无论是自然科学,是社会历史科学,是文学戏剧音乐,都将是构成综合刊的内容的有机部分。
>
> 对于一向爱护我们,帮助我们的广大读者,我们的感谢更是不待说的,因此希望你们更多地投稿,更多地来信作爱护和批评。我们的篇幅是完全公开在读者的面前,而我们也一定虚心地接受一切意见。因为倘这刊物认真做成是大众所有和为了大众的,我们的希望也就一

定能达到，这是我们所深信不疑的。

《投稿简则》，又更进一步，具体而微地阐释该刊的立场说：

一、在这副刊上，任何性质的投稿都欢迎。
二、为了篇幅的限制，希望投稿文章愈短愈好，最长不要超过三千字。
三、我们特别欢迎关于一般文化和思想问题的评论，社会生活的报告，各种的杂文读书笔记，书报批评，这种种文章。
四、来稿在刊用时，编者或不得不加以若干删削，倘不愿，请预先声明。不用的来稿如无特殊情形者一律寄回。惟长稿仍请自留底稿，以免邮中遗失。
五、来稿请勿寄与个人名下，以免遗失。

综合《编者的话》和《投稿简则》相关内容来看，《新华副刊》实际上囊括《文艺之页》在内的几种专刊的同时，又极大地扩展和增强了内容的灵活性，变成了"任何性质的投稿都欢迎"的综合刊物。而从编者的角度来看，这实际上是进一步挣脱了栏目名称的拘束和限制，获得了更广泛，也更多样的支配权。如果说此前的《文艺之页》，还往往拘于"文艺"之名而难以放手施展党报所特有的文化属性的话，《新华副刊》则没有了这类限制，彻底变成了真正意义上的党报副刊。

除了上述三个副刊外，《新华日报》实际上灵活多样地，在相关版面和专刊、特刊上，发表过不少诗歌作品。

副刊的总体特征

《新华日报》的一个重要使命，是在国统区宣传党的路线、方针和政策，尽可能团结一切可以团结的作家和艺术家，开展文艺斗争。相应地，它的副刊，也应和着政治上的统战任务，呈现出鲜明的"新旧混杂"的特点。在以新诗为主的同时，也大量刊发郭沫若、张西曼、董必武、陶行知、柳亚子等人的旧体诗词，以及冯玉祥的"丘八诗"。在各种重要节日或重大历史事件纪念日，如苏德战争爆发时，也往往不拘新旧，刊发一些配合相关任务的宣传鼓动诗，充分体现了党报副刊的战斗性和灵活性。

第二个特征，是高度重视诗歌的通俗化和大众化运动。理论上，它积极倡导诗歌朗诵运动，介绍各地街头诗运动，通过褒扬政治讽刺诗、农村乡土诗等方式，引领了抗战新诗的现实主义方向。更重要的是，它大量刊载各种通俗诗歌，甚至民谣，对以四川为中心的大后方诗坛的健康发展，起到了积极的历史作用。早在20世纪20年代就以《打出幽灵塔》等知名的女作家白薇，曾先后发表过《反战词》（1940年3月7日）、《歌两首》（1940年9月12日）、《桐家谣》（1945年3月7日）、《钓丝岩上石工歌》（1945年3月23日）等通俗诗歌作品，展示了她文学生涯的新阶段。以抒情诗创作登上诗坛的袁水拍，也是在《新华日报》上开始转向政治讽刺诗的写作，最终完成了"袁水拍到马凡陀"的转变。

第三，是大量刊发解放区作者的诗歌作品，宣传和表现解放区新生活、新气象。曼晴、史轮、田间、方冰、邵子南、鲁藜、李雷、孙滨、贺敬之、高咏、厂民、艾青、何其芳等一大批活跃晋察冀、延安、晋东南等解放区的诗人，都曾在《新华日报》上发表过新诗。延安时期的阿垅，也曾在《突击在田野上——纪念边区的生产运动》（1939年4月24日）中，率先向大后方读者介绍了延安的大生产运动等新生活气象。1943年11月，中共中央宣传部要求《新华日报》转变方针，大力宣传"边区、华北、华中的战争与生产"[①] 等内容之后，这个特征，就更自觉，更鲜明了。

第四，《新华日报》还充分利用自身合法身份，团结全国"文协"，郭沫若领导的政治部第三厅、文化工作委员会等组织和机构内的诗人，积极发挥诗歌运动组织者和引领者的作用，举办诗歌朗诵会和座谈会，出版《诗家》丛刊、《春草》诗丛等，为四川诗坛培养了沙鸥、禾波、湛卢、野谷等一批新生力量。

戈茅的诗

《新华日报》诗人群中，首先要谈到的，是长期在报社工作，担任过采访记者和副刊编辑的戈茅。戈茅（1915—1989），原名徐光宵，笔名有

---

① 《中共中央宣传部有关〈新华日报〉〈群众〉杂志的意见（摘录）》（1943年11月22日），南方局党史资料征集小组编《南方局党史资料·文化工作》，重庆出版社1990年版，第21页。

戈茅、谷溪、余亦人、简壤、元乐山、齐野、鲁山等，山东莘县人，1934年入党。早年在山东、江苏等地从事进步文化工作，主编过《扬州日报·青锋》副刊、《鲁南日报·笔端》副刊等。抗战爆发后，到西北战地服务团工作，从事战地通讯工作。《新华日报》创刊后，历任编辑、副刊编辑主任等职。1941年，曾以随军记者身份，在新四军工作，和戴平万共同主编《江淮文化》。太平洋战争爆发后，从香港回到重庆，继续在报社从事副刊编辑工作。1940年，和力扬、孔罗荪、戈宝权等合编《文学月报》。20世纪50年代后，长期在文化部、出版总署等单位工作。戈茅的诗歌作品，主要发表在《新华日报》《文学月报》《文艺阵地》《诗创作》等报刊上，出版有诗集《草原牧歌》《将军的马》等。此外，还发表大量诗歌评论和理论文字，与王亚平合著了《诗歌新论》。① 《徐光宵（戈茅）诗文集》，收录其诗歌、诗论和杂论文章二十余万字，但仍有大量遗漏。

戈茅早年的诗歌，如《荒城》《风雪天的早市》等，主要刻画和描写底层贫民的艰难生活，形象和感情，都明显地受到了中国诗歌会作者群的影响，旁观者的色彩比较明显。抗战时期的诗作，致力于自己的感悟和体验，与大时代的脉搏结合起来，追求雄浑有力的交响效果。《搏斗》所展现的，就是诗人的自我，和时代、祖国、人民等宏大话语融合后的"人类之子"的巨人形象：

> 我的热情是太阳，
> 我的思想——
> 如同广阔的清澄的大海，
> 我的声音——
> 像春雷一样震响着世界。
> 我的两脚立在坚实的地球上。
> 啊，暴徒们，
> 你们张开黑色的羽翼吧，
> 让无情的风暴吹打吧，

---

① 此处关于诗人生平，尤其是在《新华日报》工作经历的介绍，参考了诗人《历史片断的回忆》(《徐光宵（戈茅）诗文集》，中国文联出版公司1995年版) 一文的相关内容。

>让凛冽的雨雪飘落吧,
>这一切都不能使我震惊;
>而我以人类之子的巨力,
>将撕碎恶棍们无情的法网,
>大声喝退猛烈风暴的侵袭,
>而雨雪在热情的阳光里渐渐消融着。
>我敬爱我们的人民,
>他们英勇地越过了时代的桥梁,
>拥抱了新世界的光明。

从诗歌艺术的角度看,这首诗——尤其是后半部分——不算成功,即使放在当时来看,也显得比较空洞,留下了浓厚的标语化、口号化痕迹。当作为文化形象,这个"两脚立在坚实的地球上",勇敢地抗拒着雨雪、风暴等黑色毁灭性力量的巨人,这个顶天立地的"人类之子",显然会令人联想到"五四"时期的郭沫若《立在地球边上放号》的雄姿。他"以人类之子的巨力","撕碎恶棍们无情的法网","喝退猛烈风暴的侵袭",让"我们的人民"越过时代的桥梁,拥抱"新世界的光明"的姿态,也明显地,和鲁迅那自己"肩住了黑暗的闸门",让孩子们获得自由和解放,"放他们到宽阔光明的地方去"① 的姿态,属于同一个家族谱系。再往深处说,作为站在光明与黑暗之间,对抗成群结队黑色暴徒的"人类之子",《搏斗》中的"我",显然还会令人自然而然地,把他和种族神话中的创世英雄联系起来。

面对日常景象和经验,戈茅也总是不满足于细腻生动的描绘,而是致力于从中发掘更深邃的哲理,提炼宏大的时代主题。组诗《茫野诗抄续篇》中的《窗外》,巧妙地从大自然之光过渡到人类的真理之光,把窗子之外的另一个空间,扩展成了人类生活史上的另一个世界,充分展现了诗人捕捉生活细节的才能,和在虚实之间自由出入的诗思:

>早晨我欢悦地起来了,

---

① 鲁迅:《坟·我们现在怎样做父亲》,《鲁迅全集》(第1卷),人民文学出版社2005年版,第135页。

打开清醒的窗子,
让欢悦的光亮到房里来,
我第一个拥抱了清新的世界。

窗外那株荫凉的梧桐树,
紧紧靠着我的屋檐;
芭蕉用宽大的叶子,
在扑击冷峭的晨风。

我想从窗口跳出去——
拥抱那世界。
鼓足了不可抵御的勇气,
双手抓住人类新生的希望。……

窗外响着各种鸟啼的声音,
它们全从叶林的梦中醒来了。
像我一样欢悦——
只有在这时候,鸟儿方能发出优美的歌唱。

我虽然心中充满了喜悦,
但是我却不能够歌唱!
当想到在闪耀的阳光下,
人们还不曾消减一切不幸的时候。

我要冲出屋子去,走向那宽广的人类世界,
我带着清醒的喜悦,
狂热地凝视着那迎接光明的清醒的窗子。

《茫野诗抄》中的《我航行在海上》,则反过来,把抽象的人生理念,转化成了生动细腻的自然画面,因情造景而又情景交融,营造了一个梦幻般轻盈、透明而又闪耀着诗性光彩的人生境界:

>像快乐的梦一样,
>我飘然航行在茫茫的大海上。
>
>海上那蓝色的天空,
>海上那飘摇翱翔的飞鸟,
>海上那远远的绿色的大陆,
>海上那漂泊的轻巧的渔船,
>海上那沉醉的航行的旅人,
>啊,我是多么爱那大海呀!
>
>我孑然立在海上,
>我是何等渺小呵!
>可是,海给了我以智慧,
>在我的思想里更充满了
>丰富的想象。
>啊,我是多么爱那绿色的大海呀!

或者因为是北方人,又有过战地生活经验的缘故,戈茅在处理中国军民,尤其是战斗在北方的中国军民英勇抗战题材的时候,也显得比较从容。《骑兵夜袭》叙述中国骑兵对日军的一次轻装扰袭,一次成功的短兵相接,节奏紧凑,诗情饱满,全诗一气呵成,展示了诗人出色的叙事才能。叙事中,又穿插富于质感的自然画面,把紧张的战斗行动,融化在了充满了浓郁古典情调的图画中,在月光下,洋溢着"阵阵野花的馨香",读来宛如一幅黑白分明的木刻。叙事长诗,《草原牧歌》和《鬼森林》,则以善于营造气氛,烘托传奇色彩而著称,但过分的"传奇"损害了现实主题的真实感,个别片段,甚至近乎"猎奇"了。

王亚平的诗

与戈茅合著《诗歌新论》的王亚平,也是《新华日报》诗人群的重要成员。王亚平(1905—1983),河北威县人,原名王福全,笔名有罗伦、李篁、白汀、亚平等。1920年，在邢台省立第四师范学校读书时，受"五四"新文化运动影响，开始学习写新诗。1932年，与袁勃等创办《紫微星》文学杂志，次年加入中国诗歌会河北分会，成为该会河北分会的主要负责人，曾主编北平版《新诗歌》、青岛《现代诗歌》等杂志。抗战爆发后，创办《高射炮》诗刊，为民族救亡而积极呐喊。1939年，从战地辗转到达重庆，在郭沫若主持的政治部文化工作委员会等工作。在此期间，与在《新华日报》工作的诗友袁勃、戈茅等组织了春草社，编辑《春草集》《春草诗丛》等。此外，还协助姚蓬子，进而独立主编《新蜀报·蜀道》副刊，将该刊变成了一个重要的诗歌阵地。

王亚平抗战之前的诗歌创作，体现了中国诗歌会"捉住现实"的美学追求，具有鲜明的时代特点。他从来自河北乡村的底层知识分子的感受和生活经验出发，以北方农村的破产和都市无产者的贫困生活为题材对象，深入反映了中国底层社会生活的现代变迁。农村经济的凋敝和农民生活的贫困，构成了王亚平早期诗歌的重要内容。《农村的夏天》刻画了农民在旱灾和苛捐杂税的压迫之下，被迫"撇下自己的家乡"逃亡，导致"没有人耘田，也没有人插秧"，只有"大道上奔涌着饥饿的群"的荒凉景象。《谁能摄这一幅影》和《逃难》则把镜头对准了流亡途中的难民，生动细致地写出了他们艰难的生存状况。与同时期的左翼诗人相比，王亚平在描写农村破产这一时代现象方面的独特之处就在于他揭示农村经济破产在农民心灵深处的投射，写出了物质生活的贫困和经济压迫给农民和整个乡村生活带来的绝望。《新年》从"现实的穷困"入手，写出了这种贫困在农民精神生活中造成的"惊心的荒凉"：

> 新年并没有新鲜气象，
> 悲哀扎在每个人心上，
> 为了生活的又一个开始，
> 他们在绝望里撑起未来的希望。

《农村的暮》则描绘了凋敝的乡村生活中隐含着的荒凉，"寂寞！沉闷！/苦痛！凄凉"，明显地，把底层知识分子的人生感受，投射在了书写对象身上。

抗战爆发后，沿着"国防诗歌"的方向，王亚平迅速在上海创办了诗刊《高射炮》，号召诗人们以笔为武器，喊出时代的声音，投身到民族抗战事业之中。随后，王亚平又参加了战地服务队，辗转各战场，"唱歌、演戏、写壁报、涂标语"①，成为民族抗战行列中的一名文化战士。而他自己的创作，也由此开始进入了一个崭新的阶段。王亚平这个时期首先创作了大量小调、短歌和通俗诗歌，对宣传抗战和鼓舞民众起到了积极作用。除以宣传抗战为目标的通俗作品外，王亚平这个时期的新诗创作，主要包含这样两个方面的内容。第一是歌颂普通民众和士兵在抗战中的英勇事迹，《血的斗笠》是其中写得比较成功的作品。第二是赞美和讴歌在战争中成长起来的祖国，以《火焰曲》《祖国的颂歌》，以及长诗《中国，母亲的土地啊》为代表。其中，长诗《中国啊，母亲的土地》把饱满充沛的激情和生动的意象有机地融合在一起，克服了同类作品的空洞抽象，是王亚平写得最为成功的作品之一。第一节颇能代表全诗的艺术特色和风貌：

　　中国，母亲的土地啊！
　　你开着黄色的油菜花的土地，
　　你开着紫色的豌豆花的土地，
　　你从灾难中睡醒了的土地，
　　你向着你亲爱的人民呐喊了。

抗战进入相持阶段后，王亚平从战争前线回到了大后方，在宝鸡和重庆等地从事文化工作。随着生活环境的变化，诗人的创作风貌也发生了改变，迎来了一个新的创作高潮，形成了自己的艺术风格和特色。《忧郁》、《生活的流响》和长诗《火雾》等作品，代表了王亚平这个时期的创作风格和面貌。在这些作品中，诗人把时代的动荡和变化转化成了个人的精神特质，以抒写个人情感体验的方式，写出了时代的风云变幻，形成了在个人心灵的变化中捕捉时代气息的抒情风格。在这些作品中，诗人放弃了直接处理外在社会历史题材的艺术手法，形成了在个人的心灵世界中"捉住时代"气息的独特艺术个性。王亚平这个时期大量表现个人情感体验和人

---

①　王亚平：《王亚平诗选·序》，《王亚平诗选》，作家出版社1954年版，第2页。

生感悟的抒情作品，都带上了鲜明的时代色彩，反映了诗人对时代的思考和把握。最能体现诗人这一艺术特色的，莫过于《孤独》一诗：

> 深夜，我紧张，
> 孤独的心情。
>
> 我嘲笑，马桶边
> 鼠类的号叫。
>
> 窗外的风雨，
> 带走了我的疲倦。
>
> 我听见黎明的脚步，
> 那么迅速，又那么沉重。

长诗《火雾》，同样既是个人心灵的抒情诗，又是时代经验的忠实记录。诗人正面的整体把握，从零碎的、片断的生活经验中发掘"都市破碎的灵魂"，对抗战中后期左翼知识分子的"重庆经验"，进行了深入灵魂的扫描。诗中写到了浓雾般的特务政治、官僚集团的荒淫腐败、阴暗潮湿的底层生活、人性的堕落，但更重要的，是表现诗人穿透种种丑恶和霉烂，"通过阴冷的矿穴/去发掘地下的火源"，发掘人类高贵精神的努力。

抗战后期的王亚平，还针对大后方的黑暗和腐败，写下了不少犀利的战斗诗篇，号召诗人做一个讽刺家，"让爱你的更热情地爱你，/让恨你的更绝望地发抖"，"永远举着投枪"，为人民书写自由的"预言"（《给诗人》）。抗战胜利后，王亚平走进了解放区的新天地。在"阶级的温暖"（《夜宿村公所》）中，歌颂人民翻身的喜悦和幸福，成了他四十年代后期诗歌创作的基本内容。《红灯笼》一诗，抓住北方农民门前的红灯笼这个典型细节，在简洁的描绘中写出了人民在经济上和精神上获得解放之后的喜悦，显示了作者长期的生活积累和高度的艺术概括能力。

力扬与《射虎者及其家族》

力扬（1908—1964），原名季信，字汉卿，笔名有力扬、吴羽等，浙江青田县人。1929年考入国立西湖艺术学院学绘画，与同学发起组织"一八艺社"。20世纪30年代，在上海参加中国左翼美术家联盟、"春地艺术社"进步艺术团的新兴艺术活动，并因此被捕入狱，在狱中开始诗歌创作。抗战爆发后，曾先后在郭沫若领导下的国民政府军事委员会政治部第三厅、陶行知主持的育才学校等机构工作，并曾参与长沙《抗战日报·诗歌战线》副刊、《文学月报》等刊物的编辑活动。①力扬创作勤奋，在二十余年的创作生涯中，发表诗作百余首，出版有《枷锁与自由》《我底竖琴》《射虎者及其家族》和《给诗人》等四部诗集。据称，诗人生前，还从20世纪50年代的诗作中，选三十首，编成诗集《美好的想象》，但不久即因病去世，未能出版。"此外，还有散见于新中国成立前后多种报刊上的诗歌、诗论、小说、通讯、影剧评、文艺论文、美术作品等百余篇（部）左右"，②未曾结集出版。中国社会科学院科研局组织编选的"中国社会科学院学者文选"《力扬集》，收录诗作百余首，诗论二十五篇，较为全面地反映了诗人在诗歌创作和研究两方面取得的成就。

力扬抗战时期的诗歌创作，也是从紧紧把握住时代的脉搏，热情洋溢地抒发对新时代的渴望和确信，鼓舞民众和宣传抗战开始的。在诗人看来，随着抗战的爆发，古老的中华民族开始了挣脱枷锁，寻求解放与新生的伟大历史进程。觉醒了的奴隶们呼啸着走上抗战前线，阶级的自由和民族的自由，一起汇聚成了大时代的《风暴》：

奴隶们，在风暴里
勇敢地扭断锁链，
驶向亚细亚的海岸，
迎击着夜袭的匪盗。

而且，将举起
浴血的巨臂，

---

① 参见刘怀玺《力扬诗歌创作刍议》，《浙江师范大学学报》（社会科学版）1988年第4期。
② 季嘉：《〈力扬集〉编后记》，《力扬集》，中国社会科学出版社2008年版，第530页。按：此书为中国社会科学院科研局组织编选的"中国社会科学院学者文选"之一种，实际编选者为诗人之子季嘉。

仰向东方的黎明，
呼唤着新生的太阳。

更有甚者，诗人甚至看见《太阳照耀着中国的春天》，古老的民族已然获得了新生，沐浴在了温暖而明媚的阳光下。火线上的战士们、年轻的庄稼人、茅檐下的纺织女、炉火边的打铁匠……都已经站起来，汇成了民族解放的宏大激流。诗人自己，也应和着这一激流，挣脱枷锁，发出了战斗的呐喊。力扬写道：

带着十年为祖国的解放
而负伤的沉痛，带着屈辱……
对这照耀着祖国的春天的太阳，
我勇敢地摔断了灵魂的锁链。
登上这起伏的高岗，
呼唤着美丽的山川，
瞭望那远方的烽火，
爱与恨在沸腾的心血里燃烧。
我要用血的语言，铁的音响
歌唱，歌唱……
祖国呵，我歌唱你！
民众呵，我歌唱你！
自由呵，我歌唱你！
太阳呵，我歌唱你！
——仇敌呵！
我要用子弹似的诗句
射击着你！

在这种情绪的激荡和鼓动之下，力扬歌颂台儿庄战役的胜利，憧憬和想象着从台儿庄的胜利开始，中国军民将一步一步，"收复济南、平津、东北、/南京——和一切的土地"的美好景象（《台儿庄》）。同样，也是在这种情绪的激荡和感染下，诗人歌颂朴实而勤劳的民众，歌颂他们为祖国，为民族解放而进行着的日常劳作。诗人向行进在"逶迤的山道"上的驮马，和吹着口哨的赶马人致敬，因为他们"艰辛地为人民输送食粮/为兵队输送械弹"（《北行杂诗两首》）。在《山城》桂林，普通民众"锄开泥块，放下种子"的种植和收获，在敌人的炮火下筑造房屋，"生活自己，而且养育着女儿"的劳作，引发了诗人深深的感慨和敬意：

>   我爱着这山城，
>   我更深爱着山城的人民——
>   爱着他们的纯朴和刚毅，
>   他们能勇敢地战胜了穷苦，
>   必定能更勇敢地战胜了敌人呵！

事实上，作为"一个失去了土地的歌唱着"，一个皮肤下流淌着"纯朴农民"血液的知识分子（《太阳照耀着中国的春天》），力扬并不满足于旁观者的歌颂和赞美。诗人甚至也"卷起衣袖和裤管，/带着种子/走入亲密而滑腻的水田"，加入了《播种》的行列，创造、并享用着日常劳作的美丽：

>   看着那金色的种子
>   带着我们底希望，
>   在耀眼的阳光中撒落，
>   我们又是感觉到
>   怎样的快乐，
>   怎样的美丽！

也感悟着美丽的日常劳作，与民族抗战之间的亲密关联：

>   但在那辽远的
>   被敌人践踏着的国土上，
>   我是不如此播种的——
>   在那里，

> 我们用血来播种，
> 用生命来播种，
> 用斗争来播种。
>
> 而收获的是——
> 我们来日的幸福与自由

更美丽，也更快乐的，是《收获》。一切都因为这种快乐，这种美丽而改变了它的日常形象，显现出了他们最美好的一面：薄雾轻纱般笼罩黎明的田野；玉蜀黍像亲密的邻人，"迎着我们欢笑"；成熟的高粱，"戴插着紫色的珠链"，怕羞的少女似的，"对那绕过草坡的溪流/沉默无语"……劳动，也脱离其本性，从人类不得不从事的沉重负担，变成了流溢着欢乐，洋溢着阳光与希望的美好事物：

> 我们刈着，我们歌唱：
> 歌唱我们伟大的劳动
> 对于风、雨、水旱的凯旋；
> 歌唱我们对亲爱的大地
> 带给我们博大、深厚的赐予；
> 歌唱我们希望的种子
> 在汗血所养育的土壤上
> 结成如此丰富的颗粒……

正如论者指出的那样，力扬抗战前期的诗歌，大多如《播种》和《收获》那样，基调明朗，充满了生活的欢乐，洋溢着对未来，对胜利的热情。[①] 直到"皖南事变"后，才发生了变化。"无数殉难的伙伴们的血"（《雾季诗抄·开路》），惊醒了诗人，让力扬看见了冬天的来临。曾经为"《太阳照耀着中国的春天》"而激动，而欢呼的诗人，开始了思索，开始了转变。歌颂春天，歌颂光明之外，诗人开始了对寒冷，对黑暗的诅咒。

---

① 吴子敏：《评力扬的诗》，《文学评论》1993年第3期。

《我底竖琴》里，诗人向着缪斯，宣告了自己的转变：

> 在那些明朗的日子，
> 你知道的——
> 我曾经弹起我底竖琴，
> 嘹亮地歌唱人类的黎明。
>
> 在这风雪的日子里
> 我默默地前行，我要唱出
> 对于寒冷的仇恨，
> 弹着你赐给我的竖琴。

这种转向，当然不是像小学生练习那样，把褒义词置换为贬义词，把歌颂换成诅咒。尽管诗人很早就清楚地认识到了政治讽刺诗的作用①，并曾经发表过诸如《"白面包与肉类是有毒的"》这样政治性和讽刺性十足的诗作，但力扬还是毅然决然地，把目光转向了更为复杂，也更为幽深的生存论境遇，开始了对人类苦难问题的追问和思索。他的长篇叙事诗《射虎者及其家族》及其续篇，实际上并不像一般人相信的那样，仅仅在阶级仇恨的层面展开，也仅仅只是在长篇叙诗向来不发达这个特殊背景下，才赢得了它的历史地位。

诗人触及的，是和人类自己的身体，自己的历史一样古老的问题：我们的生活中，为什么会有苦难？这是一个永远无法回答，但却又因无法回答而一直潜涵在思想史和生活史上，激荡并诱惑着人类不断追问，不断探索的生存论难题。不同的思想文化类型，实际上就是人类关于此一问题的不同回答而导致的结果。在最简单，也最粗糙的意义上，我们可以这样说：古代性思想，把苦难的根源归咎于人类自身的自然性过错，强调苦难不可避免和不可改变的宿命性。最广为人知的，是《旧约·创世纪》的解释：因为人类的祖先亚当和夏娃违背神的旨意，受了蛇的引诱而犯下原罪，被逐出了伊甸园，人类因此而注定了终生伴随着苦难。而现代性思

---

① 力扬：《叙事诗·政治讽刺诗》，《新华日报》1939年10月9日。

想,则在人类社会生活层面来思考苦难,把问题的根源归咎于社会制度的不公正,坚信人类可以通过自己的努力,最终彻底消除苦难。我们熟悉的阶级斗争学说,就是把阶级和阶级压迫,当作了苦难最重要,甚至是唯一的根源的产物。

《射虎者及其家族》的叙事结构,却远远地溢出了阶级话语的范畴。开篇第一章《射虎者》,自始至终围绕着"我的曾祖父是一个射虎者"这行诗展开,在人与自然的关系中叙述诗人曾祖父的一生:他射杀了无数的猛虎,"护卫了那驯良的牲畜/牲畜一样驯良的妻子/和亲密的邻居",为自己建立了一个稳定的生活世界。而反过来:

> 他自己却在犹能弯弓的年岁
> 被他底仇敌所搏噬
>
> 他的遗嘱是一张巨大的弓
> 挂在被炊烟熏黑的屋梁上
> 他底遗嘱是一个永久的仇恨
> 挂在我们的心上

自然养育了他,又吞噬了他。他的"永久的仇恨",因而固执地指向自然,指向那搏噬了他的猛虎。第二章《木匠》,同样是在人与自然的关系维度上,来书写祖父一代人的命运。在赤贫"这更凶恶的敌人"的压迫和驱使下,射虎者的三个儿子,被迫各自走上了不同的职业生涯,

> 于是,三个兄弟抓起了
> 三种不同的复仇武器
>
> 最大的抓住了镰刀
> 第二个抓住了锄头
>
> 最小的一个——我底祖父

抓住了锯、凿和大斧

性急的人们，当然可以不假思索地，把"赤贫"的根源追溯到不言而喻的旧制度身上，从中推出无处不在的阶级和阶级压迫。但从关于他们的"三种不同的复仇的武器"的描述来看，力扬的着眼点，仍然是人与自然。第三章《母鹿与鱼》，和第四章《山毛榉》，进一步印证和说明了这一点。在《母鹿与鱼》中，诗人追忆大自然曾经慷慨而丰厚的赐予，对眼前可怕的贫穷，发出了自己的思索：

难道"自然"母亲
现在已变成不孕的老妇——
老不见她解开丰满的乳房
再哺育我们这些儿女？

也许她仍在健美的中年
会生育，也有甜蜜的乳浆
不是不肯哺育我们
而是被别人把她的乳汁挤干

这种追问，虽然已经涉及"别人"，但这里的"别人"，依然被系在"'自然'母亲"纽带上，并没有被彻底剥离出来，和"我们"直接相对，组成新的生存论维度，并成为"我们"贫穷的根源。明乎此，我们才能理解第四章《山毛榉》对自然的感激之情：

秋天，是人们底欢乐的收获季节
地主们底院子里撒满黄金的谷粒
我底伯祖父们却流着眼泪和汗水
跳着山毛榉换取地主们多余的食粮

人们喜爱山毛榉，因为它
是良好的木材，良好的柴薪

> 我喜爱山毛榉，是因为它
> 曾经救活了这一群不幸的人们

这种感激，实际上再一次明确地，把"赤贫"的问题，限定在了人与自然的关系维度上。

当然不是说力扬没有注意到社会的不公正，没有意识到阶级和阶级压迫的存在。事实上，第五章《白银》，就明确地表明了残酷的阶级压迫的存在。祖父和伯祖父兄弟三人，冒着生命危险，从洪水中捞获了"十数条巨大的白杉"。但这意外的收获，不仅没有给他们带来憧憬中的美好生活，反而招致了巨大的灾难。在地保，和"一位我们同宗的'恩赐贡生'／——许多田地和森林的主人"的魔爪，迫使祖父们在缴纳了"二十七圆"真金白银的"罚款"之后，又"用肩挑过山毛榉底柴担的／起茧的肩膀扛着那些大杉木／给'恩赐贡生'送上"。

> 于是，我底祖母哭泣了三天
> "你们要从水里抢回白银
> 但别人却已经从
> 我们底血里抢去了白银……"

我们的意思是，在《射虎者及其家族》这里，阶级和阶级压迫并没有从其他话语家族中独立出来，上升为支配性的或唯一的元话语。所以很自然地，在揭示了血淋淋的阶级压迫的存在之后，力扬并没有顺着阶级话语的历史逻辑，展开他的叙述。仿佛是为了提醒人们意识到问题的复杂性，在接下来的第六章《长毛》中，力扬以家族史的"真实性"[①]为根据，描述了溃散的"太平天国的英雄们"，在失去了领导，失去了理想之后，如何疯狂地"奔窜在乡村，搜刮乡村，屠杀乡村"，给自己的家族带来了巨大的恐慌和灾难：祖母和邻居的妇女们一起，躲藏在茅草与荆棘丛里，凭借着机智和运气，虽然受了红缨枪的刺伤，但却幸运地，逃过了杀戮；躲

[①] 力扬曾经说过，《射虎者及其家族》叙述的，是"自家祖父一代历史的一部分"。参见刘怀玺《力扬诗歌创作刍议》，《浙江师范大学学报》（社会科学版）1988年第4期。

藏在树上的二伯祖父，在一位太平天国的溃兵"托起土铳/要向他瞄准的时候"，冒死跳下地，夺下敌人的武器，杀死了他；而坚持要留下来看守家园的大伯祖父，则被杀死在"三十里外的田埂上"。

实际上，力扬一开始就清楚地意识到了家族史叙事的"真实"，与阶级革命史叙事的"正确性"之间的分歧。我们看到，《射虎者及其家族》出现在1942年的《文艺阵地》上的时候，诗人就已经对"太平天国的英雄们"的所作所为进行了辩解，肯定了他们"曾经是农民们的亲密的兄弟"，也用"那'恩赐贡生'的长工"勇敢地杀死了他的主人，参加了溃败中的太平天国队伍的事实，表明了山村农民朴素而直接的阶级立场。但随着阶级叙事话语权威地位稳步上升，这种辩解也越来越难以适应日益增长的"正确性"需要。力扬，也不得不一次又一次地对《长毛》进行改写，增加"正确性"的分量。①

限于篇幅，这里仅举一例子，说明"正确性"如何改写了"真实性"的问题。《文艺阵地》刊载的初版本，描述二伯祖父杀死敌人的情节说：

> 二伯祖父攀在森林内的木茶树上
> 想靠那繁盛的枝叶，阻隔住
> 沿着小路奔来的搜索者底视线
> 可是，当那家伙托起土铳
> 要向他瞄准的时候，他就跳下地
> 扑向前去，夺下敌人底武器

但在1955年作家出版社出版的诗集《给诗人》中，这一节变成了：

> 二伯祖父攀在森林内的木茶树上
> 想靠那繁盛的枝叶，阻隔住
> 沿着小路奔来的搜索者底视线
> 可是，当那英雄托起土铳要瞄准的时候，
> 他就跳了下来，夺下那个人的武器：

---

① 关于这种增补和改写的具体情形，参见前引《力扬集》一书第114—115页末尾的编者注释。

"你，你怎么把枪口对着农民兄弟！……"

这"改写"，反过来指证着这样的事实：诗人并没有把《射虎者及其家族》当作近代中国阶级革命史的一部分来处理。

所以，不仅接下来的第七章《虎列拉》里，二伯祖父死于传染病的事实依然不可能被纳入阶级话语，更重要的，是最后一章《我底歌》里，诗人仍然停留在思索的途中，未曾像一般人想象的那样，找到并且踏上了"正确的道路"。在这里，贫穷仍然是最大、最根本的敌人，它遍布世界的每一个角落，人生的每一个时刻，最终使得人类反抗贫穷的行为本身，也变成了它的一部分：

我底弟弟们
在继母的嘎声的鞭挞下面
眼泪和怨恨一起滴上磨石
磨亮那祖传的镰刀
哭泣着，上山去采伐山毛榉
难道他们还不曾替祖先复仇的日子
自己却找到了新的仇恨？

而诗人自己，也同样牢牢地，被祖先们的仇恨牵引着：

我是射虎者的子孙
我是木匠的子孙
我是靠着镰刀和锄头
而生活着的农民的子孙
我纵然不能继承
他们那强大的膂力
但有什么理由阻止着我
去继承他们唯一的遗产
——那永久的仇恨？
二十年来，我像抓着

决斗助手底臂膊似的
抓着我的笔……
可是，当我写完这悲歌的时候
我却又在问着我自己：
"除了这，是不是
还有更好的复仇的武器？"

前面已经指出，这"永久的仇恨"实际上是一个混沌未分的存在。它植根于人与自然的矛盾，从曾祖父被虎搏噬那一刻开始成形，中间又添加了同宗"恩赐贡生"的压榨，太平天国溃兵的杀戮，可怕的传染性疾病，等等，最终以被叫作"贫困"的可怕之物的形式，定格在家族的历史中，定格在诗人的血液里。换句话说，诗人的复仇对象，依然潜涵在作为复仇者的诗人自己的身体里，没有被彻底外化或投射到他者身上。在这个意义上，结尾处关于"更好的复仇武器"的思索，仍然是关于"如何复仇"的思索。

诗人力扬，仍然没有，自然也不可能，回答人类的苦难问题。我们看到，《射虎者及其家族》发表后，力扬并不满足，很快又开始了"续篇"的写作，但最终未能完成自己的"家族史"写作。刘怀萱先生的研究，完整而全面地，揭示了力扬续写及其最终未能完成的来龙去脉：

1944年，《诗文学》第一辑又发表了《射虎者及其家族续篇》，小标题为《纺车上的梦》，写祖父母美好的生活梦想。作为一部家族史，虽已有九章，但似乎不够完整、父母辈、兄弟辈的生活，还没有专章。实际上诗人当年是有续写的打算的。1951年2月诗人在一篇未发表的诗集后记中说过："我于1942年写完《射虎者及其家族》后，在1943—1944两年间，曾写了它的续篇，达一千余行。原拟从《虎列拉》那章接下去，以我底家族为线索，一直写到抗战时期的。但我在抗战前就已经离开故乡，对于那一段时间内家乡底和家族底变动、发展情况，无从体验，如仅凭想象来写……一定写不好。所以故事还没有写到抗战时期，就搁笔下来了。但那写成的一千来行中，只有《纺车上的梦》差强人意。当时也就只发表了这一章。"未发表的底稿后来都失散了。值得庆幸的是在力扬夫人年怀真同志帮助下，我从诗人的手记中找到一些断片。较完整的有《黄昏》，正标题为《射虎者及其家族三续》，是写祖父之死的；《童养媳》，是写父亲的原配妻子的，皆无章次。还有两个残篇：《不幸的家》，写父亲与母亲的结合；《弟弟，你为什么要哭泣？》写兄弟辈的生活，皆未整理，不能成章。这样，从内容来看，这部家族史写了四代人的生活和命运，基本完整了。可惜的是那抄好的千余行，至今无从寻觅，成为诗坛永远的遗憾。①

季嘉编选《力扬集》时，将上述断片和残篇，一并收录，为我们提供了一部迄今最完整的射虎者"家族史"。但篇幅的添加，并没有解决诗人的问题：面对苦难，"是不是还有更好的复仇的武器？"力扬涉及的，实际上是人类的生存论问题，而不是知识学的，更不是现代性诗歌叙事领域的问题。《射虎者及其家族》，也就毫不奇怪地，成了一部永远无法写完的作品。

力扬这部以"家族史"为根据的作品，也才会在"革命史"叙事空前膨胀并压倒一切的年代里，保持了自己的独立而复杂的叙事空间，把问题引向对人类与生俱来的苦难问题的追问和思考。而诗人在"皖南事变"之后的创作转向，也因此而突破了苍白单调的文学史想象，获得了迄今仍有待进一步发掘的复杂性和丰富性。

丘琴的"沁河诗草"

丘琴，诗人，翻译家，原名邓天佑，黑龙江省宾县人，出生于1915年。抗战前，就读于北平东北大学，其间开始发表作品，曾与李雷、马加、碧野等发起成立北平文艺青年协会，与孟英等发起成立中国诗歌作者协会等。抗战爆发后到重庆，在东北救亡总会工作，先后参与过《反攻》《文学月报》等刊物的编辑工作。为着编辑和宣传的需要，丘琴写过不少应景式的急就章，为欢迎1940年而作的"新年献诗"《战斗的路》，以及

---

① 刘怀玺：《力扬诗歌创作刍议》，《浙江师范大学学报》（社会科学版）1988年第4期。按《诗文学》丛刊第一辑的出版时间，应为1945年。

发布在1940年5月8日《新华日报》"诗歌讨汪特辑"上的《就是他》等，都属于这类作品。

但影响最大，也最能体现其艺术才能的，是他于1939下半年，以记者身份前往晋东南考察归来后创作的《沁河诗草》。《向北方——沁河诗草之一》，以速写的手法，寥寥几笔，用简洁的线条和色彩鲜明的画面，勾勒出了走向战地前线的文化战士形象：

五月
榴花照眼红的时节
我走了
向北方——
走向战场

和我结伴的是
暖壶
干粮袋
一条军毯
一个行囊

该诗记录了诗人以文化战士的身份，走过黄河岸边，"行走在中条山上"，披星戴月考察战地实际情形的劳累与兴奋。短促的诗行，配合着饱满的诗情，把对抗战胜利的信心和高昂的个人热情，成功地定格在了蒙太奇式的写实性画面上：

明天
早阳还来迎我
（我清楚的知道）
它将从东边的天壁滑升起
披满一身霞光

诗人擅长的写实性笔法，和色彩鲜明的构图，甚至掩盖了用典的痕迹，把古诗名句"五月榴花照眼明"（韩愈：《题张十一旅舍三咏·榴花》），也水到渠成地，转化成了自己的写实之笔。《中条山上》，也同样体现了丘琴善于捕捉生活细节，通过线条简单而色彩鲜明的画面来表达诗情，把流动的情绪凝定在富于张力的空间画面上的诗歌才能。正如诗人承认的那样，这首诗是以粗线条速写的笔法，勾勒出的"中国农民游击队员的形象"：

> 他——
> 健壮的中等身材
> 穿一身破败的灰军装
> 光着两只脚
> 右肩上背着
> 一支钢枪
> 脸上流荡着
> 圣洁的光芒
> 他站立在山岗上
> 傲岸又庄严
> 迎着七月的劲风
> 迎着刚刚上升的太阳……

《歌郎壁——沁河诗草之二》和《沁河三唱》，则显示了丘琴营造和运用诗歌音乐性的高超才能。前者以民歌体的咏唱，和一唱三叹的节奏，在旋回起伏的节律中，把"钢铁的歌唱""雪亮的钢枪""祖国""自由解放"等抗战的宏大话语，成功地融进了诗性的歌唱。优美的音乐性，填补，乃至让人忘记了宏大话语的空洞与生硬。《沁河三唱》同样以悠扬的旋律和民歌体的咏唱，写出了沁河人民生活中的三个阶段：过去的苦难和流亡，眼前"拿起枪/奔向战场"的战斗，和对胜利的展望。响亮的韵律，恰好应和着乐观的信念，饱满的诗情，把读者引入了辽远而高昂的诗性境界：

> 沁河的水呀

>流水响叮当
>人们在河岸
>正热情地歌唱
>歌声里颤荡着
>复仇的欣喜
>和那胜利的渴望
>这歌声
>冲破淡青色的河雾
>漫过起伏的山岗
>向院远方飞扬
>　　飞扬……

丘琴的"沁河诗草"数量虽然不多，但以浓郁的抒情气息和乐观开朗的诗情，打开了大后方青年诗人的"北方想象"，产生了广泛的影响。它民歌体的韵律，和旋回往复的咏唱，则令人想到阮章竞、张志民等后来的晋东南解放区诗人对民间歌谣的模仿和运用。

绿蕾的"这里"和"那里"

绿蕾在《新华日报》发表诗作虽然不算多，但却紧扣时代脉搏，应和着《新华日报》在文艺战线上的民主斗争，反映了不满国统区黑暗现实的大后方青年诗人对"北方"的热烈向往，并将这种向往成功地转化成了与解放区诗风相一致的"写实"和"叙事"。故此，也将其诗歌创作放到这里来论述。

绿蕾（1923—1977），本名黄道礼，四川省开江县人。1938年考入内迁万县的金陵大学附中，开始接触新文学，在《川东日报》《武汉时报》等报刊发表诗歌、散文和通讯等。1942年考入中央政治学校政法科学习，与同学胡牧、雪蕾、文铮等组织"文艺研究会"，编辑出版《诗部队》《文艺春秋》等文学刊物，并开始在《国民公报》《时事新报》和《新蜀报》等报刊大量发表诗作。1946年大学毕业后，辗转成都、遂宁、重庆等地任教，从事进步文艺运动。1949年后，定居开江县，先后任政府职员和中学教师。"文革"期间，遭受到不公正待遇，被开除公职，1977年去世。

在其短短十余年的创作生涯中，绿蕾共留下长短诗歌五十余首，另有大量散文和文艺理论著述。[①]

现代意义上的"新诗"，总是意味着叛逆、青春和激情。绿蕾的特殊之处，就在于把青春的生命激情，和抗战带来的"世界图景"熔合在一起，把个人对自由和光明的向往，熔铸成了具有鲜明时代特色的普遍主题。1941年的《青春》，骨子里属于不满于"散文"，而想要把自己的日子变成"诗"的个人想象与激情的流泻，"我想要像年青的吉卜西/走到那儿算那儿"的青春幻想和生命宣言。但天山、科尔沁旗草原、茫茫的西北利亚、芬兰湾、巴黎、北非等地理学名词，却又将无羁绊的个人激情导入了时代轨辙，引向了世界范围内的反法西斯战争给诗人带来的"世界图景"，隐隐约约地，把诗人的青春激情，导入了某种隐秘的方向。绿蕾《青春》的呐喊，因而也具有了某种"世界人"的普遍主义倾向：

　　到北非去呵！
　　到新大陆去呵！
　　到澳洲！
　　到印度！

　　娘呵——
　　我要出游！
　　我要出游
　　日子不能是散文
　　我要出游
　　凭着我的青春！

从其最终的可能与形态来看，无疑是或隐或显的时代风气对个人的引导与塑造，更具有决定性的意义。但从开端的方向看，绿蕾这种青春的生命激情，其实很难说有什么明确的目标和方向。它更多地，是源于对现状

[①] 关于绿蕾生平及创作情况，参考何休《永不泯逝的两颗诗星——绿蕾、杨吉甫》（中国戏剧出版社2011年版）一书的有关论述。又，下文引述绿蕾诗作，亦多参考何著。

——生命的，和社会的——的不满。就是说，这是一种必须从反方向上来理解的叛逆激情，一种因对"这里"的不满而生发出来的对"那里"的强烈向往和想象。据说是写给已经到了解放区的恋人"惠平"的《啊啊，这里……》一诗，明确地透露了此中消息：

  啊啊，这里
  不开花的地方
  不活鱼的地方呀

  这里雾迷着眼睛
  这里的人呛咳着
  咳，咳！……

  我要窒息而死了
  我要哭喊了：
  来吧，大风！
  来吧，大雨！

  即使你冲崩了我辛勤来的河堰为了那一片太蓝太蓝的天空来呀！来呀！……

  所以很自然地，随着民主政治运动的兴起和解放区文艺在国统区的广泛传播，绿蕾也很快告别青春期写作，发展出了两个明确的主题。第一，把对"这里"的不满转化成了对国统区黑暗现实的讽刺，汇入了四十年代中后期的讽刺诗写作大潮。《街头诗四首》等作品，代表了诗人在这个方向上的努力。四川方言的运用，则在讽刺中应和着大众化的文艺新方向，体现了诗人在"正确性"方面的积极努力。

  第二点，则是应和《新华日报》等大后方报刊对"解放区形象"的塑造与建构，把自己对自由和光明的向往，转化成了对解放区生活的歌颂。发表在《新华日报》上的《完全是两只手》《花枝是为了开花》等诗作，以"写实"和"叙事"相结合的笔法，热情地洋溢地歌颂了解放区劳动大众凭借自己的双手开垦荒地，创造了崭新的生活世界的行动。题材和艺术手法，都发生了根本性变化，但仍然令人想到诗人在《雾中的信念》《发誓》等早期诗作中对个人力量的崇拜。《祝福你们》一诗，则在轰轰烈烈的颂歌主题中，透露了个人幻想的隐秘而巨大的支配性存在。

在中国现代文学史上，绿蕾这种从浪漫的抒情转向"写实"、从抒发个人激情到描绘集体生活的现象，总是被理解为断裂性的进步。而事实上，对绿蕾来说，所谓的"解放区生活"，同样是个人激情的投射，一个想象性的符号世界，而非所谓的"现实生活"。其"现实性"，实际上来源于它与《新华日报》等大后方报刊塑造和建构出来的"解放区形象"之间的同一性，与诗人切身的生活经验毫无关系。我们看到，就像从未有过战地生活经验的绿蕾，曾经在《轻骑兵的家属》里，饶有趣味地想象过自己在前线的战斗生活，和"绿蕾的爹"与"老母亲"如何思念自己的生动情形一样，他表达对"我寒伧的/有饥饿面容的/西北原野"的无限景仰之情的组诗《我有满腔的爱恋》，同样不是延安意义上的"写实"之作，而是大后方青年诗人因对现实不满而生发出来的"北方想象"之作。组诗最初发表在1945年6月出版的《抗战文艺》第10卷第2、3期合刊时，目录上标明"八首"，而事实上只刊出六首。分别是：《我有满腔的爱恋》《要翻山了》《一天，八十里》《了解》《一个红炀炀的名字》。前四首抒写了对战斗在"西北原野"上的军队艰苦、严肃而又紧张的战斗生活"满腔爱恋"之情，后两首则立足于和谐而融洽的新型军民关系，含蓄但明确地点出了这支军队的特殊性质。"当敌人的脚步震动西南的土地时"（《我有满腔的爱恋》）等诗行，以及《一个红炀炀的名字》中借以表现新型军民关系的"柑橘"意象，都表明了诗人情感根基，乃在于西南大后方，而非真正的"西北原野"。

诗人后来另外增加了《你也瘦了》《埋葬》《询问》《花城》《歼灭战》和《劳军代表要来了》等六首，并对此前发表过的六首作了文字上的改动，编订为一首十二章的叙事长诗，改题为《万里征程》。①这种改动，尤其是《花城》突兀而生硬的插入，进一步揭示了"这里"的存在，

---

① 参见何休《两颗永不泯逝的诗星——绿蕾、杨吉甫》，中国戏剧出版社2011年版，第98—114页。

凸显出了"北方想象"的现实根源，乃在于"后方"这座"花花绿绿的"霉烂着的城。绿蕾的诗歌创作及其转向，正是在这个意义上，无形中打开了我们认识四十年代中后期大后方新诗"讽刺"和"歌颂"两大主潮的大门。

沙鸥和野谷的"方言诗"

抗战后期的《新华日报》，逐渐在团结抗战的时代主题之外，加强了民主斗争的成分，开始有意识地把培育和引导青年诗人把矛头指向国统区的腐败与黑暗，在文学战线上展开对国民党专制统治的斗争。沙鸥、野谷等，就是在这股潮流中成长起来的四川青年诗人。

沙鸥（1922—1994），本名王世达，四川重庆（现重庆市渝中区）人，中学时代即开始在《新蜀报·蜀道》《国民公报·文群》和《新华日报》等报刊发表诗作。1942年，考入中华大学化学系学习，其间继续诗歌创作，积极参与王亚平主持的春草社活动，与人编辑诗歌刊物《诗丛》等。抗战胜利后赴上海，编辑《新诗歌》，积极从事新诗大众化运动。20世纪50年代后，先后在中国文联、黑龙江省作协等单位工作。沙鸥创作勤奋，生前出版有诗集和诗歌论著三十余种，另有大量作品散见于不同时期的报刊。

沙鸥抗战时期作品，曾经在"方言诗"的名目下，结集为《农村的歌》和《化雪夜》，列入"春草诗丛"，由春草诗社印行，被赋予了强烈的方向性色彩。但事实上，他这个时期的诗歌创作，实际上并不那么单一，而是沿着三个不同的侧面同时展开。第一个，是集中发表在《新蜀报·蜀道》副刊上的"西南诗抄"系列作品。这个系列作品，以滇缅公路和滇西抗战为背景，歌颂了中国人民英勇顽强的抗战和惨烈的牺牲精神。《夜》想象了一幅中日两国军队在怒江两岸，隔江对峙，在平静中隐藏着的抗战情境：

　　星又在闪耀着悲哀的光亮呀！
　　高原上的五月底夜，
　　像冰块一样的寒冷。

还是呆呆地站立着吗，
你这放哨在怒江边的侵略者？
知否？那不远的草丛里，
有一个握枪的中国汉子，
对你眯起了一只眼睛的啊！

副标题为"西南诗抄之十"的《雨》，则描绘了卡车司机为了抢运堆积如山的抗战物资而行驶在"崎岖的泥泞路"上，不少人为此而付出了生命，路边的山谷里不时可见"卡车的尸体"的惨烈情形。就像表面平静的怒江夜色里隐含着不屈的抗战之火一样，在卡车司机们的日常生活中，也潜涵着巨大的忍耐、奉献和牺牲。"西南诗抄"对滇西抗战的想象，触及了一个迄今仍很少有人关注的独特领域，在一定程度上具有填补空白的重要意义，有助于我们重新认识中国抗战的复杂性。

另一类作品，是"方言诗"中的乡村生活素描。这类作品，内容近乎古代"田园乐"一脉，风格也宛若短小的绝句。如《黄昏》：

大牯牛滚水回来了，
它的尾巴把太阳扫落坡了。

外婆坐在门前的竹凳上，
一只手搓麻线，
一只手还抓谷头喂鸡。

蚊虫嗡嗡地朝起玉来，
隔壁的幺嫂子又在喊消夜了。

这里自然有乡村生活的辛劳，但更多的是辛劳之后的报偿：憩息时刻的来临，和丰足的收获。"农村"只有在城市无产阶级文化理论框架中才变成了"农村"。沙鸥这里描绘的，实际上是传统生活秩序中的"乡村"，一幅按照大自然的节奏和规律展开的朴素画面。描绘"屋头的大姑娘"趁着月色，偷偷"梭了出去"，和守在冬瓜架下的男子幽会的《月色》，就更看不出来现代意义上的"农村"味了。相反地，却令人想起豆棚瓜架之类的古典诗词套语，和"月上柳梢头，人约黄昏后"之类亘古不变的儿女私情。

但随着延安理论的介入和《新华日报》等机构的引导，沙鸥的"乡村"诗最终被塑造成了广为人知的"农村的诗"。方言的运用，也变成了知识分子如何走向人民，如何改造自己的思想，最大限度地按照延安理论来展开民主政治斗争的原则问题。村里的《赵老太爷》，于是乎也就向佃户读起了《论联合政府》。而传统生活秩序中的"乡村"，也完全褪去了它复杂多样的丰富性，在无处不在的阶级压迫和阶级剥削的笼罩下，陷入了彻底的死寂，等待着"求解放的战斗意志"①的总爆发。而诗人沙鸥，也因此而逾出了"抗战诗歌"的范围，把自己改写成了彻底的当代"诗坛斗士"。

野谷，原名成善棠，四川（现重庆市）忠县人。中学时代，在何剑薰等的影响下，开始新诗习作。1944年开始，在沙鸥"方言诗"的影响下，开始用四川方言进行创作。主要作品散见于《文哨》《新华日报》《新诗歌》等报刊。曾有诗集《指望来年》被编入《春草诗丛》，但因故未能出版。20世纪50年代后，长期在重庆文联、四川省文联等单位工作。

野谷的"方言诗"，主要配合着抗战后期反对内战和争取民主的政治运动，描绘川东农村凋敝和农民破产的痛苦，揭露国民政府基层官吏的凶残，和地主对农民的残酷压迫。部分作品，如发表在《新华日报》副刊上的《猫》《狗》等，"做题目"的痕迹较重，显示了"方言诗"的政治性对诗人的规训和塑造。在人与自然的关系维度上，描写自然灾害给农村和农民带来的痛苦的诗作，如《青黄不接的时候》（组诗）、《雨天》等，写得比较真切、生动，有生活气息。组诗《青黄不接的时候》中的《人们呀》，对农村荒年景象和农民心理的描写，都比较准确：

满山满山绯红的地。
满冲满冲发裂的田。
乱草从挖好的红苕地上

---

① 沙鸥：《后记》，《化雪夜》，春草社1946年版，第46页。

> 长了起来
> 又死去。
> 田头的螺蛳晒成面面。
> 人们呀,
> 就靠一点红苕种叶救命。
> 一家人夜夜守在地边边,
> 红苕叶子好多匹,
> 大人细娃都数的清清楚楚。

语言上,野谷也不像沙鸥那样以读为中心而一味散文化,而是比较注重吸收歌谣成分,形成了一种吟唱、说话混合型的"方言诗"。组诗《放牛娃儿的歌》中的《爬山豆》,就是一例:

> 爬山豆,叶叶长,
> 爬岩爬坎去赶场。
> 场又远,
> 一升胡豆买回一斤盐。
> 明天要犁田,
> 后天要栽秧。
> 不喊功夫不得行。
> 若说不趁这泼雨水整得多,
> 今年只怕又挨饿,
> 天老爷,大些落!
> 保佑我们好过活!

人与自然的矛盾,和歌谣吟唱调的配合,在某种程度上,可以说是复活了中国诗歌古老的"怜农诗"传统,拓展并突破了"方言诗"相对狭窄的政治想象空间。

遗憾的是,随着抗战的结束,四川在中国政治和文化版图上的"中心化"位置的消散,沙鸥、野谷等人的"方言诗"实践,也逐渐在新中心的生产和制造过程中,再度被边缘化,未能得到充分的发展。

第二节 《文群》副刊诗人群

靳以主编的《国民公报·文群》副刊,也是以四川为中心的抗战大后方文坛上影响较大的一个文艺副刊,对四川抗战新诗的生成和发展,起到了重要的历史作用。《国民公报》创刊于1912年4月,系由《中华国民报》和《四川公报》合并而来,取前者之"国民",后者之"公报"二字,合起来命名为《国民公报》,出至1935年5月15日停刊。1936年8月1日,在重庆复刊,期数从新1期算起。1950年2月18日,出版新4796号后,宣告终刊。综合成、渝两个时期,《国民公报》前后共存在37年10个月,是现代四川出版时间最长、影响最大的一家报纸。[①]

抗战之前,渝版《国民公报》出版有《国民公报星期增刊》和《国民副刊》,前者为综合性副刊,主要刊发文化动态、通讯报告、艺坛动态等,也刊发戏剧、音乐和文学作品。后者则为专门的文学副刊,和当时一般内地副刊一样,新旧并存,也刊发诗词等"旧文学"作品。抗战爆发后,为适应迅速发展的文化形势,报社先后创办了《电影》《木刻专页》《歌声》《战火》等副刊。但这些副刊,出版时间都不长,格局、气象和影响都很小。靳以主编的《文群》副刊,大刀阔斧,一改此前各种副刊零零碎碎的小家子气,才让地方性的《国民公报》,一跃而有了现代文学史上第一流的文学副刊。

《文群》副刊概述

《文群》副刊创刊于1939年1月17日,1943年5月24日停刊,前后共出516期。创刊号上,靳以在《编者的话》表明副刊的立场说:

> 在这样伟大的时代中,我们也深深地感到文章的无用。别人流的是血,供献的是生命,我们却只能挥动一支笔。我绝不苟同那种夸张

[①] 关于《国民公报》基本情形的叙述,参考了王绿萍编著的《四川报刊五十年集成(1897—1949)》(四川大学出版社2011年版)一书的相关内容。

的说法，以为一支笔便可扫荡若干敌人；可是我们却愿意沉着地站在自己的岗位，尽一己的全力来呐喊：从峻高的山巅，从江河的岸边；从飘着大雪的北方，从吹着暖风的南方；从我们自己的地方，从喘息于敌蹄下的地方；从每个僻静的角落里，我们带来了他们的呼声，使他们的语言，到达更多的人心上。没有耳朵的使他看，没有眼睛的使他听，触觉和嗅觉更可以帮助他们来感受。可是失去知觉的人，那却在我们感动的能力以外了。他也许还关在个人的美妙的精舍里，他也许只张开一只眼闭上一只眼，他甚至于想把这一节血的教训从历史上抹去，为了他自己优美的、怕血腥气的气质……那我们只得要他静静地等待着灭亡。或许敌人不容他从容地思索，一颗炸弹原是想要惊醒他，恰巧在他品茗饮酒畅谈优雅的时节，使他血肉横飞，使他从此永远离开这个美丽的世界也未可知。

  让我们肩起这责任吧，从小小的笔尖上，能描画出敌人的残暴，军民的英勇，还有许多值得赞美的和值得痛恨的事迹。也许有许多正是你要说的，有的也许要使你张大眼睛叹息它的发生。总之在这真的民族危困时期，我们真的在尽我们的心，采取铁血的故事，来启发、鼓舞全民众的心。

靳以既不赞同无限制夸大文学的鼓动宣传作用，"以为一支笔便可扫荡若干敌人"的说法，更坚决反对脱离时代，"关在个人美妙的精舍里"，"品茗饮酒畅谈优雅"的立场。他坚持从文学本位出发，把文学当作一个平凡而朴实，但绝非可有可无的工作岗位，强调守住自己的岗位，在自己的岗位上尽心尽力地为抗战呐喊，以文学为武器来启发民众，鼓舞民众。换言之，靳以既不赞同第三厅、初期的"文协"等脱离文学的现实可能性，不切实际地夸大文学鼓动宣传作用的立场，更反对"与抗战无关论"者脱离现实的主张，而坚持从文学自身的可能性出发，切实而认真地，用文学工作者的方式，来为抗战服务。

  本着这种职业化、岗位化的编辑立场，《文群》自始至终不介入文坛纷争，坚持以作品的质量，以文学自身的力量来展示自己的存在。靳以充分利用战前的编辑经验和人脉，为《文群》建立了一支广泛而有力的作者队伍。以战前就已经成名的名家而论，除靳以本人外，就有：巴金、艾芜、何其芳、萧红、李广田、胡风、马宗融、芦焚、方令孺、聂绀弩、方敬、臧克家……以地域而论,有来自延安的冯牧、青苗、孙滨、厂民、曹葆华、莎蕻,甚至晋察冀的高咏、王博习,有来自贵州的蹇先艾、齐同,西北联大的尹雪曼、李满红,西南联大的穆旦、汪曾祺、刘北汜,香港的杨刚,第五战区的碧野,等等。这样一支作者队伍,充分彰显了《文群》副刊作为独立公共空间的文化品质,成为了大后方文坛上最沉稳、最扎实的一个副刊。

对靳以来说,《文群》并非一个简单的容器或产品展示平台,而是一个积极的文化生产阵地,一个为抗战培养文艺新军的阵地。他"既尊重老作家的来稿,又重视、培养、扶持文学青年",[①] 不仅经常让出副刊版面为各种文学社团出版专刊,而且大量刊发在校青年学生的稿件。靳以自己任教的复旦大学之外,西南联大的穆旦、汪曾祺、刘北汜,西北联大的尹雪曼、李满红,四川大学的李岳南等,都曾在《文群》上发表过作品,李满红、刘北汜等,还成了《文群》的经常作者。不少作者,如姚奔、李满红、郭风、曾卓、孙滨等,完全可以看作通过靳以而从《文群》走上文坛的作者。

在各种文体中,《文群》最重视的是新诗,发表作品数量最多的,也是新诗。众所周知的,是靳以曾经为复旦大学和成都平原诗社的一群年轻人,借《文群》副刊版面,出版《诗垦地》专刊,让内迁的《七月》派诗人和四川本土青年诗人成功地联合起来,造就了当时大后方文坛上最有影响力的诗人群。此外,《文群》还不定期地出版"诗歌专页",第122期(1940年2月15日)、第126期(1940年2月24日)、第130期(1940年3月5日),就是典型的例子。单就数量而论,《文群》也可以看作是综合性文学副刊里的"诗刊",四年多的时间里,刊载了一千多首新诗作品。

姚奔的诗

以数量而论,在《文群》发表诗作最多的诗人,是姚奔。姚奔(1919—1993),原名姚正基,笔名有史抄公、映实、姚芝闻等,吉林扶余人。战前就读于北平国立东北中山中学等学校,曾与李满红同学,参加进

---

① 艾以:《靳以和〈文群〉》,《抗战文艺研究》1985年第4期。

步学生活动。北平沦陷后到重庆，1939 年进入复旦大学新闻系，在靳以引导和鼓励下，在《文群》《文艺阵地》《现代文艺》和《诗垦地》丛刊等报刊上大量发表诗作，出版有《给爱花者》《痛苦的十字》两部诗集。另有《好人的歌》编入上海文化工作社《诗歌丛书》，但未能出版。据不完全统计，仅在《文群》副刊上，姚奔就发表诗作三十余首。靳以离渝，在福建永安改进出版社工作期间，又在自己主编的《现代文艺》上，刊发了姚奔不少诗作。姚奔的第一部诗集《给爱花者》，也是由靳以编入《现代文艺丛刊》，由改进出版社出版的。

《我不放弃，谁能夺取》一诗，以斩钉截铁的语气，宣告了诗人不顾一切，要"做一个追求光明的傻子"，坚持追求真理，奔赴黎明的决心。在格言警句般结实、跳跃的诗行中，闪现着青春的热情，以及因这种热情而来的孤傲感，"唱出了千万个国统区苦闷青年追求光明的信心"，受到了"当时的朋辈们一再赞叹"。[①] 姚奔另一首知名之作《给爱花者》，同样也属于直抒胸臆之作。或许是受到了《圣经》伊甸园意象的启发，全诗从"世界好比一个大花园／人就是世界的花朵"的比喻出发，把热爱世界和热爱自己的生命两者巧妙地融合在一起，使得绽现个体生命的绚丽，和改造人类社会的宏大使命，获得了有机的统一：

  让我们来改造吧，
  重新建设一个
  美丽的世界大花园——
  你开一朵花，鲜艳而沁人的，
  我开一朵花，芬芳而灿烂的，
  他开一朵花，茂盛而可爱的
  让千千万万的人
  开出千万种不同的花朵吧，
  让我们用人的花朵
  来装点这个大花园，
  把它建设得完美而又壮丽，

---

① 邹荻帆：《记诗人姚奔》，《新文学史料》1994 年第 4 期。

> 让万花缭乱，
>
> 嘉木成荫……

这种天真、热情，甚至可以说是稚气的诗情，配合着大花园意象，使《给爱花者》更像一首儿童诗，简单、热情、有力。但对于改造被"卑污而残暴的强盗们"摧残了的世界这个带着鲜明时代色彩的主题来说，这样的诗情，显然单薄了些。他的另外一首传诵较广的作品《黎明的林子》，实际上也存在类似的问题。

姚奔的艺术才能，主要体现在对静物式的意象，展开繁复而细腻的描绘，以此寄托或自然流溢出诗人的情绪上。如《四月散歌》的第一章《麦穗青了》：

> 南方春早，
> 四月，麦穗就青了
>
> 在家乡，
> 三月，河冰才解冻，
> 清明以后，
> 我们的垦殖者，
> 才开始春耕——
> 庄稼人忙着下地，
> 套起三匹马的耕犁，
> 垦着由冬眠初醒的大地。
> 犁头掀起黑色的土浪，
> 种子就向土浪里播撒……
> ——种子在土浪里滋长，
> 希望在垦殖者的心里发芽……
>
> 四月，在家乡，
> 正是忙春耕的时候呵！
> 而在南方，麦穗青了。

家园之思，引发了对北方春耕景象的细腻描绘；这种细腻的描绘，又反过来推动着诗情，把诗人的家园之思引向了更辽远，更开阔的境界。

《大风呼呼地吹》，围绕室内"跳荡的烛火"，室外"呼呼地吹着"的风，和"苦苦地期待着"的"我"三个意象，营造了一幅线条简洁有力，但却富有高度暗示性和象征性的画面。这个画面，既可以说是诗人某种私人感情的投射，一个真实的人生片段，也可以看作人类在大地上的生存命运的象征。"呼呼地吹着"的大风要席卷一切，将一切打入黑暗，而"跳荡的烛火"，却顽强地、不屈不挠地，要把自己展现为一个虽然短暂，但却美丽而刚强的存在。短促的诗行，跳跃的节奏，简洁的构图，使得这首诗成了姚奔最成功的作品之一，令人想起抗战时期那些黑白分明的木刻画。

与《大风呼呼地吹》里的紧张感不同的，是《在那翠绿色的波浪上》流溢着的生命的喜悦和欢乐。作品写的是年轻的诗人在三月的嘉陵江和春天的郊野面前，所感受到的大自然的勃勃生机和生命的诱惑。在万物复生的春天里，渴望解放，渴望自由，渴望投入另一个无穷悠远的世界的青春梦幻，应和着嘉陵江水波的节奏，流动在诗人的笔下。跳动的绿色的波浪诱惑着诗人，讲述着从冬天，从严寒的封锁中解放出来，留下个远方的故事。春天的郊野激荡着诗人，催动着诗人投入生活，投入生机勃勃的新世界。

真的
我顶爱看那
三月的嘉陵江
那翠绿色的波浪——
那顽皮的
　　活泼的
　　翡翠色的波浪
滚荡着，
推拥着，
追逐着流向远方，
活像一群天真活泼的孩子

> 永不倦怠地
> 追逐着一个美丽的希望。

嘉陵江上的渡船，于是便成了此岸和彼岸之间，现实和理想之间，眼前之物和梦想之物的联结者：

> 渡船！
> 渡船！
> 渡我到春天的郊野去呵！
> 我要到那波荡着
> 绿色的海洋原野，
> 那跃动着生机的
> 洋溢着春光的地方，
> 我要到那地方去唱歌。
> （唱一曲春天的歌。）

春天的郊野，即是眼前的、嘉陵江对岸的现实，又因诗人丰富充沛的感情投入，而变成了一个梦幻般的理想世界，变成了"那地方"。写实与象征，在这里得到了高度的统一。真正的象征，正如词语本身告诉我们的那样，恰好是附着在具体、鲜明的物象之上。怪诞、夸张、变形的描写或暗示，乃是浪漫主义者的俗套，而非象征。诗行的长短搭配，也使人联想到翠绿色的波浪的起伏，和诗人热烈的情感咏叹之间的交织变换。

追求理想，追求光明，一直是姚奔诗歌的重要主题。但这种追求，其实不必一定要像《我不放弃，谁能夺取》等诗那样，斩钉截铁地表露出来。同样地，所谓的抗战诗，也不必一定就要紧紧贴着抗战，时时处处不忘抗战。像《在那翠绿色的波浪上》这样，给人以生命的欢乐，给人以生活的信心，给人以享受生活的力量的作品，最终，也同样是为抗战服务。抗战的最终目标，还是人的健康成长，诗人的成长。遗憾的是，姚奔似乎对更能体现其艺术才能的这类诗作重视不够，反而更偏爱《给爱花者》一些。在这个意义上，抗战时期的姚奔，最终还是未能完成自己。

"未完成自己"的李满红

李满红（1917—1942），辽宁庄河人，原名陈庆福，曾用名陈墨痕，笔名有墨痕、满红等。战前就读于北平国立东北中学，抗战爆发后流亡重庆，与姚奔同为重庆东北青年升学补习班同学。1939年9月，考入设在陕西城固的西北联合大学外语系，1942年病逝。主要作品经诗友姚奔搜集整理，结集为《红灯》。另有诗作散见于《新蜀报·蜀道》副刊、《诗创作》、香港《时代文学》等报刊。长诗《向敬爱的祖国》由杨晦保存，直到1982年才得以面世。①

作为一个"还未完成他自己的年青的诗人"，② 李满红的诗歌有两个维度。第一，是以田间式的时代激情，慷慨激越地书写着"中国"这个宏大的超个人符号世界。与之相反的是第二，它对个人生活经验表现出了近乎自恋的热情和珍视，一直试图把它们纳入关于"中国"的宏大书写之中，完成家国一体的诗学建构。《听啊，中国在响》把"中国"视为有血有肉的生命整体，热情洋溢地歌颂了"四万万勇敢的狮子"共同发出的抗战的"咆哮"，预言了古老的、受压迫的中国必将获得自由和解放的光明前景：

> 在这粗暴的声音里，
> 　　汗流在明亮地滴，
> 　　血花在斑烂地飞；
> 而在这轰壮的声音里啊！
> 有奴隶的
> 　　智慧的闪电，
> 　　火光的泛滥。……
>
> 这浩大无比的巨响，
> 　　在向远方扩展，
> 　　向海外播扬。……

---

① 钦鸿：《李满红》，徐廼翔主编《中国现代文学辞典·诗歌卷》，广西人民出版社1989年版，第126页。
② 姚奔：《后记》，李满红《红灯》，国民出版社1944年版，第48页。

值得指出的是，在诗人的笔下，这宏大而粗暴的"轰响"已经脱离了自然和身体的外衣，获得了它现代的机械形式，"像旷野装甲的/拥挤着战士的列车"发出的呼啸，"像海上/容有百万吨的军舰"破浪直前的吼叫，"又像成千成万的/旋转着七八个螺旋桨的战斗机"在亚洲的天空里汇聚而成的马达的"震天动地的/大合唱"。这种比喻，不仅带上了鲜明的时代特色，而且标明了诗人心目中的"理想中国"的位置和动力源泉之所在。我们看到，在艾青和田间等人那里，支撑中国抗战和解放的力量，乃是过去时态的，甚至是直接从自然性的土地和身体中生发出来的原始强力。中国的抗战，也主要是对压迫的反抗，而缺乏未来的积极引导。虽然构思和表达，甚至具体的词句都受到了艾青和田间的影响，但李满红的《听啊，中国在响》实际上扭转了过去时态的力量对"中国"的牵引，把中国的抗战理解成了对未来时态的"机械中国"的积极主动的现代性追求，为抗战新诗的"中国"书写注入了方向性的新元素。

另一方面，作为流寓大后方的青年诗人，李满红对失去了的家园及其生活经验的想象与记忆，又天然地和抗战联系在一起。个体成长心理学意义上的童年经验，流寓者对家园的怀念，裹挟在爱国主义的反抗主题之中，获得了超个人的普遍意义。个人为抗战而歌，抗战反过来提升了个人经验的历史价值。在《海》中，我们看到，因日本军舰的蹂躏而失去了"家乡的海"的诗人，一方面自觉地调整自己的时代位置，时时提醒自己在"祖国的原野上"，和宏大的"中国"站在一起，同时又尽情地展开回忆和想象的翅膀，袒露了童年生活经验真切、细腻的诗性细节：

> 远远地看，
> 那袂联无缝的水和天
> 隐约地缀着细小的白点，
> 那飘在波浪上的渔帆啊！
> 那舱里满载着
> 还张合嘴的鱼介吗？
> 而沙滩上
> 仍有青盏蟹傲气地
> 竖起像火柴头似的眼睛横爬吗？

仍有海螺迂缓地
画一条弯曲的线迹滑行吗?

并最终将细腻生动的个人切身经验,纳入了抗日爱国的怀乡主题之中:

总有那一天,我奔到她的身边,
海仍然认识我的,
海会微笑着欢迎我,
海会跳跃着欢迎我,
海会用潮水和浪花欢迎我,
海会用漩涡和泡沫欢迎我……

那时候,我不再有海的梦,
海有她的波涛,她的风。

李满红独特的诗学抱负,也就体现在这里:时时处处对日常生活保持着高度的敏感,捕捉并记录着他心目中的诗性细节的同时,又对"中国"等宏大主题充满了热情,极力想要把细微的个人经验与宏大的时代使命缝合在一起。其成功之处,是"一粒沙里看见世界",把对中国抗战等宏大主题,落实到了真切、具体的日常生活之中。如组诗《乡村小唱》中的《草鞋》:

一把龙须草,
做一双草鞋;
草鞋成串地
　　挂在路边的茶棚上。

战士从遥远的山道来,
掏出铜元买了草鞋,
穿在宽大的脚掌上,

到北方去了。……

全诗宛若一幅景物写生画,不着一言而时代风貌跃然纸上。《我走向祖国的边疆》则把行走在旷野上的个人解放感、追逐异方的青春梦想、对祖国的热情歌颂三者亲密无间地融合在一起,为跋涉在"西北途中"的自己,留下了一幅交融着个人激情和时代色彩的画像:

我呼吸着旅途的风尘,
走向祖国的边疆;
边疆的山林美丽而橙红,
边疆的秋阳亲切而明朗。

来自大戈壁的骆驼呵,
你蒙古的漫长的行列呵,
背负着庞大的棉花包
我知道,祖国的战士,
将在隆冬的战壕里温暖了,

而从南方来的运货车
也将无量的盐,粮,油,糖,
运往遥远的边疆,
饥荒的边疆
不就有了充足的滋养?

我恨不是一个运转手,
但我却是一个歌唱者
我将以战斗的歌曲
播唱给祖国的北方。

我呼吸着旅途的风尘,
走向祖国的边疆;

边疆的河水流向大海，

边疆的秋风来自北方……

旅途中的个人见闻和感想，恰到好处地与"中国"，与爱国主义的宏大主题结合在一起。诗人歌颂着"祖国的北方"，个人"旅途的风尘"因此而汇入了大时代的洪流，变成了中国抗战生活的有机成分。

但自始至终想要把他的切身经验与"中国"、抗战之类的宏大主题联系起来的结果，是李满红的诗歌缺少变化，丰富性和多样性不足。不少诗作，甚至颇为生硬、空洞，流于标语口号的倾向。而对个人生活经验的过分关注，则带来了个人感伤的毛病，反过来拉开了他与抗战大时代的心理距离。在后期诗作中，李满红开始尝试着突破以个人切身经验为立足点的创作倾向，在《哀萧红》《失去铁轨的火车头》《枪的故事》等诗中致力于发掘更广泛的"东北抗战"生活经验，并加强了叙事性。作品的情感基调，也从慷慨昂扬，向着低沉有力的一面发展。但遗憾的是，英年早逝的他，最终未能完成自己的艺术生命，"惋惜与悲哀因此也就留给我们了"。[①]

解放区诗人孙滨

孙滨，也是《文群》副刊诗人群的重要成员。孙滨，四川江津（今重庆江津区）人，本名凌文思，除"孙滨"外，另有笔名凌静、凌离、凌丁等。抗战之前，就开始在宜昌、重庆等地报刊发表诗作。1939年底赴延安学习和工作，其间大量在《国民公报·文群》副刊、《新华日报》副刊、《文学月报》《抗战文艺》《诗创作》等大后方报刊发表作品。20世纪50年代后，长期在天津工作和生活。由于工作和生活在解放区，诗作却发表在大后方报刊，且以后从未收集过，孙滨抗战时期的诗歌创作，因此既未引起延安或解放区文学研究者的注意，又未被大后方文学研究者接纳，一直处于双重的遮蔽和遗忘之中。

孙滨发表在四川大后方的诗作，有两个相对比较集中的主题。第一，是抒写和记录了大后方青年"走向北方"，寻求光明与个人新生的理想主义心态。第二，是描写投入解放区之后的"新生活"。长诗《哈勒欣河的

[①] 姚奔：《后记》，李满红《红灯》，国民出版社1944年版，第48页。

《六月》的灵感和激情,来源于前苏联军队在哈勒欣河(诺门坎)战役中对日军的重大胜利。后来的历史事实证明,这次战役对中国抗战的格局和走向,产生了复杂而深远的影响,但在当时中国作家,却很少有人注意到这一似乎离中国抗战过于遥远了的事件。孙滨的《哈勒欣河的六月》,是为数不多的例外。诗人一方面在战役尚未结束,双方仍处于胶着状态之际[①],就对日本侵略者发出痛斥,预言了其必将再一次陷入失败的悲惨结局,另一方面,又以此为灵感的源泉,描绘了一幅洋溢着浓郁乌托邦气息的草原生活景象:

> 六月的太阳
> 明耀的照在北方
> 照在黑龙江,
> 与兴安岭的高峰上:
> 兴安岭的积雪融化了,
> 凝固的川河
> 涌起汹涌的波浪,
> 这哈勒欣河啊!
> 正怀着青春的欢歌,
> 流进贝尔湖去……
> 沿途留着歌唱。
>
> 在这无垠的漠野上,
> 居住着古老而又年青的民族。
> 从八百年的睡眠里醒来
> 已经赶超最先头的竞赛者,
> 他们似无忧无虑的过着
> 像骆驼一样的生活。
> 在牧场上,
> 绵羊像星子的点缀

---

① 这首诗发表在1939年9月16日的《文群》上,诗末注明写作时间为"六月"。

在初夜的天空；
少女的牧歌
飘漾在贝尔湖上……

即便在当时，想来也很少会有人对这首诗的地理学和民族学知识感到满意。对"森林中的强盗"们的叱责，也显得过于单薄了些。这首诗，实际上是政治感情和个人"乌托邦"想象的混合物。而且，后者的成分，远远大于前者。今天来看，这首诗主要的意义，就在于它写出了远在南方的诗人，对遥远的"北方"的想象，表达了诗人对另一种生活，另一个世界的浪漫之爱。

这种洋溢着乌托邦气息的浪漫之爱，再加上对侵略者的仇恨，推动着诗人踏上了"走向北方"的旅程。《北漠的过客》，记录了诗人"走向北方"途中极富戏剧性的一幕：从南方"走向北方"的诗人，在一个叫作"兰家河"①的地方，遇到了怀着同样的理想主义激情，从北漠"走向南方"，"走向抗战的心房去"的一群青年人。简短的交谈之后，又各自踏上了自己的道路，向着自己理想的目标走去。所谓的光明世界，因而没有了地理学意义上的"北方""南方"之别，变成了追寻者的信念和认同。诗人写道：

呵！在祖国的廖阔的胸脯上，
你去南方，
我去北方，
应尽我们最后的一点气力，
为争取祖国的自由。
再见吧！
雁群闪摇着落日，
而路途还遥远呢！

1939年底，经过长途跋涉后，孙滨终于抵达延安，踏进了沐浴着令人

---

① 推测起来，应该是位于临汾和宜川之间的吉县兰家河。

眩目的阳光的新天地：

> 山林迎接着太阳
>
> 河流迎接着太阳
>
> 村庄迎接着太阳
>
> 原野迎接着太阳
>
> 而且都是亲热地
>
> 露着微微的笑脸
>
> ——《我们活跃在生产战线上》

在这个理想的"光明世界"里，一切都那么新鲜，那么令人激动不已。开垦荒地，集体生活，崭新的人际关系等等，都变成了诗人抒写和讴歌的对象。

抗战进入相持阶段后，在抗战与建国并重的策略引导下，以四川为中心的大后方文坛上，出现了大批以后方生产建设和资源开发为主题的作品。孙滨以延安大生产运动为题材的诗作，很自然地，大量出现在大后方报刊上，汇入了"建国文学"的大合唱。孙滨的特别之处，是在开发自然资源这个维度之外，引入了人的成长主题，一面盯着作为开垦和征服对象的荒地，一面回顾开垦荒地和征服自然的劳动主体，把征服自然和劳动者的自我改造两大主题结合起来书写，形成了一种单纯，甚至粗糙，但却热情洋溢的"报告诗"风格。

以前引长诗《我们活跃在生产战线上》为例，初到"光明世界"的孙滨，睁大着好奇和机警的眼睛，事无巨细地，用速写和报告的手法，把开荒的整个过程，完整而详实地记录了下来。诗中不仅充斥着诸如"一千九百八十亩荒地/六十头羊/二十头猪及鸡子""五十七队开荒二十四亩/五十八队开荒二十八亩"之类的细节，而且，像点名簿似的，罗列了大量开荒者的名字：朱大眼、运输队的麻子、阿宁、"血统工人"、王首道同志、"国际友人"、诗人、杨主任、军事干事、胡松同志……对大后方读者来说，这些名字或许仅只是一种抽象的符号，一种为了营造真实感而采取的"诗化"策略。但对作为垦荒的参与者和亲历者的"诗人"孙滨来说，这些名字，却是一个个有血有肉的

"自己人"，浑身上下充满了只有"自己人"才能体会和激赏的亲密特征。这种对细节和名字不厌其烦的罗列，因而首先是共同体内部的"壁报写作"，一种生产共同体内部亲密感情的写作机制。

在这种"自己人"所特有的亲密感情的作用下，"真"（生活）在孙滨那里，直接变成了"诗"，——更准确地说，是比"诗"更高级的存在。"诗"的问题，转化成了如何书写和记录"真"，如何"模仿现实"的现实主义写作问题。相应地，"诗人"，也就变成了被"现实"的劳动所改造和生产出来的存在：

> 诗人躺在新的土壤上
> 敞开白皙的胸脯
> 迎接着太阳
>
> 山鹿在对面的山腰上散步
> 野鼠在他的脚下逃跑
> 新的感情在他的心上滋长
>
> 是的，诗人写了许多诗篇
> "人类第一次的劳动
> 就是文明的开始
> 轻视劳动的人
> 才是罪恶无疆"
> 在前天的晚会上
> 他向我们朗诵过了
>
> 啊！诗人的手皮也打起泡
> 而且是流血了

从诗歌艺术的角度来说，最抽象的虚构和最具体的写实，也在这里，得到了完美的统一。确实地，诗人是"躺在新的土壤上"，躺在他和战友们一起，亲手开挖的"新的土壤上"，但这片"新的土壤"，却又是人类历史上最合乎理想、最具乌托邦气息的"美丽新世界"。垦荒的过程，因而顺理成章地，变成了诗人孙滨"迎接太阳"，"新的感情在他的心上滋长"的过程。有必要强调的是，孙滨这首诗写于1940年4月11日，发表在1940年9月15日出版的《文学月报》第2卷第1—2期合刊上。这时候，距离延安整风之后的"改造知识分子"运动，还有不算太短的一段时间。

对孙滨这样从大后方"走向北方"的诗人来说，"诗"（艺术）与"真"（生活）的问题，从来就不是美学的或艺术观念的问题。早在抵达延安之前，孙滨就已经在大后方报刊上发表作品，成为美学意义上的"诗人"。因而，他之"走向北方"，就绝不是要在延安发现或者写作美学意义上的"诗"，而是要颠倒既有的"诗"与"真"之间的等级关系，发现另一种"诗"，一种按照"诗"的理想建构出来的"诗生活"。在这样的情形之下，延安的"光明世界"成为孙滨的"诗原型"，写诗变成了模仿和记录"诗生活"的现实主义问题，就再自然不过了。

不仅如此，从"外部"加入"自己人"的共同体内部的孙滨，还比原先的"自己人"表现出了更强烈的认同感。"外部人"的经历，让他有对比，有参照，更能体会到"自己人"的重要意义。在《散歌》里[①]，我们看到，孙滨除了热情而细心地记录着劳累了一天的"自己人"如何放下一切，加入热烈欢快集体舞蹈的细节之外，还特别虚构了一个因为"要创作"而独自躲在一旁的作家形象，对其发出了"给我滚出来"的当头棒喝。在诗人看来，由"自己人"组成的共同体内部，"大家都在一起／纵然就是谈神谈鬼"，也远比"对着那样厚厚的一本一本的书／水笔在纸上不断的写"的"文学生活"要有意义得多，重要得多。因为，眼前的休息，眼前的集体舞蹈，乃是为比"诗"，比"文学"更重要的"诗生活"而展开的一个前奏，一个积极的准备：

是的
我们都有更重大的课程和工作

[①] 该诗最初发表在桂林出版的《诗创作》第8期（1942年2月）上，后经修改，删除本文引述的"粗暴断喝"等内容后，以同样的题目，发表在1944年9月出版的"火之源文艺丛刊"《诗》上。

我们都准备了更大的决心来吃苦
但，现在
我们应该像一群狮子的跳踏
一群乌鸦的吵叫

延安所特有的"诗生活"，通过对孙滨的改写，开始了自我增殖的历史过程。而孙滨苦苦追寻的"诗生活"，也日渐褪去其"诗性"光芒，开始了向着"现实生活"回归的去魅之旅。由于这个缘故，孙滨后来的写作，如《山川海洋集》等，虽然延续了"报告诗"写作的早期风格，但却越来越松散，失去了对读者的吸引。

这倒不是说孙滨只能写散文化的"报告诗"。他的才能是多方面的。他一方面善于驰骋想象、摹写空灵的宏大境界，另一方面又善于捕捉具体而坚实的意象，让两者在叠加中，生产出虚实交融的诗境。在《鸡毛信》中，诗人以散文化的"报告诗"手法，叙述和交代了熊椿接到鸡毛信，立马跳起来，告别妈妈，消失在黑夜之中，奔跑着传递紧急公文的情形后，诗人笔锋一转，站在人物和事件之外，站在太行山之外，俯视着一切，把诗境推向了与天地浑然一体的极致：

啪！又是枪声。
但，妈妈相信游击队，
鬼子不敢来，
静静的守住火坑，
等儿子回来。

雪在浓密的下，
风在呼啦呼啦的吹，
太行山，铁的城堡，
有谁攻得破呢！
鸡毛信在夜里飞驰。

胡拓、丽砂、王璠、芮中占等诗人

在《文群》副刊发表作品较多，艺术个性比较鲜明的诗人，还有胡拓、丽砂、王璠、芮中占、唐玖琼等人。

胡拓（1915—1987），湖北松滋人，曾在武汉参加过"一二·九"运动。抗战初期，从事战地宣传工作，后到宜昌、重庆、桂林等地任教，参加过中国战时儿童保育会的工作。除《文群》副刊外，还有不少作品发表在《新华日报》《大公报》《诗创作》《现代文艺》等报刊上。20世纪50年代后，长期在松滋县文化馆、图书馆等部门工作。1986年，以松滋文化馆的名义，自费印行诗集《太阳照在她的头顶上》，分三辑，收录了不同时期的诗作五十九首，但仍有不少散见报刊的诗作未录入。

胡拓抗战时期的诗作，大致可分为两类。第一类是贴近时代，直接反映抗战生活，抒写抗战主题的作品。第二类是以乡村生活为对象，较多个人抒情气息的诗作。前者的代表作，是发表在《新华日报》上的《太阳照在她的头顶上》。该诗描写一乡村劳动妇女，在丈夫即将入伍前夕的内心世界，叙述了她从痛苦、犹豫，到最后毅然决定欢送丈夫出征的心理过程。虽然知名度较高，但诗中的心理描写，事实上比较空洞，"满腹心事又想到民族国家身上／如果大家都不肯当兵打仗／如果后方都不肯去支援前方"之类的诗句，就明显不可能是乡村妇女的"心事"，而更像全国通行的宣传口号。倒是诗人想象中的情境和肖像，热烈而高昂，宛若一幅鲜艳夺目的宣传画，不失为全诗最有光彩的片段：

哦，太阳照在她的头顶上
她的心里豁然亮堂堂
在明天欢送出征的人群中
还要叫人们看出她一脸亮丽的阳光

另外一些纪实性较强的作品，则在如实刻画战时中国社会生活画面的同时，把笔触延伸到民族生存精神深处，显示了胡拓善于捕捉细节并发掘其重大历史意蕴的诗歌才能。《不是诞生在"马槽"》以耶稣诞生在马槽里的故事作为参照，刻画了在日本侵略者的空袭中，孕妇"在掀掷着铁与火的仇敌的机翼下/拥挤着受难者的隙缝中",在"昏暗、窒息、潮湿而闷热的防空洞"里产下"我们的人之子"的情形。在炮火的洗礼下,在诞生与死亡的亲密关联中,胡拓庄严地写下了个体生命的诞生,与民族命运的历史交融:

> 众人所期待的喜讯降临了——
> 被孕育于苦难岁月的新人类
> 呐喊地滚进了战斗的新世界……

从写作时间和相关内容来推测,《在荒废的园圃里》一诗,应该是诗人在南川县(现重庆市南川区)中国战时儿童保育会直属第七保育院工作时的作品。作品描绘孩子们收拾荒废了的园圃,铲除杂草,翻开泥土,撒播种子的劳作生活,把作物的生长,和孩子们在劳作中的成长并置在一起,做了热情洋溢的歌颂。瓜果的藤蔓的抽芽、伸展,变成了"有着美好心事的孩子"们的新生、成长的直接隐喻,直观的写诗和象征性的歌颂,取得了较好的统一。

在直接的抗战题材之外,胡拓还把眼光转向乡村生活,留下了不少格调清新的抒情作品。诗末注明写于"1942年7月,重庆市江北"的《夏的田野》,写诗人在夏天的傍晚,漫步在田塍上的所见,感情热烈充沛,意象生动鲜明,洋溢着诗人对生活,对世界的感激和热爱:

> 那披着红色发丝的玉蜀黍
> 向我招手
> 那蜷曲着身子爬在三角架上的扁豆
> 向我招手
> 那蹲在路旁的黄色南瓜花
> 向我招手
> 那在青枝绿叶中探头探脑的瓜瓜果果
> 都在向我招手
>
> 而她们

全是那样笑笑嘻嘻地
　　摇摇摆摆地
挺起她们的肚子啊
啊，夏，是大地怀孕的季节
我要为她唱一只催生的曲子啊

这类作品背后，隐含着胡拓的身份认同。诗人不是以旁观者的身份，而是以"地之子"的身份和眼光，抒发着植根于土地而又感激着土地的真挚感情。《垦殖者》① 表达这种感情说：

我的力也像果实一样在膨胀，
我的心洋溢着喜悦，
我恨我没有巨大的手臂来拥抱土地，
我要感激这给予人类以巨大恩惠的土地！
于是，在清新的气流里
我尽情地歌唱了
我依次地巡阅着：
　　麦茎被穗子压弯了身子
　　豆角累赘得豆萁抬头不起
　　油菜谢尽了黄色的花瓣
　　……

哦，
是收获的季节了，
我期待着一串晴朗的日子！

《我是又回来了——我的乡村》，也表达了同样的感情。乡村和田野，构成了诗人的精神家园，诗情的源发地带和情感归宿。但，"又回来"的

---

① 四十年代南方青年诗人的笔下，多次出现的"垦殖者"一词，其意义和内涵，大致和三十年代诗歌中的"地之子"相同。

前提是抛离，是曾经的离开。诗人显然感受到了"垦殖者"正在承受着巨大的尴尬和不合时宜。"那座污秽的城市"，"那肮脏而喧闹的城市"，表明了这种压力和挫折的现代性来源。在《过街的牛》里，① 诗人把这种"垦殖者"与城市之间的现代性断裂，转化成了"一头来自田野的牛"，与"爆发着繁荣的市街"之间直观而尖锐的对立：

> 一头踏着沉重的脚步
> 不安地走在硬梆的马路上的牛
> 一头刚刚耕耘过一顷田亩
> 又走到另一顷田亩去的牛……
> 伴随着它的主人
> 是条粗犷的汉子
> ——这一对形影不离的伙伴啊
> 在市民睥睨的眼光下：
> ——哈，多么愚笨呀，这头牛
> ——哈，多么乡俗呀，这条汉子
> 文雅得苍白而倦怠的市民们就满足的笑了
> 笑声是那样的清冷和僵硬
> 像小石子落在冰块上
> 于是膘壮的牛惊慌地跑了
> 于是粗犷的汉子也惊慌奔跑了
> 于是熙熙攘攘的市街上腾跃起一阵
> 　母亲急切去养育婴儿的脚步声……

这个戏剧性的场面，显然不完全是写实。对这头牛的来龙去脉的交代性叙述，和对市民们的内心世界的透视，表明了诗情的来源不是外部的"现实生活"，而是潜隐在诗人精神世界内部的某种不安和紧张。

---

① 该诗有两个版本。其一刊发在 1942 年 12 月 22 日《国民公报·文群》副刊上，语气和用词都比较尖锐而直露，对"市民们"的刻画也过于尖刻。其二刊发在同年 12 月 29 日桂林《大公报·文艺》副刊，经修改后收入诗人自印诗集《太阳照在她的头顶上》的修改本。这里引述的，是第二个版本。

循着这种紧张和不安，诗人很自然地，从抗战初期的歌颂转向了诅咒，转向了对战时大后方社会腐败和黑暗现象的揭露和批判。在太阳之外，胡拓的笔下，越来越多地，出现了"夜"的黑暗形象。《雾与路》较早地把因阻碍了日军的大轰炸而被认为是重庆的繁荣与安全之庇护者的雾，转化了成了特务政治的象征，写出了它"毛茸茸，湿濡濡的/假着夜的黑翼庇护/趁火打劫地伸过来饕餮的舌头"的令人厌恶的恐怖形象。《夜的葬曲》以波德莱尔的笔法，写出了现代都市的另一副面孔：

  夜
  仿佛一个妖艳的淫妇
  以诱惑的姿态
  淫荡地迷糊着人啊
  叫人们沉湎于她秽亵的怀抱
  ——夜是淫奔而迷惑的呀

  夜
  有如一具腐烂的尸体
  蒸发在炎炎的日光下
  发散着无比肮脏的气息
  ——夜是血腥而恶臭的呀

不同于波德莱尔的是，胡拓对都市之"夜"的描绘和刻画中，羼入了明显的政党政治因素，把对都市现代性的批判，压缩成了政治性的控诉和批判。

相应地，曾经在《太阳照在她的头顶上》等诗里热情召唤农民入伍的胡拓，也逐渐冷静下来，注意到了作为"垦殖者"的农民进入队伍之后的悲惨遭遇。《航行在洞庭湖上》揭露了新入伍的壮丁不是死在抗日的战场，而是死于混乱而野蛮的管理机制，死在运送往前线途中的悲剧。《哀歌》刻画了新入伍的农民兵，因病被抛弃在路边的稻草堆里，在苍蝇和死亡气息的包围中，等待着咽下最后一口气的情形。该诗的题材和用语，都令人联想到英国诗人奥登在中国写下的总题为《战时》十四行诗集的第十八首，即通常被按照汉语习惯命名为《给死去的中国士兵》的一首。但其结局，却少了奥登式的轻松和乐观，而多了对独具中国特色的腐败与黑暗的愤怒批判：

> 你病倒在一处比猪栏还要污秽的茅棚里
> 久久地闭不拢眼睛，断不了气，
> 家里的人也不会知道你垂危在这里，
> 而长官们却扔下一具活尸体！
> 不过，
> 　　领粮饷的花名册上，
> 　　一时还不会抹掉你……

随着战时中国社会政治环境的变迁，胡拓这种批判色彩也越来越强烈，最终引领着诗人汇入了政治讽刺诗的创作大潮。诗人后来的创作，也因此而逾出了我们的论述范围。在某种意义上，这也是政党政治文化的视域，逐渐规约诗人的视野和感受力，最终把胡拓富于张力的现代性紧张感，成功地压缩成了纯一的政治立场的自然结果。

丽砂（1916—2010），四川江津（今重庆市江津区）人，原名周平野，除"丽砂"外，笔名还有平野、群力、李沙、青果、周丽砂等。中学时开始在重庆报刊上发表旧体诗，1935年考入万县师范学校，开始在《川东日报》等发表新诗、散文和小说。1941年，开始在《国民公报·文群》副刊、《新蜀报·蜀道》《诗创作》《火之源》《枫林文艺》等报刊大量发表诗作。20世纪50年代后，在上海从事教育工作，作品散见于《人民文学》《诗刊》《星星》《新民晚报》等报刊，有散文诗集《冬天的故事》[①]。

组诗《昆虫篇》，是丽砂最广为人知的作品。这组诗最先发表在1942年6月出版的《诗创作》第12期上，包括《萤火虫》《蚯蚓》《蚂蚁》《蜂》《蟋蟀》《蚕》《蝶》《猪儿虫》等八首小短诗。随后，又增加了《蝉》《蛆》，扩充为十首，发表在1942年9月8日《文群》副刊第452期

[①] 关于诗人生平的介绍，参考了《中国当代诗人传略》第1集（四川文艺出版社1989年版）"丽砂"条。按：从相关内容推断，该词条系诗人自撰。

上，小标题和文字，也有所改动。其中的《蝶》和《蚯蚓》两首，当时就被闻一多选入了《现代诗抄》。此后，包括《中国新文学大系 1937—1949》在内的各种选本，均全录或选录了《昆虫篇》。而事实上，这组小短诗更像是格言警句的汇聚，属于废名所谓"做题目"的写作，而非现代意义上的新诗。最初发表时为《星及其他》，后被改订为《星云集》的一组小短诗，也和《昆虫篇》一样，可以归入哲理诗之列。倒是另一组小短诗《生命的执着——献给成长在寒冷季节的》里，虽然总体上仍未摆脱"做题目"的窠臼，但却不乏想象生动，意象鲜明的作品。如《红萝卜》：

  同照在太阳光下
  流滚着红通通的血液的
  指头一样
  我们的红萝卜
  是土地的指头呢
  是农民的指头呢？……

还有《青菜》：

  生长在冬天
  从寒冷而又辽阔的雪地上
  伸出一只只嫩绿的大手
  向奔走在旷野的行人打招呼
  向春天打招呼

但总的来说，丽砂的作品大多从抽象的理念出发，格局比较促狭，语言也较为生硬和拘谨。偶有生动的意象和生活的实感，但却缺乏铺陈和展开的能力。在这个意义上说，散文诗倒或许是更能发挥其才能的艺术形式，——但这，已经不属于本书的论述范围了。

王璠，生平不详，除《文群》外，另有作品诗歌和散文作品散见于《新蜀报·蜀道》、桂林版《大公报·文艺》《中国诗艺》等报刊。从相关作品来推测，当属于在炮火中经历过"汽车火车招待我，荒村茅店收容我"①的辗转西迁，先后到过在重庆、乐山等地的青年诗人。《河边》描述自己因抗战而不得不告别家乡西迁的情形说：

> 从此我去向迢远；
> 把二十年记忆掩埋在墓底，
> 掘起的是一抔乡土；我带走
> 并一支最熟悉的田歌；
> ……唱着水的温柔水的媚，
> 水的悲欢水的盛衰史。……
> 再见，南运河，
> 再见，两岸的垂杨树，
> 两岸依堤而筑的人家，
> 两岸人家屋上的炊烟，
> 我们曾是五代的老乡邻，
> 两百年来食于斯，
> 衣于斯，生息于斯。
> 河水涨，河水落，河水流，
> 祖父度他的暮年，
> 父亲度他的盛年，
> 而我度过了我底童年。

结合行程的第一夜，"船泊在瓜州渡"等语句来看，大致可推定诗人系江苏北部大运河沿岸人氏。

发表在1940年2月29日《文群》副刊第128期上的组诗《乡行短呗》（四首），就是以诗人辗转江南，一路西进的经历为背景的作品。组诗第一首《夜宿村民茅屋》，写出了诗人对普通而善良的中国民众的关心，表达了诗人无言的感激。第二首《公路所见》，记录了抗战初期上下一心，军民合作的新气象。为了阻滞敌人的进攻，"公路已经肢解"，车、马、人

---

① 王璠：《给乡亲们》，《大公报·文艺》1941年6月26日。

的行进因破路行动变得分外困难,

> 但是这些民间的骡马群
> 却如此茁壮:
> 背上驮着大米袋
> 和洒落在袋上的阳光,
> 憩息在路侧。
> 更在牲口后面的脚夫
> 开始蹲下并装上旱烟
> 贪婪地吞吐。
> 他们多来自收获的黎明的农村:
> "我们把这些粮食送到
> ××军的大营去,
> 他们出的价比行市还高。"

《敬礼》则是一幅速写,记录了某个不知名的村庄,在敌人即将到来之际,动员和组织民众扶老携幼,带着生产和生活工具疏散,坚壁清野以困扰敌人的情形。既有对疏散群众集体群像的总体勾勒,又通过对不知名的基层工作者的具体描绘,表达了诗人含蓄而深深的敬意:

> 犁头,铁铲,三角锹,
> 行李,碗,盆,锅炉,
> 男人,女人,年老的,年幼的
> 人,人,人的流。
>
> 一个拿白铁扩音筒的青年
> 向人群呼喊:
> (他底嗓音已经喑哑)
> "记着把我们底武器带走,
> 我们底粮食一粒不要留,
> 还有各人庄上的牲口!"

汗水在他头顶上吐冒着蒸汽，
又飞快地向后面的人群奔去。
他底身躯健康而高大，
他底嗓音已经喑哑。

组诗前三首偏重写实，《童谣》则偏重主观感受，抒发了诗人因为偶然听到的童谣而情不自禁地迸发出来的对民族的力量，对祖国之未来的深切信仰。

"亲妈亲妈，
飞机来了你不要怕，
我去当兵你不用记挂！"

从此我将不再吟哦世上一切粗滥的华丽诗句
在自然的天籁面前
只应当低头。
祖国的孩子们，
你们这些信口的讴唱，
使我想象泰古时代的
那些茹毛饮血
和洪水猛兽斗争的初民，
他们慢慢创造了语言，
为了企图表达出
人类最纯正的欲望。

而你们
使我更为感动的
是你们底天真，
和一点不假修饰的心声。
如像夏雨后，
栖息在修篁林中的小鸟，

>   自由而欢欣的啁啾。
>   你们的母亲将会微笑,
>   当他们得到清闲
>   看着孩子们在游戏,
>   因为她们是幸福的,
>   值得骄矜的幸福。

诗人这里流露出来的感情,显然不是写实,而是把内在的感伤之情,投射到他者身上的结果。这在某种程度上,也反映了抗战初期中国知识分子敏感而丰富的精神世界,一种切切实实的"抗战感伤"情绪的普遍存在。写实与抒情,就这样在《乡行短呗》中,得到了有机的统一。

《丰碑》一诗,熔写实和象征于一炉,是较早反映日军对重庆进行的无差别大轰炸的成功之作。全诗围绕着"这是一个终结,/这是一个开始"展开,前者写"在空中飞行的撒旦们"在夜里投下燃烧弹,熊熊大火焚毁了中国的工厂,导致了既有一切的终结;后者则写黎明到来之际,工人们穿过冒着烟火的道路,走进工厂继续工作,宣告了工厂的新生,宣告了新的一天的开始,"新生的工厂哟,/又吐出金属的繁复大合奏,/应和着工人们底粗重的呼吸"。两者的联结点,是中华民族必将在炮火的洗礼获得新生的普遍性时代观念。套用诗人的话来说,《丰碑》既是战时历史特征的写实,又是高度成功的象征,金属的繁复的大合奏和工人们的粗重的呼吸,交织成了中华民族在抗战的炮火中走向新生的旋律。也许不完全是巧合,"这是一个终结,/这是一个开始"的重复,弥漫在诗中的毁灭之火,以及诗人对诗歌命运的沉思,都令人联想到 T. S. 艾略特的《四个四重奏》。

芮中占,生平不详。从其相关作品的内容来推断,应该是天津人,抗战爆发后参加过战地工作,经徐州、上海等地,流亡到大后方的青年诗人。除《文群》外,还曾在《新蜀报·蜀道》副刊、桂林《大公报·文艺》副刊等发表过作品。比较有特色的,是发表在《文群》副刊第 159 期的《新子夜歌》,和《诗创作》第 11 期"长诗专号"上的《后方夜曲》。两者共同的主题,都是个人欲望和时代要求之间的冲突,风格也比较近似。

一百六十余行的《新子夜歌》，假托一个和前线大部队失去了联系，跋涉在泥淖和黑暗之中的战士的口吻，抒发了拒绝后方的安宁和爱情的诱惑，毅然决然地把战友当作"情妇"，返回到了战争前线的时代情怀。全诗的矛盾冲突及其展开逻辑，乃是习见的大时代的要求，与个人情感之间的冲突，以及对个人欲望的自我规驯。难得的是，诗人把浪漫主义的直接抒情和象征主义的想象结合在一起，形成了一种伤感、低徊，而又轻重交替的内在节奏，反复的咏叹既表达了诗人对爱情的深深渴慕，又反过来衬托了投身大时代的决心。全诗不是以主题和情感结构，而是以抒情的语气和调子取胜，在铁马金戈的主流声调中，发出了子夜江南的清歌慢吟，确乎可以说是抗战时期难得一见的"子夜歌"。

　　《后方夜曲》长达五百多行，从"万里桥""宫墙"等字眼来看，极有可能写于抗战时期的成都。如前所说，这首诗的主题，和《新子夜歌》一样，是大时代要求和个人情感之间的冲突。不同的是，诗人进一步把这种冲突，压缩进了主体精神世界，转化成了自我内部的分裂，以及由分裂的自我相互交战而形成的冲突。伴随着铁与火，死亡和挣扎的前线生活，以一个遥远而真实噩梦的形式，时时刺激着诗人，不断地把诗人从后方安宁而祥和的生活中唤醒过来，召唤着诗人投入战争和死亡，投入真实的生活。作为记忆的战争经验，因而在价值和情感层面，获得了它压倒一切的真实力量，而眼前的月色、柳枝、小河等，则"如一座沦陷的城镇"，反而被记忆和噩梦推向遥远的后台，变成了越来越模糊，越来越轻飘的梦。战争记忆和时代的召唤等，在象征主义的想象中，获得了结实而具体的形式：

　　伤兵列车
　　新兵列车
　　壮丁列车
　　军马列车
　　铁甲列车
　　军需列车
　　…………
　　满满地

> 重重地
> 装载着二十世纪四十年代
> 苦难的中国
> 武装的中国
> 无休无尽地
> 战斗前进呵……

全诗既有贯穿始终的后方与前方生活场景的交替变换，又有大幅度的跳跃，和非线性的片段组合，显示了诗人较为出色的谋篇布局和组织才能。

唐玖琼，生平不详，曾在《文群》上发表过《樱花辞》《拍拍胸膛，我是铁——言志篇》《你哟，都门！》等诗作。其中，以发表在《文群》第133期上的长诗《你哟，都门！》第一部最为出色。靳以《编者赘语》介绍该诗的相关情形说：

> 根据作者的短记，知道这是三部曲中的第一部！原来是早已写成的，在敌机五月轰炸的时候被毁。这是从灰烬中寻得的残余的一部。
>
> 在这第一部，诗人寄托了极大的愤慨，我想是每个初到这个山城的人都会有的。尤其是怀了一颗更大的热烈的心，或是捍卫国家曾经淌过一滴汗，流过一滴血的勇士们。在这一点上，才可看出我们民族的活力，和不可征服的精神。假如我们安于这样的生活，为这样的生活辩护，那我就不知道怎样说好了。第二部是《都门，你坚实的骨干》，第三部是《都门，你向大道迈进》，都是诗人对现实一部生活的歌颂和对将来的希望。这不该只是诗人的意见，也是我们一般人的希冀。我们既不能随同他们糜烂，也不要他们就此糜烂下去配合当前的时代，我们希望每一个公民都是一颗坚硬的石子。原稿虽然焚化了，可是我们热烈的心，应该一直保持它的跳跃和忠恳，我希望每一个人都有这样的一颗心。

目前所能见到的，是《第一部：都门！你糜烂的外衣》，二百余行。这是一首气魄雄大的现代都市诗，也是最早明确地把重庆当作"陪都"来书写的大制作。如靳以所说，该诗是初到山城而又怀着一颗热烈的爱国救亡之心的"下江人"，对依然沉迷在纸醉金迷的太平盛世景象中的"陪都"生活的愤怒批判。作者以 30 年代上海现代派诗人书写"摩登上海"的笔法，淋漓尽致地刻画了在炸弹和蜂拥而来的难民船面前，依然歌舞升平，"旋律着/五千多年的太平曲"的"陪都"景象。我们看到，在"天下第一险"地理环境的庇护下，"陪都"的人们幻想着依托四川天府之国的财富和资源，心安理得地做起了"长安梦"。于是乎，难民船载来的不是战争的紧张，不是抗日救亡的热情，而是财富，是"下江人"的时髦，是千载难得的繁华：繁华的俱乐部，优雅的沙龙，大餐厅，电影院，戏场，"莲紫色的夜总会"，各色各样的时装，把"陪都"山城，装点成了冶艳而迷人的尤物：

　　光亮的皮衣
　　毛领上爱爬个茸濛狐狸
　　淫色的眉黛
　　一梭温香的玉
　　这玉体
　　一条依恋人的蛇
　　是写真
　　蜷曲的一绺云

围绕着这罪恶的尤物，整个城市也因此而从上海、南京、香港等地，传染了"肉的骚动"这一现代性都市病，深深地陷入了物质和欲望的深渊。病菌在重庆找到它新的乐土，肆无忌惮地流行开来，形成了一幅极具讽刺意味的拼贴画：

　　高贵的爵士乐震响若军笳
　　香槟开满如战地的炮弹
　　横飞地彩
　　迷离地烟
　　　大雪茄　和利克　（大炮台）

　　　　从不同的红唇里
　　　　抛出淫荡的烟
　　　　高贵的狐步舞
勃露斯　华而兹
雅典的探戈舞
蔻丹在纤指上惹了兽欲
口红在衬衣上印下樱嘴
钢琴上滑飞的
天上人间曲
却疯狂了
折痕的褂子　绸袍角　罗衣裙
革靴　光头　腰刀的镀银
燕尾服　髭须　精致的鞋跟
闪烁了披肩的环饰　金翡翠
葡萄酒殷勤把注夜光杯
黑咖啡永远有一股浓馥味
谁说这儿是庄严的新都
谁说这儿是战时的京门
……
这儿还是秦淮歌舞
箫鼓楼船
这儿还是有村戏淫荡的江山

面对这幅纸醉金迷的糜烂画面,诗人把爱国救亡的热情,化为一腔愤怒,发出了忍无可忍的大声叱责:

我不认识这陌生的面目
我不认这是战时的京都
若把这抬出烽烟中去比一比
你!我要咒骂,这糜烂的外衣!
你蒙哄了民族,哄了自己!

> 从今希望你焕发新生，一朝脱去！
> 谛听四方征战已经全兴起，
> 去罢！如烟如雾，我要撕掉你！

应该说，这首诗的主题并不新鲜。从唐代杜牧的"商女不知亡国恨，隔江犹唱后庭花"（《泊秦淮》），到南宋林升的"暖风熏得游人醉，直把杭州作汴州"（《题临安邸》），都在反复书写着这一古老而又新鲜的主题。诗人因满腔爱国热血而生发出来的愤慨，以及由此而来的对糜烂现实的谴责，事实上也并没有超出闻一多当年的《发现》：

> 我来了，我喊一声，迸着血泪，
> "这不是我的中华，不对，不对！"
> 我来了，因为我听见你叫我；
> 鞭着时间的罡风，擎着一把火，
> 我来了，那知道是一场空喜。
> 我会见的是噩梦，那里是你？
> 那是恐怖，那是噩梦挂着悬崖，
> 那不是你，那不是我的心爱！

今天来看，这首诗的价值，在于以"外来者"的身份，首次对重庆作了整体性的剖析，描绘了作为"新都"的重庆在抗战初期呈现出来的特殊现代性。作为内陆山城的重庆，第一次被纳入了从巴黎、纽约、伦敦、伯林，到香港、上海、南京、汉口的都市现代性书写谱系，展示了它虽然不那么贴切，但却不可忽视的"战时摩登"面目。就此而言，《你哟，都门！》不仅在"重庆书写"史上具有不可替代的重要性，放在中国现代新诗的都市书写传统中来看，也具有不可忽视的历史地位。全诗宏大的气魄，细密繁复的意象群，以及巧妙地穿插传统典故，化用新感觉派文学资源等情形，也展示了作者较为圆熟的艺术才能。令人深感遗憾的是，不仅我们未能读到完整的三部曲，这位颇具才华的诗人，也很快在诗坛上消失了踪迹。他的遭遇，在某种意义上，也是抗战时期作家的一个缩影。

第三节 《蜀道》副刊诗人群

《新蜀报》是现代四川新闻史上持续出版时间较长、影响也比较大的一份进步报纸。1921年2月1日创刊，社长陈愚生，总编辑刘泗英，编辑人员有穆济波、邓少琴等。为扩大影响，陈愚生还利用少年中国学会的关系，聘请了周太玄、黄季陆等为报社驻海外通讯记者。1923年，萧楚女曾担任该报主笔，发表了大量抨击社会时弊、传播新文化新思想的评论文章，在青年读者中产生了较大影响。到1930年代初期，该报发行量已达四千多份，成为了四川影响最大的报纸之一。抗战爆发后，周钦岳担任该报总编辑，漆鲁鱼、刘尊棋、萨空了、金满城、赵铭彝、姚蓬子、萧崇素等进步文化人士先后进入报社，《新蜀报》也从一份地方性的报纸，逐步发展成了全国性的大报。① 姚蓬子主编的《蜀道》副刊，也成了抗战文艺的中心刊物，涌现了不少颇有特色的新诗人和优秀诗篇。

《蜀道》副刊概述

《新蜀报》的《新蜀副刊》，抗战前已经出版了一千五百多期。1937年10月1日，从第1676期开始，改名《新副》，由金满城主编。《新蜀副刊》和《新副》的作者，大多局限于报社工作人员和本地青年学生，内容杂乱，艺术水准普遍比较低下。初来乍到的中央大学学生徐中玉，曾如是评价包括《新副》在内的几种重庆报纸副刊说：

> 这些副刊里所载的文章，从旧的观点说，不能尽称文艺，而且多半不能称作文艺。文章多半仅是各种事件，现象的，单纯的报告，再加上作者们大部很短于文艺的素养，所以文章之文艺的味道是很缺少的。但若从新的观点看，那么这些文章虽还不能说是成熟的文艺，到底不能不承认它们多半已是报告文学的萌芽。②

---

① 参见王绿萍《四川报刊五十年集成（1897—1949）》，四川大学出版社2011年版，第84—86页。
② 徐中玉：《文艺活动在重庆》，《抗战文艺》1938年6月25日第1卷第10期。

随着大量文艺工作者的涌入和机关、学校的内迁，《新蜀报》也开始大力革新副刊版面，以求摆脱作者队伍褊狭、文艺水准低下的局面。

1938年1月30日，复旦大学文种社假《新蜀报》版面，出版《文种》副刊。该刊为周刊，每逢周日出版。1939年1月15日，出至四十五期停刊。该刊"不是狭窄的同人刊物"，① 除文种社成员外，也刊发其他作者的作品。据《休刊小启》，该刊在近一年的时间里，先后收到"五百四十六份青年朋友的稿件"，② 在复旦大学和文种社之外，产生了一定的影响。张天授、玲君等，是其中比较活跃的新诗作者。1938年2月19日，报社又请新近从上海返乡的沈起予，创办《新光》副刊。抗战之前，沈起予就在上海积极参与进步文艺运动，主编过《光明》半月刊，交往和结识的文艺作家比较广泛，谢冰莹、姚蓬子、老向、茅盾等，都曾有文字见之于《新光》，较大地改变了《新蜀报》副刊作者的原有格局。6月22日，有感于戏剧在抗战中的重要性，《新光》又创办了刊中刊《新光戏剧周刊》，由陈白尘等主编，每周三出刊。这样，加上原有的《新副》，《新蜀报》就形成了同时出版四个文艺副刊的盛举，开始逐渐"摆脱地区性报纸的形象，显示出一个全国性大报的风范"。③

次年1月，为适应各方面读者的要求，报社又对相关副刊进行了改组，取消《文种》的同时，将另外三个副刊统一为《文锋》。《新副》主编金满城，交代改组的来龙去脉说：

> 简单说，今后的新副，是《新光》和《新光戏剧周刊》三种混合而成的；所以他的主编人除我而外，还有沈起予先生与赵铭彝先生。因此，从十六号起的新副，将不再如现在的单调，而将容纳一些纯文艺的作品，和戏剧问题的讨论。至于新光和新光戏剧周刊这两个名义，当暂不存在。
>
> 同样，文种、现代妇女、经济专刊，都将暂时停刊；而这三种刊

---

① 玲君：《文种的诞生》，《新蜀报》1938年1月30日。
② 王洁之：《休刊小启》，《新蜀报》1939年1月15日。
③ 孙倩：《抗日统一战线话语下的文学空间——重庆〈新蜀报〉副刊〈蜀道〉研究》，北京大学2005年硕士学位论文，第4页。

物的稿件，也一律在新副内渗和使用。①

从实际出版情形看，《文锋》实际上并没有成为"纯文艺"副刊，反而加强了综合性色彩，把"青年生活指导"②之类的内容，也囊括了进来。这在某种程度上，可以说是金满城长期在缺乏独立的新文学读者群体的内地编辑副刊而养成的习惯。《文锋》的作者队伍，也明显以报社工作人员为主，未能更多地接纳外地来渝的文艺工作者。因而这次革新，实际上并不算太成功。1939年12月31日，先后主编《新蜀报》副刊将近八年的金满城，因病辞去《文锋》主编职务，《文锋》宣告停刊，前后共出230期。

按金满城的说法，报社是"允许我暂时辞去编《文锋》的职务，而掉换一种较编《文锋》轻若干倍的职务"，而《文锋》，则将自1940年元旦起，由姚蓬子接手，"以一种新的姿态，出现于读者之前"③。但事实上，不仅"暂时辞职"的金满城未能再回到副刊主编职位上，姚蓬子接手编辑的副刊，也彻底斩断了和《文锋》及其作者队伍的历史关联，变成了一个崭新的全国性文艺副刊。

从1940年1月1日创刊，到1945年5月2日终刊为止，《蜀道》先后共出1128期。其中，1940年1月1日至1943年6月1日的《蜀道》，由姚蓬子主编。1942年以后，姚蓬子因忙于"文协"和作家书屋事务，逐渐把《蜀道》的编辑任务，交给了梅林。1943年6月2日起，梅林正式接手编辑《蜀道》，1944年5月2日出版第1128期后停刊。1944年8月3日起，诗人王亚平接手编辑《蜀道》副刊，刊号从"新一号"起，表明了和此前《蜀道》的区别。1945年4月24日，王亚平主编的新《蜀道》出第75期后停刊。④ 1945年6月14日，署名"殳少"的编者，再次复刊《蜀道》，刊号再次从"新一号"开始。但这个《蜀道》，已经变成了一个综合性社会文化的副刊，与新文艺没有什么关系了。

---

① 金满城：《小报告》，《新蜀报》1939年1月14日。
② 金满城：《理想》，《新蜀报》1939年1月16日。
③ 金满城：《除夕——一笔流水账》，《新蜀报》1939年12月31日。
④ 此处关于《蜀道》副刊的沿革，参考了前揭孙倩《抗日统一战线话语下的文学空间——重庆〈新蜀报〉副刊〈蜀道〉研究》一文的有关线索，但根据原始材料，校订了相关表述。

罗烽和方殷的"战地诗歌"

《蜀道》创刊伊始,恰逢"文协"的作家战地访问团相继返渝,整理战地访问材料和观感,埋首创作的收获时节。访问团成员罗烽、方殷等的"战地小诗",也就随着《蜀道》的创刊而出现在读者面前,成了昭示该刊坚持抗战第一,"文章虽好,倘与抗战无关,绝不刊登"[①]的编辑方针的最好窗口。

罗烽(1909—1991),辽宁沈阳人,原名傅乃琦,另有笔名洛虹、罗迅、彭勃等。早年在东北地区从事进步文艺运动,1935年到上海,成为东北作家群的重要成员。抗战初期,在武汉、重庆等地从事文学创作。1941年到延安,在"文协"延安分会、陕甘宁边区文化工作委员会等机构工作。在延安文艺整风运动中,以遭受到粗暴的批评而知名。1949年后,长期在东北从事行政和文化宣传工作。主要作品,收录在五卷本《罗烽文集》中。

1939年5月,在国民政府战地党政委员会、中央社会部等机构的支持和资助下,"文协"组织了由罗烽、方殷、杨朔、以群、宋之的、李辉英、白朗等十三人组成的"作家战地访问团",在团长王礼锡的带领下,深入中条山、晋东南等地,考察敌后游击区的军民抗战实情,搜集写作材料,推动敌后文化宣传工作。[②]以"战地小诗"为副标题的六十余首新诗,就是罗烽深入中条山敌后游击区访问和考察的产物。

记录日本侵略者在占领区烧杀抢掠的罪行,是这些"战地小诗"最集中,也最突出的一个内容。在《垣曲街景》中,我们看到,因为敌人的烧杀抢掠,繁华的街道变成了人间地狱:

> 垂死的街道上,
> 残留着敌人的铁蹄。
> 破瓦颓垣间,
> 呈露着被难者的血迹。

---

① 《稿约》,《新蜀报》1940年1月1日。
② 关于"作家战地访问团"的相关情形,可参见拙著《"文协"与抗战时期文艺运动》(北京大学出版社2011年版)一书第七章的有关论述,此处从略。

门上挂着锁，
院墙缺少半边，
老鸦在空房子里，
窃食几粒劫后的米。

城市如此，乡村也不例外。《观赈》记录了日寇在败退时，不仅焚毁了房屋，而且残忍地斩去耕牛的四蹄，摧毁了农民生产能力的暴行。《南渡村》刻画了敌人在溃退中"将农民所有的生机劫走"之后，"地上看不出是春是秋"，触目尽是烧杀之后的断垣残壁，战地人民只能挣扎死亡线上的悲惨景象：

荒草填满了壕堑，
瓦砾半掩着骷髅，
幽灯闪出个桃花面，
凄风送来几句温柔。

诗末，作者自注"桃花面"说："野妓"。短短两个字，道尽了正文中不忍言说的苦难。"温柔"两个字，更反衬出了这种苦难的沉重与悲哀。

烧杀抢掠是一面。另一面，敌人还利用沦陷区民生凋敝和老百姓普遍对生活感到不满的心理，展开欺骗性宣传，积极实施文化侵略。访问团曾在给中央社会部的工作报告中说，抗战进入相持阶段后，如何争取沦陷区民众，成了关乎抗战成败的关键环节。敌人深知"争取落后民众"，瓦解其抗日信心的重要性，"沦陷区之伪文化宣传，变本加厉。诸如修改历史、地方志、县志、教科书，以期我民众忘却其光荣的祖先；伪造各种形式之文化宣传品，以宣讲并推行各种政策，对民众屈躬卑礼，以消解民众之憎恶心理，组织各种联谊会、观览团，以宣传其文化建设，术精技险，无所不用其极"。① 在《樱井大尉哭坟》中，诗人刻画了日本强盗一手拿枪烧杀抢掠，一手展开文化侵略的丑恶形象：

---

① 《中华全国文艺界抗敌协会呈报送作家战地访问团工作概要呈》，中国第二历史档案馆编《中华民国史档案资料汇编》第五辑第二编《文化（一）》，江苏古籍出版社1998年版，第222页。

> 昨晚，敌兵拿着战刀，
> 　　把棋儿的爸爸砍死了；
> 今朝，樱井大尉，
> 　　抱着那个孤哀子，
> 到新坟上去凭吊。
>
> 樱井大尉向死者行致敬礼，
> 　　他像是棋儿的近族，
> 伏在坟前嚎啕大哭，
> 　　村中老弱惊动来了，
> 于是，大尉散发"日支亲善图"。

作家战地访问团的一个重要任务，是沟通前方与后方因交通问题而带来的隔阂，向后方民众传递和报告我敌后游击根据地的真实情形，反映他们的英勇事迹。罗烽的不少"战地小诗"，记录了敌后抗战的艰苦情形，以及所面临的困难。透过《医生，到前方来呀》，我们看到，由于医生和药物的严重短缺，"不中要害的子弹"造成的轻伤，乃至"一种轻微的流行病"，都成为了抗日将士们的不治之症。在大量本来可以避免的不必要的死亡面前，药物贵如"蚌珠"，"医生像颗金刚石"，只有战士们的生命，"仿佛一钱不值"。面对这种令人痛心的情形，罗烽忍不住面向后方，大声疾呼说：

> 医生，到前方来呀！
> 战争也需要你们救济。
> 医生，到前方来呀！
> 何必将"良心"埋在都市。

严重的医药短缺之外，还有物资短缺，给养不足，民众力量不足以支撑频繁的战争动员的问题。《赠棉衣》反映了初冬来临，"秋季的服装，／仿佛穿着一身冰"，但由于给养困难，战士们即使在夜里，仍然只能穿着"夏季的军装"，"走上夜的哨岗"。战士们忍饥挨饿，《抗战的马》同样遭受着给养困难造成的饥寒。罗烽写道：

> 一匹马的给养，
> 差不多等于
> 二等兵的饷钱。
> 为了困难的缘故，
> 从八元中减去一元。
>
> 那是说——
> 多加些草，
> 少拌点儿料，
> 让雪亮的刺马针，
> 依样磕着它的肋条。

而《工兵，用他们的鹤嘴镐》《山中生活》《担架》等诗，则反映了自然环境的恶劣和民众能力的缺乏，给中条山游击根据地带来的客观困难。

不过，中条山的将士们没有屈服于困难。罗烽的笔触，同样没有止步于对游击区的困难和不利情形的描写。"战地小诗"更多地，是反映将士们克服困难坚持抗战的英勇事迹，书写他们高昂的战斗意志，表达抗战必胜的乐观信念。《他们再拿起镰刀》描述了中条山游击区的将士们在战争停歇下来的间隙里，"从硝矿味的战壕中，／走到黄金色的田间"，拿起镰刀帮助农民收割庄稼，积极参加生产的情形。拿枪的时候"流着血"，拿镰刀的时候"流着汗"，在歌颂将士们英勇顽强的抗战意志的同时，也反映了抗战初期良好而和谐的新型军民关系。《他们没有休息》描述刚刚将敌人的进攻打退之后，将士们立即不顾疲劳，"在血战过的山地上"开始模拟演习，准备着粉碎敌人下一次进攻，歌颂了将士们每时每刻都在准备着战斗的旺盛斗志。《新的战士》以不加修饰的素描手法，为正在走向前线的新战士们留下了一幅速写，刻画了他们饱满的精神和乐观的信念：

> 新的战士，

穿着新的征衣，
他们愉快地走向北战场，
互相议论着，
从未接触过的顽敌。

他们视武器如生命，
用碎布缀成一件枪衣，
他们也知道爱惜自己，
折下路边的柳枝，
编成一顶斗笠。

正如战地生活并非纯一色的拼杀和硝烟一样，罗烽的"战地小诗"，也并不都是狭义的"抗战诗"。在观察和记录战地生活情形的时候，他也没有忘记大自然的美，没有忘记挖掘自己的体验和感悟。《在索泉岭上》仿佛一首唐人绝句，记录了诗人中条山之行的另一面：

秋雨，打湿了征衣，
在索泉岭上，
新雾又将山路失迷。

西风送来泉声，
寒云阴森森地，
在人的眼前飞腾。

孤蝉总是喊叫凄冷，
暴力横扫着枫叶，
脚畔常撩起一片片的红。

《残梦》《送远征》《别》等，则像是战地日记，记载了诗人的行踪和感悟，将自己的中条山战地之行，变成了一个有血有肉的丰富存在，也为访问团的行程，提供了一份宝贵的诗性记录。

作家战地访问团的另一面成员方殷，也在归来之后，创作了不少同类性质的诗作。方殷（1913—1982），河北雄县人，原名钟常元，另有笔名常式、芳茵等。1936年夏，在北平参与发起中国诗歌作者协会，与袁勃、孟英等合编《诗歌杂志》。抗战爆发后，先后在山西民族革命大学、上海救亡演剧一队等从事救亡工作，后到重庆，在李公朴主持的全民通通讯社工作，并积极参与了"文协"的诗歌活动。

方殷以作家战地访问团的见闻为题材的创作，既有以"策马中条山"为副标题的系列散文，也有诗歌。散文《战地的"蛇"与"手"》揭露了日寇在我游击区低价倾销工业产品，对我实行封锁和经济侵略的问题，也描绘了我方军民相互合作，在敌人的炮火下展开生产活动的健康气息和乐观精神。"农民在田野间，山腰间，和穿着草绿色的衣服的，作着耕锄的竞赛"的情形，恰好印证了罗烽的"战地小诗"《他们再拿起镰刀》的有关内容和精神气象。①《"什么病？""二等兵！"》② 和罗烽的《医生，到前方来吧呀》的内容相同，都是反映前线既缺少必要的医药，更缺少合格的医生，呼吁后方的名医们也"往前线跑跑"，为抗战尽一份力。

作为"策马中条山"系列散文的开篇之作，《黄河初渡过》则和他自己的诗作《黄河上的老舵手》构成了补充和对照。散文写实，记述了在敌人的炮火封锁中，从南村渡过黄河的情形。在敌我双方隔河对峙的最前线，"我们好像是刚刚坐定还没有来得及去注意船夫们究竟是用怎样一种方法，驶过这汹涌的激流，而船却已安然地靠近了北岸"，③ 把访问团成员平安地载到了目的地。《黄河上的老舵手》则从侧面落笔，表达了诗人对舵手和船夫们深深的敬意：

> 舵，在他手下把得紧紧地
> 那黄浊的激流啊
> 显得那么柔驯
> 那时，我无法说出我的喜悦，
> 我的对于他的敬意的心情

---

① 方殷：《战地的"蛇"与"手"——策马中条山之二》，《新蜀报》1940年1月8日。
② 方殷：《"什么病？""二等兵！"》，《新蜀报》1940年1月3日。
③ 方殷：《黄河初渡——策马中条山之一》，《新蜀报》1940年1月4日。

>我只是暗自吟咏着
>　"啊，你黄河的主人
>　你黄河的主人！"

抗战以来，"黄河的主人"已经从昔日来往于两岸的普通船工，变成了战斗在最前线的民族解放战士，"那一批一批的粮秣啊／那一箱一箱沉甸甸的子弹啊"，都经由他们源源不断"送往山的那边"，支撑着中条山的抗战。诗人的敬意，因而不单单是对技艺娴熟而胆大心细的船工们，更是对民族解放战士的敬意。

《哨兵》同样以虚写实，从侧面勾勒入手，向坚守着敌后的民族战士敬礼的佳作。以题材而论，《哨兵》毫无疑问是诗人深入战地的"写实"之作，但其艺术笔法，却超越了"写实"的范畴，变成了一幅优美的图画：

>这是一幅美丽的画图
>那山头，给它背后的
>蓝天画一道弧线
>而你，就站在这一片祖国的土地
>谛听着那旷野里发出的
>　那每一声响

这幅美丽而庄严的图画，它来自中条山战地，但又超越了中条山战地生活经验，和抗战时期大量线条简洁而黑白分明的木刻画一样，把眼前的《哨兵》变成了一个符号，变成了普通而平凡的民族战士的化身。但和木刻画不同的是，诗人从下往上，仰望笔立在山头的哨兵的视角，最后流溢出来，变成了诗性的抒情：

>我知道——
>你不愿意长久地站立在这个山头
>你愿意一步步追迫着敌人
>　滚出我们的国境

永远地守望狭隘边疆上

　然而，当我骑马
　走过你的山下
　向你行了一个举手礼
　你可知道吗？

抗战时期的方殷，除了直接书写抗战的诗作之外，还有不少作品，记载了个人在大时代里的心灵波动和情感历程。叙事长诗《平凡的夜话》，假托笔下人物之口，流露了一个曾经勇敢地参加过抗日爱国学生运动的革命者，在抗战的大时代到来之后的苦闷和彷徨。这个主题，承接着诗人早年在《旅人的心》等诗作中流露出来的"寻梦"主题，把它推进了追赶大时代的新阶段，构成了诗人抗战时期诗作的一个重要侧面。此外，方殷还积极参与了"文协"的诗歌通俗化运动，创作了不少优秀的朗诵诗。

任钧的"后方小唱"

从题目上看，任钧的"后方小唱"系列诗作，恰好与罗烽等人的"战地小诗"构成了颇有意味的对比。任钧（1909—2003）原名卢启新，广东梅县人，另有笔名卢森堡、森堡、叶荫等。早年参加过太阳社、"左联"等，并与人发起成立中国诗歌会，积极倡导和推进诗歌大众化运动。抗战爆发后从上海到成都，在四川省立戏剧学校任教，并与卞之琳、何其芳、曹葆华等人一起，积极推进成都新诗运动。1940年夏离蓉，前往国民政府军事委员会政治部第三厅、文化工作委员会等工作。抗战时期的任钧，先后出版了《后方小唱》《为胜利而歌》《战争颂》等三部诗集。另有大量诗作散见于《新华日报》《新蜀报》《大公报》《文艺阵地》等大后方报刊。

长期以来，人们一直认为，和正面战场、敌后游击根据地相比，四川大后方的生活即便不能说完全"与抗战无关"，也多多少少远离前线，与抗战缺乏紧密的血肉关联。但事实上，这完全是个误会。抗战进入相持阶段后，日本当局改变了战争策略，在拉拢伪汪国民政府的同时，把主要军事力量放在了对大后方城市的战略轰炸上，试图"迫降"重庆国民政府，达到他们在正面战场上未能达成的战争目的。为此，从 1939 年到 1941 年夏，日本侵略者以不区分军事目标和非军事目标的"无差别轰炸"战术，对重庆、成都、贵阳、桂林、昆明等大后方城市旷日持久的夏季大轰炸，死亡、财产损失、疏散、防空，等等，成了大后方民众在大轰炸期间的日常生活。① 所以，前线进入战事相对稀少的相持阶段的另一面，是以重庆、成都、昆明等大后方城市，在现代战争技术条件下，进入了空前惨烈的战争状态。

"后方小唱"最集中，也最重要的主题，就是对夏季大轰炸的书写。以题材和事件而论，从《警报》和《当警报发出的时候》到《怒火》和《解除警报》，从《敌机去后》和《炸后》，到《轰炸的"效果"》，"后方小唱"完整地反映和记载了侵略者对我大后方城市进行大轰炸的完整过程。但诗人并不只是简单而消极地记录，而是积极捕捉中华民族在轰炸面前的坚强、乐观和不屈不挠的抗战意志，最终把日寇的夏季大轰炸书写成了现代中国在战火中新生、成长、壮大的"国家故事"。

我们看到，在经过了最初的恐怖和震惊之后，《警报》激起的已经不再是惊慌失措和紧张不安，而是一种同仇敌忾的民族精神和现代"国家共同感"：

> 在那惊心动魄的长啸声中：
> 　　用同样的动作，
> 　　同样的心情，
> 千万人都同时站拢在一边。
> 同时感到共通的命运！

相应地，敌机在掷下燃烧弹，把重庆化为一片火海，"焚毁无数的高楼大厦"的同时，也激起了"每一个中国人心头的熊熊怒火"（《怒火》）。

　　而且，那一股股的怒火

---

① 关于这个问题的详细讨论，请参见拙著《夏季大轰炸与大后方文学转型》，《中国现代文学研究丛刊》2011 年第 7 期。

>   已经燃烧得比今天山城的烈焰
>   还要辽阔！
>   还要旺盛！
>   不久，它就要燃烧到你们的身边，
>   使得全部的杀人犯，放火者，……
>   都葬身在异国，
>   都变成"无言的凯旋"……

  最后的历史事实——盟军对日本本土的大轰炸，尤其是原子弹——印证了诗人在《怒火》中的预言：中国人民没有在轰炸中灭亡和屈服，反而是侵略者玩火自焚，把更猛烈、更旺盛的复仇之火，最终引到了自己身上。

  更重要的是，一股股熊熊燃烧的复仇《怒火》，在《敌机去后》，转化成了结结实实的"复兴和建设的歌唱"：修理电线的工匠、整理马路的工友、自来水公司的工友，还有无数的"失去了家的同胞们"，在弥漫着火焰的废墟上，在自己的岗位，开始了修复和建设的忙碌，共同奏响了民族"复兴和再建的歌唱"。在敌机的轰炸中，中国人民一方面复兴和建设着被毁灭了的物质世界，更培育和浇灌着不屈不挠的民族生存意志。透过《民族精神的花朵》，我们看到轰炸后的中国人民在顽强地建设着自己生活的家园：

>   空气中
>   还弥漫着浓烈的硝烟味道，
>   在那烧焦了的土地上
>   也还找得出同胞们的血迹；
>   但是，扫开败瓦颓垣，
>   一幢幢的新房
>   又搭盖起来了！
>   真像那些黄昏时节
>   陆续地出现在天空的星星，
>   更像那些生长在枯树枝上的嫩芽，
>   当春风吹来的时候。

这些匆促中搭盖起来的建筑，虽然简陋、寒碜，甚至还残破不堪。但在诗人眼中，却是最美丽、最坚固的建筑。因为它们"是建筑在大众铁的意志上头"的"民族精神的花朵"。诗人写道：

想想吧——
　　世界上有什么东西
　　　　比铁的意志还要牢靠呢？
想想吧——
　　世界上有什么东西
　　　　比这样的花朵还要美丽呢？……

侵略者的大轰炸并没有毁灭重庆，没有毁灭中华民族的抗战意志。相反地，它把抗战到底的坚强意志，变成了中国人民"自己的意志"(《一切都是由于我们自己愿意！》)，变成了不屈不挠地争取民族生存和解放的顽强斗争。在炸弹、废墟和硝烟中生长起来的民族生存意志，变成了一种有生命力的地方，就必然存在的自然欲望，就像在轰炸中《失去了家的麻雀》那样：

一只麻雀
　　从"日本制造"的废墟上飞过，
嘴里噙着一根干草；
在那废墟上面
　　还弥漫着浓烈的硝烟的味道

她也和我们一样呀——
在敌人的狂炸下，
失去了温暖的家！

但是，只要还活着，
她便马上开始筑造新巢；
你看

　　　　她正从"日本制造"的废墟上飞过，
　　嘴里噙着一根干草。

　　事实上，正是这种植根于自然生命本身的生存意志，推动着中华民族超越一切精确的计算和理智的分析，拒绝一切冷静的思考和通盘的筹划，不顾一切地把自己投掷到了战争之中。也正是这种从自然生命中迸发出来的生存意志，在一切精确的计算和理智的分析都看不出来中国有胜利的把握，一切冷静的思考和通盘的考虑都指向失败的时候，支撑着中华民族的抗战信心，并最终取得了胜利。

　　也正是在这里，在书写和建构民族生存意志上，任钧的"后方小唱"最终消解了"后方"和"前方"的界限，抵达了并紧紧抓住了抗战诗歌的核心母题，刷新了我们对抗战时期的大后方文学，乃至整个抗战时期中国文学的通行看法。

高咏和严杰人

　　在《蜀道》发表诗作较多的，还有两位新闻记者型的青年诗人，高咏和严杰人。而且，两位都是英年早逝的优秀诗人，未能受到应有的重视。

　　高咏（1920—1942），原名高云青，另有笔名咏青、白芸窗等，湖北武汉人。曾有新诗选本，将其误为"高泳"。1935年前后，开始在武汉当地报刊发表诗歌和散文作品。1939年到桂林，在范长江主持的国际新闻通讯社担任战地采访记者。1941年6月到晋东南，参与创办《新华日报》华北版，写了不少关于抗日根据地的通讯、散文和报告文学，在大后方引起了较为强烈的反响。从事新闻工作之余，创作了大量诗歌作品，散见于《新蜀报》《大公报》《新华日报》《救亡日报》等大后方报刊。1942年5月，在日寇的扫荡中，不幸壮烈牺牲。同人介绍他到晋东南地区后的工作和创作情形说：

　　　　高咏同志是知名的青年作家，在大后方时曾出版过长篇小说《随粮代征》《春天》等作品，他到敌后虽仅有一年时间，而向全国宣扬敌后光荣事迹与大后方进行文化交流，却贡献颇多。在繁忙的新闻报道工作中，从事文艺写作，三部曲长诗《漳河牧歌》，在五月反扫荡前第二部已经脱稿,并著有《诗论》一部。①

另一说是,除了长诗《漳河牧歌》外,还有一部正在写作中的长诗《漳河女儿曲》,牺牲时,已完成了千余行。②

新闻记者出身的高咏,很早就表现出了杰出的诗歌才能,以赴第九战区采访途中创作的"洞庭诗抄"系列作品,引起了诗坛的关注。"诗抄"以简练的白描手法,为以湖南和湖北为中心的第九战区,留下了一幅幅充满了时代色彩和风土气息的战地生活剪影。《憩店》刻画了简陋的"起火店",也卷入了大时代的战争,店主在深夜里自觉地拿起红缨枪去巡逻,用枪保卫家乡的小村庄,保卫自己"起火店"的情形。《破路的民众》叙述了战地民众为了抗战而破坏了平坦的道路,为了生产而又在夜里辛苦劳作,车水抢救庄稼的情形。第九战区为了阻碍和迟滞日军机械化部队的速度优势而采取的"化路为田"的战术,在诗人笔下获得了鲜明而具体的形象。《电话兵》记载了电话兵在战地架设电话线,保障战地通讯的情形,歌颂了他们为祖国、为抗战而付出的辛苦和劳累。

另外一些作品,则仿佛是旅途的情感日记,记录了诗人在洞庭湖地区的见闻和体验。末尾注明白写于"六月十三日渌口"的《起椗》,前半部分记所见,寥寥几笔,水天一色,勾勒了一幅明净而空灵的山水画。后半部分录所闻,透过黎明时分的集合号,为山水画注入了鲜明的时代气息。全诗如下:

> 湘江没有银河白,
> 却也有静,
> 浮一江星星。
> 粗棕索也太缠绵,
> 死死地缠住,
> 叫船连着船。

---

① 华北文化社同人:《纪念陈默君蒋弼高咏刘稚灵四同志》,原载《华北文化》1942年9月25日第4期,引自山西省文学艺术工作者联合会编《山西文艺史料》(第1辑),山西人民出版社1959年版,第277页。

② 徐廼翔主编:《中国现代文学辞典·诗歌卷》,广西人民出版社1990年版,第186页。

风在蔗田里醉了，
天静得太蓝，
也静得太甜，
船头有人亲切地叫唤，
该是集合了。
船就晃碎了身边的星星，
水波像云。
只有赶五更进城的人，
听见了集合号。
到省里传达一个消息：
说半夜里
可惜湘江上没有人送行，
开走了三船兵。

"六月十七日于沅江"的《沅江城》，则写实和歌咏相结合，透过笔下人物之口，流露了诗人对沅江城的赞美和欣赏之情：

沅江城站在水边，
数不尽的船，
在水边围成一条线。
有新到沅江的兵，
是北方人，
他有一些留连，
说洞庭好——
好的是水连着天。
到夜来，
水天真一色了，
只听见洞庭，
像年青人在笑。
天明后，正要开船，张帆，
有人说，沅江好——

> 好的是女儿多情,
> 劝男子当兵。

　　如果说,第一类作品,还因为记录和描绘战地生活实景而蒙着"写实"面纱的话,近乎情感日记的后一类作品,就可以称作是"画梦"的抒情之作了。《启椗》里的湘江夜色,其实不是诗人看见的实景,而是闭目想象所得。《沅江城》,则完全是在歌谣体的节奏和调子的推动下展开,而不是根据现实的景象来谋篇布局。一句话,在这类作品中,高咏不是根据现实的实在情形,而是根据"诗"的要求来想象和描摹湘江夜色,根据"诗"的语言节奏来剪裁"沅江城"。充满了浪漫气质的"骑士诗人"这个徽号,① 恰到好处地道出了高咏诗歌创作"画梦"的浪漫主义抒情性质。

　　从"画梦"的角度来看,诗人高咏其实在进入太行山根据地之前,就已经完成了自己。以语言和题材而论,早在1939年2月16日的发表在桂林《救亡日报》上的《清漳河》里,诗人就已经完成了自己的"漳河想象",建立了田园牧歌式的清漳河畔"抗战天堂":

> 清漳河
> 一支少女的歌!
>
> 昨天,
> 我站立在桃花林边,
> 看绿水流不尽红花片
> 听清漳河唱歌:
> "太行山中,
> 春色分外地浓:
> 桃花开,杏花香,
> 清漳河河畔洗衣裳。
> 呀!呀!
> 十七八岁的大姑娘!"

---

① 杨赓:《哭高咏》,《新华日报》1942年9月16日。

今天，我爱着我的岗位，
月亮换了戎装，
星星也布了岗哨，
清漳河却换了歌调：
"太行山中，
战争分外地浓：
杏花白，桃花红。
呀！呀！
十三四岁的小子打冲锋！"

一支战士的歌，
清漳河！

到晋东南之后的写作，只不过是把这个"抗战天堂"描摹得更精致，更合乎"诗"的要求罢了。细节上分丰富和修补，并没有逾出，更没有改变诗人早已经完成了的"漳河想象"。

不仅如此，诗人还明确而自觉地，把自己的艺术特色，树立成了中国新诗艺术发展的方向和目标。在桂林地区的"民族形式"问题论争中，高咏明确地把中国新诗的"中国化"归结为向群众的歌谣中学习语言艺术，具体而言，就是从歌谣中学习第一，最精粹的用语；第二，朴素的"形象化"；第三，生动的叙事性。① 他的长诗《漳河牧歌传》，实际上就是歌谣体的叙事长诗，通过把一个个相对独立的场景和片段连缀起来而构成长篇。其中的一些片段，曾经单独发表并被当作单篇作品收录，就是这个原因。

最重要的是，早在前往晋东南根据地之前，诗人就已经拟定了自己的创作计划。据朋友们回忆，他本来的目标是前往延安"加强学习和对现实的体认"，而文学上的创作计划，则是《延河之歌》和《一颗红星》两部巨著，"前者是具有历史性的叙事长诗，后者是毛泽东先生的传记"②。由

---

① 高咏：《论歌谣的语言艺术及其他》，《救亡日报》1940 年 8 月 9 日。
② 郭新：《期望的破灭——悼战友高咏》，《新华日报》1942 年 9 月 16 日。

于不幸英年早逝，他最终留下作品和朋友们印象——这种印象，也未必完全准确——雄心勃勃的创作计划不尽完全相同，但可以肯定的是：深入太行山的诗人，不是要去发现"新现实"，而是寻找和实现他心中的"梦"。

从诗歌艺术的角度看，他的叙事长诗《漳河牧歌传》，也只能算是一个变成了"现实"的，即破灭了的梦。以单篇作品而论，歌谣体的抒情调式，再加上根据地的新生活题材，确实给大后方诗坛带来了一股清新的气息。但是，当诗人把若干片段叠加在一起的时候，千篇一律的单调和枯燥之感，就不可避免地刺破了"史诗"梦想。而这，也是后来所有解放区民歌体叙事诗共同的致命伤害。

严杰人（1922—1946），广西宾阳人，原名严爱邦，另有笔名特克、弃市等。抗战初期，任《广西日报》战地记者，曾多次深入战地，发表过不少颇有影响的新闻作品。其诗歌作品，主要发表在《新蜀报》《新华日报》《文艺阵地》《现代文艺》和桂林《大公报》等报刊上，出版有《今日之普罗米修士》和《伊甸园外》等诗集。另有散文集《南方》。和一直追寻着"异方的梦"的高咏不同，严杰人始终关注着他的乡土，怀着忧郁的受难者的气质，来书写他的"南国"在抗战中的遭遇。

和高咏一样，战地采访记者出身的严杰人，也有不少直接书写战地生活的诗作。1939年11月，刚进入《广西日报》不久，"适逢昆仑关战役打响，他奔赴前线，采写了一系列战地通讯"①，产生了很大影响。从事新闻报道之余，他还创作了组诗《南行草》，为《邕宾公路上的筑路队》，和《冒雨行进的追击队》，录下了一段满怀深情的诗性记忆。《邕宾公路上的筑路队》里，诗人描述了应征前来的民众紧张而热烈地修复被战争破坏了的公路的动人场面，表达了对筑路民众的深深敬意：

他们
带着自己的粮食
带着自己的锄头
从百里外纠集而来

---

① 张中良：《抗战文学与正面战场》，社会科学文献出版社2014年版，第136页。

挖取土岭的肌肉
填补被破坏了的
公路上的一个个创伤
伐取顽固的老树底躯干
架设一座座的
从河的这边到河的那边底桥

他们一心修复这条公路
通到胜利的彼方
他们哪——
要联结起这破碎的河山

《冒雨行进的追击队》，描绘了我军先头部队不顾疲劳，冒雨强行军，追击溃退之敌的情形。我军的英勇顽强和胜利的激情，冲破恶劣的自然环境，为南国河山蒙上亮丽的光影：

雨点密密地打下来
可以听见雨点落地的声音
而像雨点一样密密地落在地上的
是追击队急促的步伐啊

追击队所到之处
野花也笑着来迎了
而站立在野花之旁
也像野花一样笑着
并且不断地以手招呼着的
是多情的南国姑娘啊
那些山峰
一个躲在一个的后面
他们是顽固得
今天也被感动得露出了笑容了

>   一日一夜的强行军
>   便走完了三百里的路程
>   疲倦偷偷地爬上了他们的脚筋
>   却爬不上他们的心

昆仑关战役，是中国军队以空军、炮兵、步兵、坦克等多兵种协同配合，对日攻坚作战的首次重大胜利，对日军造成了歼灭性的沉重打击，极大地"鼓舞了中国军队的士气"。① 或许是因为战斗和胜利都发生在家乡一带的缘故，诗人的感情分外饱满，分外热烈，使得"急就章"性质的《南行草》，成为了充实而熠熠生辉的抗战诗歌名篇。

除此之外，《夜袭》《烽火情曲》《将军》《播音部队》等，也是直接描写抗战前线生活的"不可多得的力作"。② 尤其是发表在《现代文艺》第2卷第3期上的《播音部队》，描写在华日本反战同盟人士对日军进行反侵略广播的情形，取材独特，在一定程度上反映了中国抗战的复杂性。以桂南和粤北抗战为题材的诗作，一直是中国抗战诗歌版图中的薄弱环节，严杰人《南国的边缘》《英雄树》《红水河》等诗作，在一定程度上起到了填补空白的历史作用。

诗人的情感世界中，包含着极富张力的两个极端。一极是超越自我和周围的生活世界，并反过来俯视大地，透视芸芸众生的劳作与生存状态的升华，另一极则是化身为大地，和芸芸众生一起承受命运的受难。前者赋予了诗人飞翔的欲望，和俯视大地的诗学视野。后者则化成了诗人的受难感，和用身体来认知世界的独特诗学品质。《小麻雀》通过对麻雀生活世界细腻的模仿和绘声绘色的生动想象，表达了诗人想要从周围生活世界中挣脱出来，向着理想和自由飞翔的生命欲望：

>   你们没有犀利的趾爪
>   没有尖锐的武器

---

① 军事科学院军事历史研究部：《中国抗日战争史》（中卷），解放军出版社1994年版，第507页。
② 黄泽佩：《论严杰人抗战题材的诗创作》，张中良、李建军主编《抗战文化研究》（第2辑），广西师范大学出版社2008年版，第114页。

在你们的世界里
没有互相陷害的阴谋
没有自相残杀的战争
你们的日子是和平的
我们行将要倒下去的人类社会
正要以你们的世界做模型
重新创造，再建起来

啁……啾……
啁……啾……
啁……啾……啁……

你们每天早晨在窗外叫着我
因为你们的呼唤
我才从沉睡里醒来

啁……啾……
啁……啾……啁……
你们的歌是那么地诱惑着我
我愿化为你们中的一个
一同飞到广阔自由的天空里去

　　但也正如现代诗歌史上无数望着"天边外"，怀想着"天上的花园"而最终因个人或时代的原因而只能把脚踩在大地上的诗人一样，年轻的严杰人"想要飞"的欲望，并没有发展成为完整的生存姿态，而是以神性视角的形式，反过来把诗人紧紧地压缩在了大地上，变成了诗人看待周围生活世界和确认自身存在形态的认知框架。

　　我们看到，诗人在《英雄树》《南国的边缘》等诗中描绘日寇给南中国带来的灾难时，就是以地图学的透视方式，居高临下地勾勒出来的全视角形象。把这种视角与自我认知结合的最完美的，莫过于《地球》一诗。在这首诗里，在宇宙学的神性视角中才有可能呈现出来的地球形象，反过来变成了诗人体认自我存在形态的喻体。在细腻而繁复地把不同的身体器官,和地球上不同的地理形态对应起来进行透视之后,诗人写道:

> 啊
> 我就是地球的全体
> 我负载着你们众多的人类
> 但我并不感到担当不起的困顿
>
> 我不息地旋转着
> 不停地转动着
> 但是我用一颗爱你们的心
> 吸引住立脚在我上面的你们
> 使你们不致因我的转动而跌倒

尽管由于身体器官和相关科学知识的限制,《地球》里的自我体认和书写未能完全循着诗性想象的逻辑自由展开,但仍然透露了诗人所特有的受难者情怀,和用身体来认知世界的精神特征。由于种种意愿不能脱离地球进入"天上的花园"的诗人,反过来把自己更深切地和土地联系在一起,在大地的受难、奉献和牺牲中,建立了自己身体化的生存世界。

在诗集《伊甸园外》的《题记》中,诗人曾交代其受难感和牺牲感的来源说:

> 我一向深爱两本书:那就是《希腊神话》和《新旧约全书》。为什么呢?因为那里面有许多为了爱人类而受难的圣人的故事,那些故事是那么的美丽,比之我的童年时代,每个有着美好的月光的夏夜里,我们端着板凳,在大门口外的空地上纳凉的时候,父亲一边摇着蒲扇,一边为我述说的那些故事,更要富有诱惑的魅力,他们是那样深刻地感动了我这幼小的心灵。
> 我曾经写过一篇歌颂今日那些为大众而牺牲的战士底诗,他们为苦难的人类创造幸福,正如希腊神话里那个普罗米修士偷取光明给在黑暗中的人类一样,而他们因为从事革命运动而受到监禁,受

到牺牲，也正如普罗米修士因为偷火而受到宙斯的惩罚一样。他们是普罗米修士一样仁慈而勇敢，一样伟大而崇高的，因此我将他们称为《今日之普罗米修士》。我的第一本诗集的题名，便是由此得来的。

说是《新旧约全书》和《希腊神话》哺育了严杰人的受难感和牺牲感也好，严杰人的受难感和牺牲感在《新旧约全书》和《希腊神话》里获得了表达符号形式也罢，可以肯定的是：诗人实际上是以《创世纪》中的人类受难，和普罗米修士为爱人类的牺牲两大原型来理解世界，命名和书写他遭遇到的一切。

如诗人所说，《今日之普罗米修士》一诗的主题，乃是歌颂为了大众的解放而牺牲的抗日将士，但从字面上，却不大容易看得出来这一点。普罗米修士神话原型的力量，在很大程度上吸纳并回收了中国抗战的现实情境，使得全诗近乎空洞的呐喊式抒情，且又借了别人的嘴。相形之下，出生于贫苦农民家庭，惯于在土地上操劳，熟悉土地性格的严杰人，在表达个人、土地、人类三位一体的受难意识上，却显示了高度的艺术才华。《牝牛的死》（收入《伊甸园外》时，改名《母牛的死》）蘸着深深的同情叙述了"来到我家三年"的牝牛苦楚而辛酸的一生之后，诗人的笔锋陡然一转，指向了人类永恒的命运：

　　然而
　　牝牛
　　使你受苦的不是我啊
　　我的命运
　　不是和你的一样悲苦吗
　　我们都是被枷锁在土地上
　　执行劳役的奴隶
　　在这世界上
　　快乐和自由的门
　　是不会为我们开启的
　　而温暖和饱足也向我们

伸出了拒绝的手
我们与疾病，痛苦
结下不解的姻缘

现在
牝牛
你已经死了
你不再受苦了
我的生命
从此却要耕犁着
更苦涩更坚硬的岁月啊

《饥渴着的田亩》描绘了田地的主人和田地一起，承受着夏日的干旱，承受着命运的折磨的受难感。而《仲夏夜》，则更进一步，把苦难、饥饿和寒冷，塑造成了人类永恒的命运。

这种从人类命运的角度来理解一切和命名一切的元话语，一方面固然把严杰人对现实的感受和思考引向了更辽远、更深厚的话语空间，打开了不同的维度来书写中国抗战的可能。但另一方面，却也在一定程度上把民族抗战个人化和自然化，变成了恒久不变的自然史链条的一部分，削弱了诗歌的历史感。

苏金伞、郭尼迪等诗人

在《蜀道》发表作品数量虽然不算多，但艺术个性却比较鲜明的诗人，有苏金伞、郭尼迪、索开、江村等。

苏金伞（1906—1997），原名苏鹤田，河南睢县人。1925年，开始在《洪水》发表诗作。20世纪30年代，诗作多散见于《现代》《大公报·文艺》等。抗战爆发后，任教于河南大学，在《诗创作》《文艺阵地》《大公报·战线》《现代文艺》等大后方报刊大量发表新诗作品。曾出版有诗集《鹧鸪鸟》《地层下》等，主要作品收集在《苏金伞诗文集》内。

抗战时期的苏金伞，保持了他一以贯之的"土气"，立足于农民心理和农村生活的角度，对抗战给中国乡村带来的变化，作细腻的书写。《我们不能逃走——写给农民》，从农民家庭日常生活细节入手，抓住农民舍不得热气腾腾的生活，舍不得家园和亲人的心理，大声疾呼"我们不能逃走"，号召农民"拿起家伙跟鬼子拼一拼"。繁复细密的物象细节、心理活动和语言，无一不透着浓郁的农村生活气息。"等把鬼子赶跑了，/再细细品尝那蓝天下/倚着锄头时一管烟的滋味"，活脱脱一个农民的生活理想，但却又有机地融进了抗战的时代洪流。《你太看扁了我》，写一向被人蔑视的底层农民，面对日本人的杀戮和掠夺而走上了抗日战场，挖掘潜藏在中国老百姓灵魂深处的"火性"，在把这种"火性"引向抗战第一线的同时，又写出了它与农民日常生活的内在关联：

> 马上我就走啦！
> 咱两个伙计多少年，
> 我的孩子，
> 你的操心照管；
> 还要劝我的老婆不要着急，
> 等把鬼子赶走，
> 再回来好好的过日子。

《腊月是结婚的日子》，同样紧紧扣住农民的心理，从农村生活节奏的角度，写出了中国农民毅然在结婚前夕奔赴战场的情形。

在上述诗作中，由农民和农村构成的"土气"，实际上已经构成了苏金伞的元话语，把中国的抗战事业，吸纳进入"土气"的内在逻辑，变成了农民和农村生活中国的一个有机环节。赶走鬼子，不是为了进入或创造一个新世界，而是为了更好地保存既有的"土气"世界，让这个泥土世界从被惊扰和被凌辱的非正常状态中恢复过来，"再回来好好过日子"。

苏金伞的泥土世界，绝非作为都市文明和工业主义的对立面而出现的现代性社会空间，进步论者心目中蔽塞、落后、愚昧的封建专制牢笼，而是一个超越了狭窄的人类社会空间极其阶级等级的宇宙空间。它生机勃勃，孕育万物，把包括人类生活在内的一切，都纳入了它永恒的生命节律。正如他在《土的气息》中写到的那样：

挖河翻出的湿土，
有森林的气息，
有雨中莴苣的气息，
使人生长，使人年轻；
并且使人悟到——
何以天地无言而万物生。

这气息有着大的浮力，
可以漂起密集的木舟；
也载动星日和河岳，
又有一种潜伏在流注，
启示沉默的深处有火。

很显然，"土气"世界之所以有能力把抗战也吸纳和化约而为自身的一部分，就在于它沉默深处的"火"，它孕育万物的巨大的生产能力。长诗《老树》[①]，从自然史和村庄史的角度，写出了大自然孕育了人类的生活世界，并最终又为了庇护这个生活世界，而在抗战中献出了一切的博大胸怀。关于这"一株老槐树"的传说，暗示了它作为万物生命之源的超越性，它在春夏秋冬不同季节里的生存形态，则俨然是一部村庄生活史，人类在自然节律和怀抱里的生活史。最后，当它被砍倒的时候，又成了一部牺牲和奉献的抗战史，——透着"土气"的农民抗战史：

但是现在这棵大树，
竟被伐倒了，
躺在贮满雨水
和蛙声的树穴旁。
几代的兴盛，
得了这样的下场，

---

① 苏金伞：《大树》，《新蜀报》1943年4月23、24日。顺便说一下，《苏金伞诗文集》（河南文艺出版社1998年版）收录的《大树》，实际上不完整，遗漏了第四节最后三行，和整个的第五节。

是为了什么呢？
——原来听说
城里派人下乡号大树，
于是所有的大树，
都被解体，
藏在家里了。
而这棵老槐树，
所以能得全尸的，
却有赖于昔日得它的恩惠的
人们的谣传：
说是在伐倒的当夜，
有人梦见树神显灵：
几百年的修炼，
一旦丧于不肖的子孙之手，
它当然有些愤慨。
然而所以不即时计较的
它说：
"是因为以自己的大材，
尚不尽支度的微责，
怎能不教小树们，
在大风里摇头躲避？
所以我愿作桥梁，
受千辆万辆车的压轧；
我愿作防御工程的骨骼，
不怕千弹万弹的抛炸，
切莫卖给刻薄商造栈店！
切莫卖给阔官造私邸！
不然，准教你们，
永远在蛇河里爬……"

也正因为它不是现代性话语所制造的愚昧而死气沉沉的社会空间，而是一个生机勃勃的大世界，苏金伞的"土气"世界与现代文明并没有构成浅薄者想象中的二元对立。相反地，他通过接纳现代文明而保存并增添了自身的活力，让现代性元素扎根在中国的"土气"世界里，变成了从大地上生长起来的有机存在。在《新的电线杆》里，我们看到，沿着公路展开的电线杆，"缝合了相距辽远的地带"，沟通了人类的感情，让"城市的温热"和"清新的生活感觉"变成了大地上的人们共同的创造新生活的动力，引导着我们走向强盛的"新中国"。文明的进步，和中国社会的发展，在诗人的笔下变成了大地伸展自己的存在空间，绽现自己无限的生命可能的欢快律动。

长期以来，中国农民、农村与抗战的关系，总是被叙述成农民如何摆脱了土地在他们身上打下的性格烙印，在与土地、与传统的断裂中"溶进新时代"的故事。与之相应地，抗战之前的农民和农村，也被叙述成了一具封建僵尸，在无可奈何中走向自己必然的死亡。而苏金伞的独具一格的"土气"世界，则提供了另一幅生机勃勃的农村生活画面，呈现了中国传统乡土世界永恒而生命活力。从而，也刷新了我们对传统与现代问题的理解。

苏金伞的诗里散发着阳光下"土气"的芬芳。郭尼迪的诗，则洋溢着青春的生命气息，简单、热烈，而又明丽。

郭尼迪，生平不详。从相关诗作来推测，应该是长江入海口附近海滨地带人。抗战之前，开始在天津《大公报·文艺》副刊等发表新诗，有诗作被孙望收入《战前中国新诗选》。抗战爆发后，从上海流亡到重庆，曾经到过北方前线。后返渝，在国民党中央文化运动委员会等机构任职。诗作散见于《新蜀报·蜀道》《诗创作》《战时文艺》等报刊。此外，还曾经在《文艺先锋》《时与潮文艺》等发表过小说、散文。

《我记起那些捡贝壳的女郎》，在眼前的实景和记忆中的故乡的对比中，抒发了因战争而流寓异乡的哀愁和对侵略者的仇恨，主题和结构，都比较简单。诗人的成功之处，在于把因为战争而失去了故乡的愤怒，和因为个人的成长而失去了童年的青春忧郁两者融合在一起，以个人成长史意义上的"失去"为根基，反复铺陈故乡的美丽和可爱，另一方又立足于民族解放战争史意义上的"失去"，把故乡的美丽和可爱转化成了对侵略者的仇恨，和光复故乡的急切心情。个体成长心理学意义上的"怀乡"之情，围绕着"捡贝壳的女郎"这个饱含青春浪漫气息的核心意象，尽情展现了故乡的美丽，也把全诗变成了一曲忧郁的青春恋歌，洋溢着生命的欢乐和对生活的热爱。《山城的五月》，也是比较成功的同类作品。不同的是，眼前的实景和记忆中的故乡，不再被简单地划分为两块，而是不断穿插交织，对照更为细腻和鲜明，诗情的发展也有了顿挫之感，显示了诗人在结构艺术上的进步。诗人的情绪，也在单纯的怀恋之外，多了一点成长的寂寞。

另外一些作品，《解冻季》《在阳光下》等，则表达了诗人对生活，对美好事物的热情。《在阳光下》，以象征和写实相结合的手法，真切地写出了诗人"从阴暗的屋子走出来"，进入广阔的生活世界，被阳光拥在怀里的激动和喜悦。《解冻季》则用白描的手法，描绘了严冬过去，春天来临的明丽而生机勃勃的景象，淋漓尽致地抒发了诗人对春天，对美好生活的热爱。

循着这种对生活，对美好事物的热爱之情，诗人开始出现了对现实的不满，和因为这种不满而来的对理想的现代性追求。《我记起那些捡贝壳的女郎》和《山城的五月》等诗，实际上也和"土气"十足的苏金伞一样，有个"离乡—归家"的传统模式，被迫也好，主动的追求也罢，"离去"都作为一种过程性手段，包含在最终目的"归家"之中。即便在《离渝小唱》中，诗人虽然"摒弃了子女对慈母样的依恋"，离开了"天空多雾的重庆"，但这种离开恰好是为了更好地把自己的生命和重庆结合在一起。但在《火车怀念者》中，我们看到了一个为了异乡和远方而不惜一切代价的现代性"寻梦者"，一个永远在渴求，永远在旅途中的精神符号。[①]对眼前"无秩序的喧哗"的抗议，和对生命的空虚与无意义状态的厌倦，诗人在急切地渴望着走出自己，"赶到他假想的车站，／匆促地搭上最后的一列车到远方去……"不是为了某个叫作"远方"的地方，更不是为了"到达"，而是为了在火车上，在过程中发现和享受生命的意义：

  他的脸变得可怕地苍白，

[①] 关于"寻梦者"现代性精神内涵的分析，可参见拙著《穆旦的精神结构与现代性问题》，人民出版社 2014 年版，第 3 页。

他的自由被禁锢在狭窄的室内！
旅客是多么渴念着火车啊！
驮载着人们的希望和幸福
从这一个城镇到另一个城镇的火车！
捐负着丰饶的粮食
去解救某个地方的饥荒和贫穷的火车；
装列着战斗的士兵
赴前方完成自由独立的任务的火车，
即使人们沉睡在梦里的时候，
火车也愉快地叫喊着，
在它的生命历程上
一息不停地在向前推进啊！

他好久没有听到火车的愉快的叫喊了，
他想念着
从车厢里可以望到的明快的河流，
纯净的蓝色的天穹；
甚至车站上的一个站员
挥一挥红旗的无味的姿势
他也同样地会感到欢喜！
如果真有一辆火车开到，
他会疯狂地从人群里挤上去，
即使被火车摔死他在绿色的原野里，
他不会怨，他是愿意这样死去的。

  这个弥散在 20 世纪中国新文学中的青春姿态，暗中改写了个人与民族抗战的关系，把"装列着战斗的士兵/赴前方完成自由独立的火车"，反过来变成了服从于和服务于诗人极度的精神渴求的道具。在这个意义上，郭尼迪的创作，实际上是对通行的抗战诗情感模式的反写，体现了个体生命如何从宏大叙事中挣脱出来，成为独立自由的精神符号的过程。他充满了青春气息的想象，和欢快的生命节奏，因而也成了沉重的抗战诗坛上难得的一抹亮丽。

索开（1918—1975），原名李索开，河南襄县人。抗战时期，曾在宝鸡参与西北工业合作事业，与王亚平共同主编《西北工合》。后到重庆，参加春草诗社活动。出版有《荒原的声音》《歌手乌卜兰》等诗集。另有诗作散见于《新华日报》《大公报》等大后方报刊。

从精神类型上看，索开也和郭尼迪一样，属于现代性的浪漫诗人，充满了对"奇异远方"的热情想象。不同的是，后者是直接抒发，而索开则通过题材的"奇异性"表达这种热情。《夜过龙驹寨》《这里》等表达对黑暗现实的愤怒之情的诗作，虽然知名度较高，但放在 20 世纪 40 年代的诗歌大潮中来看，其实并没有太多值得关注之处。真正引起诗坛关注的，是他依托于"色楞格河"而展开的"草原想象"。

现实中的"色楞格河"，发源于今蒙古境内的杭爱山北麓，北流注入贝加尔湖。没有任何传记材料，也没有作品的内证表明索开曾经到过那里，甚至附近地区。据《羊毛车》等作品推测，诗人有可能是在中国西北工业合作协会任职时，对经新疆、兰州转往中国内地的前苏联、蒙古等国的风俗和物产等有所了解，形成了他心目中的"色楞格河"，写出了所谓色楞格河的"草原牧歌"。质言之，诗人实际上是把自己关于抗战，关于"奇异远方"的想象，投射到他者身上，根据自己浪漫主义的臆想，写出了色楞格河的"草原牧歌"。

索开的色楞格河"草原牧歌"的奇异性，主要体现在自然风物方面。在组诗《鹰及其他——草原牧歌之一》中，我们看到了一个"遍地开满棕色的星花"，永远闪烁着明亮的星光的"没有黑夜"的蒙古（《鹰》）。在这里，放牧的劳作变成了吹着竹笛，自由自在的美学游戏（《羊与竹笛》）：

> 吹一声竹笛，
> 羊群走向河边去吃水。
> 又吹一声竹笛，
> 羊群走到山坡上。
>
> 山坡上的绿草软油油，
> 羊群吃着正肥美；

> 羊儿吃饱了，姑娘吹忽哨，
> 啊！调皮的羊群不见了……

而夜晚，则是音乐、美酒和爱情组成的人间天堂（《弹起你的三弦琴》）：

> 我打一壶高粱酒，
> 我两并坐树荫下；
> 你来弹起三弦琴，
> 我来唱句多尔玛——
> 让那天空的月亮掉下来。

不过，这只是索开"草原牧歌"的一个层面。正如任何一种差异性，都只能在同一性的天平上显现出来一样，色楞格河草原的奇异性，同样是被诗人预先置入了"我们"的世界之内的结果。因为这种先在的同一性，"他们"的奇异性，才变成了"我们"应该拥有的理想状态，变成了"我们"眼中的天堂。所以很自然地，不仅"高粱酒"的意象颇为突兀地出现在了遥远的色楞格草原上，更重要的，是"他们"那里也在进行着"神圣的战争"，美丽而多情的年轻女子，正在以她的爱情和泪水为武器，要求她的可爱的情郎拿起武器，参加"光荣的战争"（《色楞格河水是泪哟》）。"他们"那里，也曾经有过喇嘛，有过残酷的阶级剥削。只是在消灭了喇嘛，消灭了阶级剥削之后，才变成"我们"艳羡不已的天堂。（《鹰》）和近代以来世界范围内不约而同地兴起的创作潮流一样，奇异性的背后，最终是浪漫主义美学的政治性。

索开创作中的另一面，即《夜过龙驹寨》《这里》等作品对黑暗现实的愤怒抗议，也反过来，在浪漫主义美学的政治性中得到了合理的解释：对"那里"的歌颂和赞美，不是因为"那里"实实在在地存在着事物本身的价值，而是为了贬低"这里"——确实是"《这里》"——的价值。[①]

[①] ［德］马克斯·舍勒著，刘小枫编校，罗悌伦等译：《道德建构中的怨恨》，《价值的颠覆》，三联书店1997年版，第37页。

作为一种文学史现象，索开以"我们"的目光和"这里"的生存状态为根基，描绘"他们"的美好生活，尽情展现"那里"的奇异性的色楞格河"草原牧歌"，实际上已经开启了闻捷"天山牧歌"先河。

江村（1917—1944），江苏南通人，本名江蕴镨，著名表演艺术家，诗人。1936年，考入设在南京的国立戏剧专科学校。抗战爆发后，参加上海业余剧人协会、中国万岁剧团等戏剧团体，主演过《国家至上》《棠棣之花》《虎符》《大雷雨》《北京人》等话剧作品，是大后方知名度最高的剧人之一。1944年5月23日，因贫病迫害，在成都传染病医院去世。作为诗人的江村，作品数量不多，散见于《国民公报·文群》副刊、《文艺月刊》战时特刊、《新蜀报·蜀道》副刊、《文学月报》等大后方报刊。

在朋友们的印象中，江村"总是那一副诗人的忧郁的脸，同那带着一丝嘲讽的笑，但是随着年月的增长，他越来越沉郁，越来越消瘦了"。"是时代的苦难，是生活的辛酸，是一个诗人一个演员的悲天悯人的心情折磨了我们的江村"，导致了他过早的死亡。[①] 正如他没有来得及充分展开的生命一样，江村的诗，也是一团苦闷、忧郁、愤怒和生命的沉重等情绪交织而成的混沌。

《两首没有意义的诗》表明了诗人对社会腐败现象的愤怒，和对弱小者无声但却令人心悸的深切同情。精心选择的场景和意象，和对意象的反复渲染，再加上穿插自如的人物对话，表明了作者在克制主观感情的泛滥和戏剧化抒情方面的努力。但在《山城草·夜骑》中，这种本来旨在超越个人主观感情有限性的努力，却反过来，形成了在大地之上，怀着爱和悲悯来俯视芸芸众生的神性视角，导致了更深厚、更博大的情感之流：

　　一串玲琅的铃声
　　摇冷了山城半夜的街
　　一片轻捷的蹄声
　　扬起街头熟睡的灰尘
　　月亮还叫它拖一堆黑影
　　怕它载负的音信不够累

---

① 孙宗明：《哀江村》，《新华日报》1944年5月29日。

过一扇静闭的门
　　丢一束欢乐
　　过一扇静闭的门
　　丢一束悲哀
　　过一扇静闭的门
　　丢一个遥远的音信
　　千山外　万水外
　　有壮烈的胜利
　　有残酷的灾害

　　夜骑在疾行
　　一串玲珑的铜铃
　　摇醒了东天惺忪的晨星

　　通常的诗人都是用太阳，也即是在光明一侧来看待世界，但江村在这里，却是月亮，用黑暗中的光明之眼来看待世界。他眼中的世界有欢乐也有悲哀，有壮烈的胜利也有残酷的灾害，——不是说一边是欢乐，一边是悲哀，一边是壮烈的胜利，一边是残酷的灾害，而是说：在这个世界里，一个人的欢乐可能同时是另一个人的悲哀，壮烈的胜利的背面，乃是残酷的灾害。眼前的世界如此，千山万水之外的世界，同样如此。过去如此，现在如此，将来，也如此。所谓"悲天悯人的心情"，就是诗人面对这样一个混沌不分的世界而生发出来的沉重而又无可排解的大情怀。

　　问题的另一方面，是个人感情的挫折、险恶的政治环境，乃至因疾病而来的对生命、对痛苦的极端敏感，又把江村铸造成了一个内在感情极度热烈的诗人。或许与其痛苦的爱情经历不无关联的《风雨狂想曲》，见证了他狂热不安的内心世界。在"写实"外衣的掩护下，《灰色的囚衣》以象征主义的手法，表达了诗人想要冲破令人窒息的"人间底囚室"，冲破生活牢笼的焦灼心情：

　　　　生活在山国的人民，

> 坚强地
> 在苦难里熬煎！
> 千万颗赤热的心
> 是千万只想望自由的鸟
> 它将突破这灰色的笼啊！

诗人没有意识到，这种冲破牢笼的焦灼之情，和他"悲天悯人"的大情怀实际上是不相容的。对他敏感地意识到了一个人的欢乐或许是另一个人的悲哀，一方壮烈的胜利就是另一方残酷的灾害，并为此心悸不已的心灵来说，这种冲破牢笼的焦灼和狂热，显然不可能转化为指向他者的暴烈行动，而只能是反过来指向自身，内化为更为狂热，更为焦灼的自我折磨，自我消耗。痛苦和不幸，于是就只能被诗人理解为无可逃避的命运。长诗《旷野的悒郁》，就是江村把一切理解为命运的产物。"悲天悯人"的大情怀，转化成了一方面默默地看着命运的残忍，另一方面又只能承受着这种残忍的"老人"，一个尚未开始生长，就已经被纳入命运之必然轨辙的存在。

> 旷野里
> 人们底生命
> 扎根在久远的苦难里
> 生活的艰辛
> 是一根无形的铁索
> 勒死了人们底心。
> 埋下
> 　希望
> 　汗滴
> 　生命，
> 　和谷物的种籽……

从题目到忧郁的情调，《旷野的悒郁》都明显地受到艾青的《北方》等诗篇的影响。但和艾青不同的是，江村的悒郁直接脱去了战争、时代之类的外衣，直接指向了个人在大地上的命运。同时，他还直接消除了承受命运的崇高感和积极意义，把一切都变成了赤裸裸的生存的压迫，"勒死了人们底心"，预先将一切都置入了绝望的阴影之中，才有了所谓的"希望"。正如成为"老人"之后，才有了"暮年的期望和生路"一样，生命只有在终结之中，才有了自己的开始。江村的命运感，把战争、死亡和时代的痛苦等引发的思考，提升到了人类命运的整体性高度，为我们今天回过头来打量抗战时期的诗歌和文化，提供了新的视野。

第三章　平原诗社的歌手们

　　本章要论述的，是从组织华西文艺社开始，经重庆《诗垦地》同人的启发和鼓励，最终通过平原诗社和《诗垦地》丛刊，从中学诗歌爱好者和习作者，发展成了大后方诗坛上特色鲜明的一个诗歌群落的青年诗人的创作。为着叙述的方便，我们综合《华西文艺》、平原诗丛和《诗垦地》等不同阶段的历史存在，笼统地称为"平原诗群"。由于"平原诗群"的绝大部分成员，都不同程度地被卷入了著名的"胡风反革命集团"，不少论述，也就反过来搭乘顺风车，将其纳入了七月派的历史范畴。这种带着历史的"后见之明"叙述策略，固然为诗群部分成员在八十年代浮出历史地表提供了方便，甚至，也帮助我们较为准确地把握住了个别成员的历史地位和创作特色。但今天看来，这样的叙述策略，不仅掩盖了这个诗歌群落真实的历史面目，而且无形中把这群年轻人的曲折复杂的成长过程，简化成了一个从零散的不成熟状态，发展为"七月派诗人"的过程。

　　这在事实上，就等于坐实了"胡风反革命集团"的指控，把一个莫须有的重大历史冤案，变成了一个在历史发展中自觉或不自觉地形成的客观存在。当年的平原诗社重要成员何满子，就曾抗议说："其实这种观点，正是制造这一案件时造成的舆论。这种舆论的影响不幸至今还顽强地在人们头脑里打上烙印，以致即使为之辩冤的作者心目中仍然摆脱不了这种印象。众口铄金，积羽沉舟，舆论的习惯力量真令人吃惊。"[1]

　　为了摆脱这种"后设偏见"，我们必须抛弃从七月派出发"倒着看"的眼光，回到历史的现场，从这个诗群萌芽和起步的地方出发，"顺着看"，追溯这个诗歌群落的来龙去脉，才能把握他们各具特色的创作风貌。

---

[1] 何满子：《中国现代文学史上头等大事中一个小人物的遭遇》，晓风主编《我与胡风（增补本）》（上），宁夏人民出版社2003年版，第377页。

自然，对那些已经在七月派的框架内得到了较为恰当的安置和阐释的诗人，我们也照例尊重历史，不再将其拉进"平原诗群"，作重复性无效阐释。

第一节　从华西文艺社到平原诗社

何其芳等人影响下的"文学青年"

追根溯源，还应该从何其芳、曹葆华、周文、萧军等人抗战初期在成都的文学活动说起。我们看到，何其芳等人虽然或者怀着对成都的愤怒和失望，或因追求光明的"一颗红心"，或受党组织的委派，而先后离开了成都，但他们撒播下的新文学种子，却在时代大潮的推动下，不知不觉地开始扎根、萌芽、生长，并逐步汇聚到一起，形成了四川现代新诗史上第一个广泛而自觉的诗歌群落。

为了从历史现场出发"顺着看"，我们不妨先来看看几位历史当事人的叙述。许伽回忆自己和周围的同学们在英语老师曹葆华的影响下，走上诗歌道路的情形说：

> 除了讲课本，他还选讲英国诗人彭斯、华兹华斯及大戏剧家莎士比亚的作品给我们听。我们似懂非懂，却在不知不觉中引发了对诗的爱好。有一次，他不知怎么提到中国新诗人田间、艾青值得注意，于是我们几个同学就到祠堂街生活书店去寻找这两位诗人集子……

曹葆华的鼓励，"引得好多同学都做起新诗来。我们班上的板报上常常发表大量的诗作"，[①] 读新诗、写新诗的风气，开始在南薰中学流行开来。

来自成属联合中学（石室中学）的吴若嘉，在回忆寒笳（徐德明）的文章中，描述了何其芳、曹葆华等人在联中造成的影响：

---

① 许伽：《一颗红心走西北——曹葆华印象》，《母亲河》，四川文艺出版社1991年版，第98—100页。

那时学校语文（当时叫国文）课的教学思想相当守旧，课堂被国粹主义的卫道士们把持着，宣扬的仍是古先圣王之道，弥漫着迂腐的气息。读白话文，写新体诗……仍被看作是离经叛道的另类。这种情况直到抗战初期何其芳、曹葆华等来联中任教时才有所改变，在他们的影响下学校出现了"文学青年"。他们读新文学作品，谈论抗战文艺，写新诗……①

主编《新民报·新民座谈》副刊的萧军，也对当时成都的"文学青年"，产生了不可忽视的影响。任耕回忆说，萧军主编的副刊：

尽管既无稿费，又不退稿，然而，投稿的却很多，主要是些初学文艺的青年学生。萧军对青年学生是爱护的，并大力给以帮助。以笔者为例，我先后在《新民座谈》用胡毅、胡衍、先宣等笔名发表过近十篇习作，可以说每篇东西，都是经过萧军仔细修改的，从错别字到标点符号，他都认真对待，至于文字上的删改，那就更不知让他费了多少时间和精力。一九三八年暑假，成都中学生集中军训，有个叫文启蛰的高中学生，以书信的形式记录了他在军训中的见闻和感受，集成一本题作《信》的散文集，自费出版，要求萧军给他写篇序言。尽管这本《信》，即在当时看来，也是幼稚的习作，萧军也乐于从命，写了一篇《奴隶文学与奴才文学》，作为代序，印在书前。这是对文启蛰在内的青年的支持。②

一向独来独往的萧军，对青年学生和青年作者，却不辞劳烦地敞开大门，给予积极支持和热情鼓励。许伽的回忆，证实了青年作者可以敲门而入，直接拜访萧军，和萧军曾给投稿读者以"鼓励性"的回信的事实。③

这些潜移默化的影响，让成都的"文学青年"们，开始了以校园墙报

---

① 吴若嘉：《我所知道的寒笳——徐德明》，杜谷、徐叔通主编《陨落的星辰——徐德明遗著及纪念文集》，中国文史出版社2003年版，第125页。
② 任耕：《萧军在成都》，《抗战文艺研究》1983年第2期。
③ 许伽：《关于萧军的一点琐记》，《母亲河》四川文艺出版社1991年版，第102—103页。

为基础组织起来，走上文坛的成长之旅。以协进中学和石室中学的"文学青年"为主体的华西文艺社，就是在这样的背景下诞生的。

华西文艺社的成立

1939年夏，为了躲避日军的空袭轰炸，成都市内的学校均根据当局统一要求，疏散到外地或郊县，以减少不必要的伤亡和损失。协进中学和成属联中，都被疏散到了新繁县境内。任耕回忆说：

> 由于"协进"和"联中"都在新繁，两校相距不过七八华里，同学之间，过从较密，特别是爱好文艺的同学，更有共同语言。于是，由"协进"的岳军和"联中"的徐德明（笔名：寒笳）、王远夷等，几度磋商，以"协进""七七文艺墙报社"的成员为基础，并通过他们联系了一批为数不少的、当时在成都各报刊发表文章的作者，筹组华西文艺社。①

1939年冬，由协进中学和成属联中两所中学"文学青年"发起的华西文艺社，正式宣告成立。除了两校已经熟识的"文学青年"之外，该社还吸收了不少校外的作家和文艺爱好者，曾经是创造社成员的王影质，也参加了进来。综合前引任耕和杜谷②两人的回忆，该社主要成员有：蔡月牧（蔡瑞武，另一笔名：岳军）、石时（赵光鲁）、任耕（赵适）、寒笳（徐德明）、王远夷、王影质、黎方、杜谷、白堤（周志宁）、尘殷、文启蛰、刘振声（即芦甸，当时笔名：波心）、刘唐禹（刘开阳）、高塞、方强、若嘉（吴才独）、许伽（许季华）、左琴岚（白易）、丹蓼（余昆）、彝铭（葛珍）、孙跃冬、陈道谟、芜原、曾士风、陈海萍、王佩玱、顾牧丁等，共四十余人。核心人物是蔡月牧、寒笳、白堤、任耕、杜谷和芦甸。社址最初设在斌升街2号白堤家，后改在白丝街71号任耕家。据说，"中间还曾在将军街租过一个小院，并挂了块招牌，但为时不久"。③

该社的主要活动，是成立以蔡月牧为主的编委会，出版了《华西文

---

①③ 任耕：《忆华西文艺社》，《抗战文艺研究》1985年第1期。
② 杜谷：《万里桥边怀芦甸》，《新文学史料》1993年第4期。

艺》。该刊于 1940 年 3 月 15 日创刊，同年 10 月 15 日出版第 5 期后停刊。其中第二、三两期为合刊，故实际上只出版了四期。此外，还曾借《快报》副刊的版面，出版过近十期的《华西周刊》。从已经出版的四期刊物来看，《华西文艺》的作者，实际上并不仅仅局限于社内，除了白堤、寒笳、杜谷、许伽、任耕、蔡月牧等社员外，还刊发了常任侠、方敬、刘盛亚、毛一波、王晨牧等外地知名诗歌作者的诗作。借助于《华西文艺》，以协进中学和成属联中等校学生为主体的"文学青年"们，终于跨出校园，走进了抗战文坛。

此后，由于经费困难，社团骨干蔡月牧、寒笳分别考入武汉大学和东北大学离蓉等原因，华西文艺社的活动，很快随着《华西文艺》的结束而陷入了停顿。但正如任耕所说：

> 从筹备成立到停顿，从创刊号到第五期，华西文艺社仅短短一年的历史，在成都文艺界却产生了一定的影响。比如以陈道谟、徐季华为首组成的挥戈文艺社和稍后由徐季华、卢经钰和安琦三位女青年创办的《拓荒》文艺，都是受到《华西文艺》的影响而扩散开来的。特别是抗战后期，在重庆《诗垦地》的影响下，成都组织的"平原诗社"，也还是以原华西文艺社部分爱好诗歌的成员，作为基本力量的。①

任耕这里提到的挥戈文艺社，成立于 1941 年 7 月，主要成员都是四川灌县（今都江堰市）人，有陈道谟、徐季华、安琦（安旗）、谢宇衡等，曾出版《挥戈文艺》月刊。1940 年出完第 1 集共六期后停刊，1942 年 4 月复刊，出版第 2 集第 1 期后停刊。② 徐季华（许伽）、谢宇衡发表新诗作品较多。《拓荒文艺》，则是当时的南薰中学高中生许伽，和安琦、卢经钰等人一起，于 1942 年初创办的一份文艺刊物。从 1942 年 3 月 25 日出版创刊号，到同年 11 月 1 日出至第三、四期合刊后停刊，《拓荒文艺》前后共出四期，存在时间不到一年。但这份薄薄的刊物，不仅发表了洪钟、沙

---

① 任耕：《忆华西文艺社》，《抗战文艺研究》1985 年第 1 期。
② 王绿萍编著：《四川报刊五十年集成（1897—1949）》，四川大学出版社 2011 年版，第 555 页。

坪、蔡月牧、寒笳、葛珍等成都本地知名作者的作品，而且把远在衡阳的王晨牧，也拉进来，形成了一支较为广泛的作者队伍。①

这些零零散散的文学社团和刊物，在一定程度上维系了原华西文艺社成员的新文学之梦，表明了他们"不甘心一个进步的文艺青年组织就此散伙"，而时时准备"重新组织起来"的愿望。"这样，以原来华西文艺社的一些骨干成员为核心，两年之后重新组织了一个新的文艺团体，这便是'平原诗社'。"②

平原诗社概况

平原诗社的组织，与杜谷的努力密切相关。因对时局和工作环境不满，杜谷于1940年8月考入设在乐山的中央技艺专科学校，离开了成都。随后，又放弃学业，到了重庆，经其中学语文老师、著名诗人常任侠的介绍，于1940年10月，进入郭沫若主持的文化工作委员会任职。工作之余，在力扬、常任侠、艾青等人的鼓励和支持下，在《新蜀报·蜀道》副刊、《国民公报·文群》副刊和《抗战文艺》等刊物发表诗作，在诗坛引起了关注。1942年春，他到复旦大学拜访了邹荻帆、姚奔、绿原等青年诗友。姚奔等人办《诗垦地》丛刊的举动，极大地鼓舞和启发了杜谷。

"回来以后，我兴奋不已，连夜写信给芦甸、蔡月牧、白堤，建议华西文艺社的老朋友中有志于写诗的，应该像《诗垦地》一样组织起来，也来出版诗刊，我并拟了一个刊名，叫作《盆地》。1942年暑假，蔡月牧从乐山回到成都，芦甸邀他和白堤、葛珍一同商量，决定改刊名为《平原诗刊》，并立即着手组织平原诗社。"杜谷接着回忆说：

> 1942年8月，芦甸、白堤、蔡月牧纷纷给我来信，告诉我平原诗社成立的盛况：参加的不仅有原华西文艺社的旧友寒笳、左琴岚、葛珍、许伽、若嘉、张孟恢、任耕，还有蔡月牧介绍的缪恒苏、覃锡之（诗人覃子豪的弟弟，笔名黎茹、羊羣，即现在湖北文联的阳云），左琴岚介绍的范方羊，葛珍介绍的穷发以及白堤介绍的青年女诗人杨

---

① 许伽：《记〈拓荒文艺〉》，《母亲河》，四川文艺出版社1991年版，第159—164页。
② 孙跃冬：《记成都平原诗社》，《新文学史料》1993年第4期。

哲、榛虹和青述林……刚来投考四川大学的诗人孙跃冬，也被邀请入社，并且请了"五四"时代的老诗人周无（周太玄）担任了名誉社长。大概当时成都的青年诗人都包容了，真可谓极一时之盛。①

这里有两个值得注意的细节。第一，杜谷提议取为《盆地》，而最终定名《平原》，应该出自蔡月牧。如下文将要谈到的，因蔡月牧自称"平原的歌者"，而杜谷则享有"盆地的歌者"之名。这个细节，充分说明了平原诗社的组织与协进中学的校内的"七七文艺墙报"，和后来的华西文艺社之间的内在关联。第二，请"五四"老诗人周无担任名誉社长，也表明了诗社成员的着眼点主要还是放在四川本土范围之内，与当时的胡风等文坛名家反而关系不大。

原来在成都，与芦甸、寒笳等过从甚密的深渊（何满子），在衡阳写下了热情洋溢的诗作《给平原的歌手们——诗说"平原诗社"并跋》，发表在1942年12月9日的《新蜀报·蜀道》副刊上。根据诗末的"跋"，写信告知相关消息的路今，显然也应该是诗社成员。同时，"不知为什么，我总感到这诗社好像和我有难言的亲切的关系"的深渊本人，实际上也参与了诗社的活动，把诗社成员的影响扩展到了衡阳、桂林等地。

回头来看，以复旦大学青年学生为主体的《诗垦地》社，实际上是在靳以支持下，通过《国民公报·文群》副刊而逐渐形成的。在创办《诗垦地》之前，姚奔、绿原、曾卓实际上从未在《七月》上发表过作品。而多次在包括《文艺阵地》、《抗战文艺》、《蜀道》副刊、《文群》副刊等颇有影响的刊物上发表过作品的邹荻帆和杜谷两人，也只在《七月》上各自露过一次脸。与诗人杜谷的名字不可分割的名作《泥土的梦》，就是首先发表在1941年4月24日的《国民公报·文群》副刊上之后②，再出现在同年9月出版的《七月》上的。如果不考虑作品的质量和后来的"胡风集团"造成的舆论气候的话，他们与《七月》的关系，几乎可以忽略不计。相反地，倒是《七月》停刊后，胡风在前往香港之前，曾经将一批解放区诗人的作品辗转交给了《诗垦地》社，被分别编入了《诗垦地》丛刊第三

---

① 杜谷：《万里桥边怀芦甸》，《新文学史料》1993年第4期。
② 顺便说一句，该期副刊上，还承接上一期，连载了杜谷署名"刘令门"书信体小说《莫相忘（下）》。

集和第四集①，在一定程度上帮助《七月》完成了它的历史使命。

至于说在诗学观念上受胡风和《七月》杂志的影响，则更不能说明他们就是"胡风集团"或"七月派"成员。当时的大后方文坛上，仅有《抗战文艺》《文艺月刊》《七月》《文学月报》等寥寥几个大型文学刊物，初学写作的年轻人阅读《七月》杂志，就如同今天的青年学生阅读《诗刊》《人民文学》之类的刊物一样，再正常不过。毋宁说，当时的"文学青年"，没有读过《七月》，才是值得奇怪的事。对一群徘徊在"文坛"门外，急切地等待着"进入文坛"的青年学生来说，他们既不可能了解当时"文坛"内部的纷争和派系潜流，更不可能有"胡风集团"冤案被制造出来以后的"先见之明"，而只能凭着他们当时对文学和"文坛"的理解，摸索着展开自己。"以后怎样？"的问题，离他们实在太远了。

平原诗社成立后，先后出版过两辑诗丛刊，《涉滩》和《五个人的夜会》。第一辑《涉滩》出版于1942年秋末，第二辑《五个人的夜会》则迟至1944年冬天才出版。据孙跃冬回忆，第三辑《浅草》本来"已经集稿"，但因经费困难而"未能继续下去"。此外，还借助成都《新中国日报·动力》副刊发表过不少社员的作品，"以后文艺评论家洪钟主编了一个综合性刊物《新新新新闻旬刊》，他是地下党员，同我们许多成员都熟，十分支持我们。他答应我们每月一次在这个刊物上辟一定篇幅作为《平原诗页》，每期登两三首诗，短的可以登四五首。这个《平原诗页》好像出了三四期"。②由于《诗垦地》和平原诗社成员之间不分彼此的亲密关系，左琴岚、杜谷、蔡月牧、葛珍等人，还在《诗垦地》丛刊和副刊上发表了不少诗作。

1945年夏，抗战胜利在望，党组织通过各种渠道，大量动员青年知识分子前往解放区参加革命工作，芦甸、杜谷、羊羣、缪恒苏等人为此相继离蓉。葛珍、穷发等人遵照芦甸的意见，于1945年9月左右，销毁了印章，宣告"平原诗社"解散。③

从早期的《华西文艺》到平原诗社和《诗垦地》，平原诗社成员的成长轨迹，实际上是四川抗战新诗发展史的一个缩影。它不仅最大限度地包

---

① 邹荻帆：《忆〈诗垦地〉》，《新文学史料》1983年第1期。
② 孙跃冬：《记成都平原诗社》，《新文学史料》1993年第4期。
③ 葛珍：《成都"平原诗社"片忆》，《新文学史料》1993年第4期。

容和团结了当时成都地区的青年诗人，而且完整地展示了这群青年诗人如何借助校园和报刊两大文化生产空间，一步步从校园"走上文坛"的复杂过程。为此，我们一方面循着"退一步"的回避原则，悬置芦甸、曾卓、绿原、邹荻帆等已经在《七月派》或其他文学史框架内得到了足够的，甚至是过度的阐释的作家，另一方面，则本着最大限度地凸显"方志叙事"的原则，把早年曾经在《华西文艺》等刊物上发表过作品的部分诗人也纳入进来，在泛"平原诗群"的意义上，来叙述杜谷、蔡月牧、寒笳、葛珍、许伽、白堤、左琴岚、深渊、任耕等人的诗歌创作。

第二节 杜谷和蔡月牧

杜谷和蔡月牧，既是平原诗社的核心成员和关键人物，而且风格最为相近，成都平原的泥土味最浓，是中国现代文学史上为数不多的"以自然之眼观物"，在人与自然的关系维度上来体验世界和认识世界，把人类活动也纳入了自然节律的起伏与胎息之中的"自然诗人"。

杜谷的"泥土世界"

杜谷，1920年出生于南京，原名刘锡荣，现名刘令蒙，笔名有林野、林流军、刘令门、思恩、蒙嘉等。早年就读于中央大学附属中学，1938年考入成都航空机械学校，开始在成都《文艺后防》《流火》《华西文艺》《华西日报》《新中国日报》等报刊发表新诗和散文。1940年底到重庆，进入文化工作委员会文艺组工作，开始在《新蜀报·蜀道》副刊、《国民公报·文群》副刊、《抗战文艺》等大量发表新诗。1943年春返回成都，到蒲江中学任教。1944年夏，考入四川大学历史系，发起成立地下党外围组织"文学笔会"，积极参与大后方民主政治斗争，逐渐停止了诗歌创作。1949年后，曾先后任职于中国青年出版社、四川人民出版社等机构。1988年离休，定居成都。曾应胡风之约编有诗集《泥土的梦》，列入"七月诗丛"，但因故未能出版。1986年，周良沛从《抗战文艺》等报刊辑录其诗作十二首，以《泥土的梦》为名，列为"新诗钩沉"之一，由湖南文艺出版社出版。但仍有大量诗作，散见于大后方报刊，未见著录。

从1940年到1944年，杜谷专心从事新诗创作的时间，不到五年。其作品数量，据笔者不完全统计，不过五十来首，但却以独特的风格，在中国现代新诗史上留下了抹不去的痕迹。胡风曾如是介绍诗集《泥土的梦》说：

> 深深地没入了地母的呼吸、气息、希望、欢喜，以及忧伤与痛苦，诗人才能够唱出这样深沉的大地的歌。这样的歌，只有深爱祖国的诗人，善良到土地一样善良的诗人，坦白到土地一样坦白的诗人才能够唱出的。①

确实，诗人一方面深深地沉潜在以泥土为核心意象的世界之中，最大限度地抛弃了主观情感暴力，倾听来自大地的声音，小心翼翼地把握泥土的节奏和旋律，把事物鲜活生动的生命形态化为细腻繁复的意象，呈现在读者面前。另一方面，在表达自己主观感情的时候，杜谷又以最大限度克制，尽可能地把个人感情转化为以泥土为核心意象的大地事物，通过对客观事物生命形态的细腻描绘和把握，来表达个人感情。

借用王国维的说法，前者"以我观物"，使泥土世界呈现为感情丰富多样的生命世界；后者"以物观物"，把诗人的主观情感转化为泥土世界鲜活生动的生命形态。无论哪一种情况，杜谷追求的都是最大限度地消除"我"与世界之间的距离，以生活在"世界之内"的存在者的身份说话。这种抒情姿态，和他寂寞、忧郁的诗情结合在一起，形成了杜谷独特的风格和意象世界。

他的代表作《泥土的梦》，就是诗人"以物观物"，沉潜在大地内部，从泥土的角度来感受世界和看待世界的产物。"泥土的梦是黑腻的"，一落从笔，诗人就潜入大地深处，和泥土一起做起了"最美丽的梦"，把北温带大地在春天发生的变化，从人类——尤其是农人——的事物，变成了泥土的期待和梦想：

---

① 胡风：《〈七月诗丛〉介绍十一则（广告）》，《胡风全集》（第5卷），湖北人民出版社1999年版，第378页。

泥土有绿郁的梦
灌木林的梦
繁花的梦
发散着果实的酒香的梦
金色的谷粒的梦
它在梦中听见了
孩子们刈草镰
和风车水磨转动的声音

它在梦中听见了
潺潺的流水
和牝牛低沉的鸣叫
和布谷鸟催耕的歌
和在温暖的池沼
划着橘色的桨的白鹅的恋曲

春天是大地万物复苏的季节，"泥土的梦"因而也是一个正在从"黑腻"走向透明，从沉睡中慢慢醒来的过程。梦不是绝对的沉睡，而是一种介乎沉睡和清醒之间的临界状态，一种过渡性的存在。两个"它在梦中听见了"，以及灌木、繁花、和绿郁、金色、橘色、白色等色彩词语，还有"果实的酒香"，暗示了"我们的泥土"正在开始听，正在开始看，正在开始嗅，——正在开始从梦中清醒过来。

循着"我们的泥土"苏醒的步伐和生命节奏，诗人也自然而然地醒过来，开始先行一步，细腻地罗列太阳、春风、春雨如何唤醒大地，唤醒泥土"最美丽的梦"的过程。最终，诗人比泥土更早地醒来，从"我们的泥土"中抽身出来，屏住了呼吸，轻轻地，把泥土醒来的消息和形象，生动地呈现在了我们面前：

泥土从深沉的梦里醒来
慢慢地睁开晶莹黑亮的大眼
它眼里充满了喜悦的泪水

> 看，我们的泥土是怀孕了

这首诗，完整地展现了诗人如何"入乎其内"，潜入泥土世界的内部，循其生命节律而把握其情感流动，捕捉诗性形象，最后又"出乎其外"，把"泥土的梦"，连同它缓缓地苏醒过来的过程，以及醒来后的美丽形象，一起呈现给了我们。通过这个过程，杜谷也成功地塑造了一个"泥土世界的孩子"的抒情主人公形象。

对孤身一人流亡在大后方，不时遭受着失业、贫困和疾病困扰的杜谷来说，这个抒情主人公形象首先不是美学意义上的虚构，而是一种与自我认同密切相关的生存经验。正如诗人在《写给故乡》中反复申述的那样，自己是故乡"肥沃的泥土喂养大的"孩子，是"爬在贫困的泥泞里"欢笑着长大的孩子。

> 我们成群结队
> 在菜地偷吃山芋和萝卜
> 在雨天的池沼里洇泳
> 在果园的树下"拌枣枣"
> 在绿肥的田里摘鲜艳的浆洗草
> 为我们的小新娘
> 编起结婚的花冠
> 在冬天的坟园里"打梭"
> 在深秋的山坡放一把野火

诗人说，"这就是我的童年生活"。在正常情况下，这种因为童年，而不是因为生活本身而生发出来的既贫乏又丰富，充满了欢乐也充满了苦涩的情感体验，将会随着个人的成长而被指认为个人美学经验，和一般意义上的现实生活区别开来。个体生命"成熟"的标志之一，就是把个人因为童年而发生的美学经验，和普遍性的实在生活经验区别开来，进入并接受"现实"，按照实在生活经验的"正常要求"来对待他所遭遇到的一切。

但在诗人杜谷这里，问题却发生了逆转。个人在抗战中的流亡经历和大后方的这个特殊社会空间位置，把他本应该在正常的成长秩序中"失去"的童年"泥土世界",塑造成了未来的方向和目标。侵略者占领了南京,蹂躏着"祖国的东部原野",所以回到"我的故乡",回到个人童年的"泥土世界",也就成了未来的成长目标,成了神圣的社会历史使命:

  血迹斑斑的
  祖国东部的原野呵
  我怀念你
  在黎明的微光里
  我仿佛看见
  你躺在血泊里
  伸出伤残的手臂
  呻吟着,召唤我归去……

就像个体生命幼年时期的生活经验因为在成长中"失去"才变成了天堂般的美学经验一样,在这里,失去了的故乡的召唤,"祖国的东部原野"的召唤,也因为在事实上无法或不可能"归去"而变得那样强烈,那样不可抗拒。以至于最终,变成了一种宗教般神圣的生存使命,一种应该用生命来祭奠,用鲜血来浇灌的未来之花:

  那些在残害中长大的小弟弟
  正在掩埋着哥哥的遗体
  然后拿起武器
  去追踪父兄战斗的足迹
  即使他们不幸死去
  化为骨粉,化为尘泥
  也要和你融化在一起
  呵呵,我呵
  也是你养育大的
  我也要昂然奋起
  跃过丛生的荆棘
  跟随那些叩你火之门的兄弟

扑向你的怀里

就是说，在杜谷这里，由于个人在抗战中的流亡经历，和沦陷了的"祖国的东部原野"与大后方之间的空间位置，个体生命意义上的对童年生活经验的美学化建构，和社会历史层面的对未来的要求，被亲密无间地联结成了一个整体性的生存结构。回到过去时态的童年，回到美丽的个人"泥土世界"，既是在大后方饱受贫困、疾病困扰的杜谷最隐秘的情感要求，又顺理成章地，变成了抗战的时代召唤。"泥土世界的孩子"，于是乎，就成了杜谷最好的生存位置和抒情姿态。

作为"泥土世界的孩子"，作为被泥土包裹着的存在，杜谷总是透过泥土来感受世界的存在，抒发自己的感情。就像泥土通过大地上的事物来彰显自己一样，杜谷的情感，也总是通过大地上的事物，具体、结实而饱满地流溢出来。他理想的欢喜，是一片闪耀着阳光的《山坡》：

你披满阳光的山坡呀，
我从窗中看到你。
你果园上有阳光照着，
你草地上有阳光照着，
你菜畦上有阳光照着。

他的寂寞，乃是《好寂寞的岸》，一片"荒旷的岩边"：

——看这里多静
没有温情，没有歌
好蓝的天空，好白净的云

好寂寞的岸
没有人会记得你
没有声音

只有无边的空旷和"从远处吹来的原野的呼喊"。

甚至，他对明天和未来信念，也是一种自然化了的，发生在大地上的季节变化。在《江》中，他对"喑哑的江/瘦弱的江"说：

> 喑哑的江
> 瘦弱的江呵
> 你不要悲哀
> 因为春天总归要来

最典型的，是他的政治态度，也体现在大地上的事物，体现在自然气候的变化中。1941年初的"皖南事变"发生后，正在因病住院，躺在寒冷病榻上的杜谷，写下了《寒冷的日子》，表达他的悲愤之情。[①] 在这首诗里，自然季节的寒冷、个人因病住院的低落情绪，和政治环境剧变带来的悲愤之情，三者叠加在一起，化成这样一幅"荒原"的末日景象：

> 看呀，下着凄雨
> 苍穹灰暗而低沉
> 好像是已经临到了这古老的世界的
> 最后的黄昏
> 太阳已经死去
> 星散在大地上的城市坍倒了
> 原野也如一个披着青衣的老僧
> 寂然地悲凄地蜷伏着
> 看着这寒冷的
> 荒凉的时日

态度迥然相反，但表达方式一模一样的，是《春天的拱门》。[②] 中国人民解放战争的胜利，新时代的来临，被诗人描绘成了春天来临的生动景

[①] 关于此诗的写作背景，参见杜谷《天官府的洗礼》，《霜叶集·杜谷卷》，国际港澳出版社有限公司2008年版，第40—41页。

[②] 关于此诗的写作背景，参见杜谷《艰险跃进迎解放》，《霜叶集·杜谷卷》，国际港澳出版社有限公司2008年版，第79页。

象：群鸟争相啼叫，人们从黑暗的屋子里走出来，大地上开满蜜花……孩子们"赤裸着冻红的脚"，在河滩上追逐着，跳着，唱着，欢呼着，迎接"不朽的春天"的到来。

我们看到，作为"肥沃的泥土喂养大的"孩子，即便在需要表达人类对大自然，对泥土的暴力行为时，杜谷也不是把自然当作敌人，当作改造和征服对象的现代人。在他眼中，开垦土地，开采矿产之类的行为，不是站在人类中心主义的立场上，从泥土中榨取财物以"为我所用"，而是小心翼翼地唤醒大地，帮助大地实现潜在的愿望，让大地变得更充实，更丰硕，更有光辉。在《西部》里，诗人遥望成都盆地边缘的西部群山，向那些"辽阔的古代的森林""蓬垢的粗犷的居民""白色碱土上的池沼""丰饶褐色的矿层"——招手致意之后，对他们说：

> 听我的召唤吧
> 看啊，我遥遥向你举起手来
> 深埋在
> 千年的岩石底下的矿层呀
> 仰卧在
> 蓝色的天空底下的池沼呀
> 栖息在，幽深的草莽底下的
> 居民呀
> 从你们泥色的梦中醒来吧
> 蜷伏在，狭长的山谷底下的
> 森林呀
> 歌奏起来吧，跳舞起来吧
> 从你古老的
> 古老的，被深秘的叶封闭的梦中
> 响起丁丁的音乐
> 是的，我们要
> 砍伐你粗大的木干
> 在大地上
> 建筑起新的城池和市街

>我们要来了
>原始的西部边疆呀
>荒凉的西部边疆呀
>我们要来开垦你
>丰腴的处女地
>探采你深埋的金砂和木材
>在你池沼的滨岸
>种植玉蜀黍，粟米，青稞和小麦。

人类对大自然的不可避免的暴力，被诗人降低到了最大限度，并且最终被纳入了种植玉蜀、小麦之类的传统农业文明的节律里，还原成了一个"泥土世界的孩子"的梦想。

最终，为"肥沃的泥土喂养大的"杜谷，在古老而神圣的农业文明秩序里，以自己和敌人的鲜血完成了献祭，赎回了自己施加在土地身上的暴力。曾经离开了泥土的怀抱，自居于主人的地位而开垦过土地，向土地施予暴力的诗人，首先是在《耕作季》里，以自己的鲜血，把自己也变成了土地的一部分，变成了牺牲者：

>我们的久别的土地呵
>敞开你沉郁的胸膛
>银亮的犁
>要为你蓬乱的田亩梳理
>
>我的心喜悦
>今天，终于我又看到你
>看到你在新耕的潮暗的土壤里
>我自己渗透的
>湿红的血迹……

这"湿红的血迹"，把"银亮的犁"对土地的暴力，转化成了诗人的奉献和牺牲，把人类的暴力从土地那里赎回，变成了人类施加于自己的生命活动。这是一个古老而神圣的隐喻：人类不是通过暴力，从土地那里榨取，而是通过把自己的生命当作牺牲献给伟大的土地，从土地那里换回供养新的生命，新的牺牲所必需的谷物。

另一种赎回暴力的方式，则是用敌人的头颅来献祭。在用镰刀收获谷物之前，人类曾经用镰刀保卫过土地，杀死过蹂躏土地的残暴敌人的"我们"，以敌人的鲜血浇灌土地，获得了从土地那里收割谷物的许可。在抗战时期的历史语境中，对曾经发誓要和同伴们一起战斗，把鲜血和骨灰洒在土地里的杜谷来说，这种献祭，既是宗教的，又是历史的。但诗人似乎有意识地淡化历史意味，像是在循着某种古老而神圣的仪式而展开一样，把割取谷物的行动，轻轻地，纳入了人类与土地的生命关系，如他在《明天，我们要收割》中所歌唱的：

> 我的镰刀收割过头颅
> 明天
> 我们要收割新谷

这种献祭，不仅表明了诗人"善良到土地一样善良"的生命本质，更重要的：它是"泥土世界的孩子"杜谷的成人礼。为土地所养育的孩子，反过来以自己的鲜血哺育土地，用镰刀收割敌人的头颅以保卫土地，从"泥土世界的孩子"，变成了泥土世界的战士。不变的，是个体生命与大地之间的永恒关系：来自于泥土，为泥土所养育，复归于泥土，以鲜血和生命滋养大地。

蔡月牧的"平原恋歌"

从协进中学的"七七文艺墙报"，到中间的华西文艺社，再到最后的平原诗社，蔡月牧一直都是"平原诗群"的核心人物。他既是平原诗社的组织者和推动者，又是"平原诗群"中唯一以成都平原为书写对象，最有"平原味"的四川本土诗人。蔡月牧写诗，受杜谷影响比较深。他曾经在《盆地的歌者》中，表达对杜谷的敬意说：

呀，你盆地的歌者
你写得好
我是盆地的孩子
我每每流着感激的泪
来诵读你的诗章
让我把我的歌声也传送给你
我是如何喜欢听
踞立在南北两极的两株树
连着的那同一条根
那同一条根底响着的
同一的生的颤动的声音……

这种敬意，一方面表明了"平原诗群"成员在诗学观念和精神方面的同一性，另一方面，也说明了蔡月牧诗歌创作的核心母题：那就是以"盆地的孩子"的身份，歌颂盆地，赞美盆地。不同的是，来自"祖国的东部原野"（《写给故乡》）的杜谷，是在"盆地"的名目下来观察和书写成都平原，而生于斯长于斯的蔡月牧，却始终以"平原的歌者"的身份，来表达他对故土的挚爱。

"泥土世界的孩子"杜谷更多地偏重于表现"西部盆地"寒冷和阴郁的一面，而蔡月牧，却专心致志地盯着成都平原的"春天"，反复书写着成都平原"春天"的亮丽及其流光溢彩的勃勃生机。对蔡月牧来说，无论是作为自然季候的"春天"，还是作为农事时间的"春天"，都那么生命，那么明丽，充满了生命的喜悦。《惊蛰》描绘为自然季节的"春天"气象说：

爽朗的雷声
春的第一声阔笑
冒过天边蓝色的云旗
响进草原来了

拆毁土装的牢狱
草梗以自己的根须

挑颤着春泥

　　而泥土怀了少女的梦
　　开始张起双耳
　　倾听自己的心房
　　轻拍出爱情的音响

　　隐卧的虫豸，摇一摇头
　　打着呵欠，走出泥垣
　　嘿，好一个明朗的晴天

　略带生涩之感的笔法，恰好表明了诗人的用意：不是"写实"，而是"画梦"，是运用自己的想象力，描绘和刻画理想的"春天"景象。

　这种"画梦"浪漫气息，在描绘作为农事季节的"春天"时，表现得尤为明显。诗人曾在《垦殖季》里说，自己要像唱着"泥土的恋歌"，以犁锄垦殖"泥土的爱情"的农民一样，"唱起人类的恋歌"，以自己的诗垦殖"人类的爱情"。所以我们看到，在《向春天》里，诗人虽然深切地感受到了寒冷、饥荒、抢劫、死亡等事实存在和威胁，但并没有把这些"冬天元素"当作独立的，或者与"春天元素"相对抗的存在，而是通过叙述它们在"春天"面前的溃败，展示了对春天的热爱和感激。仿佛一个絮絮叨叨的老人，终于见到期待已久的亲人一样，蔡月牧以散文化的日常口语，首先向春天，向终于归来的"大地的客人"，倾诉了自己在严冬的遭遇：

　　在那些日子
　　我们的伙伴
　　诚实的弟兄
　　都没有了食粮
　　他们冻馁着身子
　　在风雪里颠扑
　　饥寒像一条长鞭

把他们的皮肉挞成灰屑
一任其在受难的土地上
融散……
有的兄弟们
嚎哭着
用酒折磨着自己的生命
把生活当做残伤人类的虫豸
放在粗硬的、尖棱的石块上
用自己的靴底……
拼命地擦磨
而野林里的山贼
不断地打扰着我们
洗劫了贫穷的村舍
打抢了人畜

紧接着，以躬身承受的感激姿态，迈开迟缓但坚定有力的脚步，引领着春天巡视和查看大地的荒芜，一边享受着春天带来的"光明与热爱"，一边把村庄的饥寒一一展示给"大地的客人"，倾诉着自己对"春天"的渴望：

现在，我们引你去
看看我们的牛栏
空虚了
看看我们往常堆放农具的小屋
空虚了
看看我们破烂的仓库
空虚了
那边，那往常
常常繁茂着菜花的菜园
它在你足底下
发出空旷的无言的喊声

而在墙外的小河边
那里残留着斑斑的血迹
那一处
　　野草不生
　　杂花不长
在那里
多少生命丢失了
在那噩梦一样的
冻结的冬天
连泛滥的河床都干涸了！

像人类古老的大地"死亡—复活"仪式上的献祭一样，这种展示，并不是为了表达诗人对"冬天"的怨恨，而更多地，是为了唤醒"春天"对人类苦难命运的怜悯，让"春天"绽放出更热烈的光和热，给大地带来更热烈的生机。所以很自然地，对"冬天"的苦难情状不厌其详的铺叙，最终，衬托出的是诗人对"春天"的感激之情，和"春天"带来的热烈与繁盛景象：

而现在
看见你
驾着绿色的蓬车前来的
你大地的客人呵
我们欢跃了
我们拍着双手，跳向你
搂住你的膝盖
仰望着你那眉峰上的
因为穿过天边那些险恶的冰山
而粘附着的一点冰花
我们放肆地，打开了
我们的阔笑……

迎接你
　　我们将重新用钢铁制的
　　　　钉耙
　　　　犁锄
　　用木材竹篾编织
　　　　箩筐
　　　　挑担
　　我们将重新叫起我们的弟兄
　　从远处觅回一切作物的种子
　　在大地上
　　重新繁荣起
　　庄稼……
　　我们要重新疏凿河流
　　　　垦殖道路
　　我们要一齐从冻馁的伤苦里
　　跳出来，高喊
　　"明天"……

　　众所周知，在古代性神义论向现代性人义论转化的宏大背景之下，把自然事实纳入人为秩序，用人的所作所为来解释包括季候变化和自然环境的限制带来的冻馁、寒冷、贫穷等生存事实，已经成了中国现代文学不言而喻的元叙事。作为自然元素的"冬天"／"春天"、黑暗／光明，也在这个元叙事中，变成了人类事务的隐喻，蒙上了浓厚的政治色彩。"冬天"、黑暗，总是与不公正的社会秩序或丑恶的社会集团的存在及其所作所为联系在一起。而"春天"、光明，则总是与理想的社会秩序或代表着自由解放之类进步力量的社会集团的存在密不可分。但在蔡月牧这里，情形则完全不一样。人类的苦难，村庄的贫困，包括"野林里的山贼"在内的生存事实，一如既往地，被放置在亘古的自然节律中，在大地的"死亡—复活"仪式，在"冬天—春天"的交替中来叙述。大地死亡，"变成了一具冰凉的死尸"，寒冬来临，人类被囚禁在饥荒的年代，陷入了贫穷和苦难。相应地，随着大地的复活，阳光明媚的春天带来了勃勃生机，人类也从贫困和苦难中解放出来,"叫起我们的弟兄",重新开始在大地上种植希望,耕作"明天"。人类的生存命运,就这样被解体,散入了大地的生命节奏,变成了以大地为核心意象的自然叙事的有机组成部分,——就像他们的身体,最终在"受难的土地上融散"一样。

如海德格尔分析的那样,神义论向人义论转化,历史叙事取代自然叙事的过程,导致了大自然僵化和死亡。人类心理能够承受的能力上能够解释的限度,反过来决定了大自然的存在形态和生存可能。养育了人类的大地,反过来成了人类随意宰割和支配的对象,消失在了人类的欲望及其技术能力的支配之中,成了技术制造出来的碎片,或僵死的存在。蔡月牧以"春天"为核心意象的自然叙事,不仅用大地的"死亡—复活"这个古老的神话原型,解释了苦难、贫穷等生存事实,而且把大自然从人类中心主义的束缚,从现代性欲望和技术的支配中解放出来,还原成了有机的生命整体。作为自然事实的"春天",在蔡月牧的笔下,重新焕发出勃勃生机,并且把它的生机和欢乐注入了人类生命,变成了人类生命的根据和源泉。在《春天》里,诗人抒写这种生存感觉说:

> 这是春天
> 孩子,我们下地里去
> 躺一下吧
> 你不会感到那土地
> 湿热的呼吸吗
> 你不会感到那土地的心脏
> 在急剧地跳动吗
> 那些远处的
> 流泉的音乐
> 在沿着地平线
> 流过去
> 会把你的眼睛
> 漱洗得
> 更明亮
> 更清澈

那些草梗草叶

在发着脆响，生长

它们的细根

在泥土里

轻轻地颤跳

你不曾听到吗

它们会使你

快乐，骄傲

你心脏里的血

也一样的

在细语着呀

在奔跑着呀

你脸上

也在泛着红粉

你身上的骨筋

也在发炸

在生长

你会在这个

明丽的

到处都点着热与香的季节里

长大起来

茁壮起来

  反过来，作为自然元素的"春天"，也因为包括人类在内的万物的滋长，而显得更加生意盎然，显得更加明丽，更加热烈了。大地以滋养万物的方式绽现为生机繁茂的大地。人类回到土地，重新获得了更广阔、更深厚的生命源泉。蔡月牧的自然叙事，在将土地从历史的束缚中解放出来的同时，也将人类从单一的、僵死的自我中心主义生存境域中解放出来，变成了与万物一体的宇宙生命。

  如前所述，蔡月牧以春天为核心意象的成都平原及其大地书写，来源于杜谷。而杜谷笔下的泥土意象，则又受到了艾青的影响。但艾青的"土地"是悲哀的，总是联系着死亡、寒冷、忧郁等"冬天元素"。到杜谷这里，情形开始发生了变化。艾青与现代民族国家意识紧密联系在一起的国土意义上的"土地"，开始变成了"泥土"，染上了季节变化带来的自然特性。但由于个人经历和性情等原因，杜谷的"泥土"仍然未能摆脱人类生活秩序，甚至个人情绪的影响和支配。"皖南事变"后写下的《寒冷的日子》，是自然被政治生活事件所支配而从实体变为隐喻的例子。因病住院，心情寂寞时写下的《在西部盆地》等诗，则可以看作自然在个人情绪的影响下变形，成为象征符号的标志。

只有在蔡月牧这里，"土地"才从现代人类中心主义的支配下彻底返回，褪去了艾青民族国家的"国土"意识，也摆脱了杜谷政治生活和个人情绪对"泥土"的影响和支配，变成了"大地"。而且，是以"春天"为核心意象的，生机勃勃的，流溢着阳光与欢乐的"大地"。在这个意义上，蔡月牧其实不是简单地接受杜谷的影响，把后者的"西部盆地"，置换为自己的"成都平原"，而是有意识地要改写在艾青影响下形成的中国新诗的"土地"意象及其忧郁的"冬天元素"，写出自己对大地的感激，抒发人类的生之欢乐。

换言之，蔡月牧似乎有意识地要以自己的"成都平原"书写，来改写艾青、杜谷等塞进"泥土"里的忧郁、感伤、寂寞等"冬天元素"，把以"成都平原"为原型的"大地"，还原为充满了欢乐的生命乐园。作为现代性动力的怨恨情绪，被逆转成了对世界的感激，对生命的热爱。在最直接的意义上，可以说是在何其芳、曹葆华等人影响下开始新诗创作的蔡月牧，开始了反抗后者的成都书写，改写成都形象的努力。成都的"本土意识"，开始在中国抗战时期的文学中，崭露了自己独特的存在。在《平原》中，蔡月牧毫不掩饰地，宣告了自己对大地的感激和热爱之情的来源说：

> 在平原，我度过了无数个春夏
> 在平原，我度过了无数个秋冬
> 在平原，我度过了无数个甜美的
> 　　这故国所特有的佳节
>
> 因此，对于平原我有不老的追怀

  因此，对于平原我有永生的忆念

  诗人当然也和何其芳等人一样，看见了肆虐在成都平原上的贫困、饥寒和社会秩序的不公正。在某种意义上，甚至看得更真切，更痛彻：

  所以，平原也是忧郁的
  那四处蓬涌着的土丘
  是一代代平原的子孙
  埋葬无光的岁月和惨黯的尸骨的坟地
  平原的子孙，一代代
  从作家的祖父那里，父亲那里
  承受了鞭打，贫穷与病害
  也承受了一双犁锄，一只负驮着
  和自己同样隐晦的命运的黑牛
  替人家打开富裕与淫乐的金门
  跟着也打开自己生命的旅程上
    最后的一座冷店

  但诗人并没有因此而脱离大地，把让现代性意义上的阶级对立反过来成为支配一切和控制一切的根源。在他眼中，尽管饱含着悲苦和艰辛，但最终牢牢地掌控着一切的，依然是大地，是大地牺牲一切，奉献出一切的天地之大德：

  你丰饶而又忧郁的西方平原呀
  当我走踏在你黧黑的肩脾上
  我又听见了你底悲叹
  你寂寞凄苦的独语
  而你那些诚朴的子孙
  却在辛勤地垦殖呀
  向你要粮食，向你讨生活
  好多年了，好多年了

> 你这风尘仆仆的老人呵
> 你豢养了他们，豢养了
> 他们的贫穷和他们的灾害
> 虽然你曾把你所有的
> 　都给予了他们
> 虽然你曾把他们所要的
> 　都给予了他们……

所以，尽管充满了"悲苦的怀想"和"悲苦的忆念"，但诗人一如既往地，把一切都看作是大地的出产和给予。"亿万石的黄谷"是成都平原大地的出产。"亿万石的玉米和荞麦"，是成都平原大地的给予。平原子孙们的贫穷，平原子孙们的灾害，同样地，来自于大地的豢养。作为大地之子的人类，唯有像领受平原丰饶的赐予那样，领受自己的命运：

> 你丰饶的西方平原呀
> 你是风尘仆仆的老人
> 我是永远流浪的旅客
> 无数个春夏，无数个秋冬
> 我怀着生的悲苦流徙
> 你怀着生的辛酸叹息
> 但是我们仍得要生活
> 　仍得要
> 　好好地生活呀……

确实，大地上既有冬天，也有春天。蔡月牧和一般现代诗人的区别就在于：即便在弥漫着"冬天元素"的时代里，也毫不犹豫地站在春天一边，坚定不移地书写着自己的"春天"，散布"春天元素"的种子。无论"冬天"看起来如何强大，如何漫长而可怕，"我们仍得要生活"，而且是"好好地生活"。这就是他的诗学信念。

在他的诗歌里，我们仿佛听到了现代人很早就已经忘记了的人类古老的生活智慧的回响：我们怀着感激，从大地那里领受丰硕的收获，领受生的欢乐；我们怀着感激，从大地那里领受贫穷和饥饿，领受冬天的死亡。一切都是大地的无私的赐予。一切都是大地慷慨的奉献。作为大地的子孙，作为成都平原所养育的诗人，蔡月牧深深地领悟了诗人的神圣职责：赞美。赞美大地的丰硕，也赞美大地上的苦难。即便是在"冬天"，也要追随着"春天"逝去的足迹，吟唱着生的欢乐。

可惜的是，蔡月牧好像没有充分意识到自己这份诗学抱负的真正价值。抗战的时代氛围，也不允许我们的诗人过多地逗留在"春天"里，更谈不上理解和欣赏其赞美诗学的确切内涵。他曾经给胡风写信，谈论过创作中的困惑，胡风在回信中，准确地指出了他和杜谷之间的异同，肯定了他"欢欣"为底色的诗学特色，也谈到了他在写作上的不成熟之处：

> 依我看，你是最能理解也最能共鸣杜谷的诗的生命的。在这时代所特有的这个真实的诗人身上，有你能够汲取了欢欣，这是多么可喜的事情。但和杜谷相比，你的精神境界是属于奔腾扬厉的那一类，而且，在你的奔腾扬厉里面，理念是在理念本身的状态里鼓动，冲击。那么，杜谷的向着对象的徘徊，爱抚，原是由于他的切切倾诉的心怀，因而使每一首都成了浑然的乐章，但在你这里，奔腾扬厉因为经不起徘徊而不免显得沉滞了。你的情绪那么真挚但却难免常常失去了感觉的棱芒，我以为是由于这个原因；你的语言常常似乎浮于内容，有些且出现了匠气的痕迹，我以为也是由于这个原因。①

诗人留下的作品非常少，受到的关注更是少之又少。我们无法推测胡风这个贬多于褒的评价，对蔡月牧的创作产生了怎样的影响。唯一可以确定的事实是：蔡月牧似乎更多地把精力投入了众所周知的"实际工作"中，写诗反而成了偶一为之的余事。所以诗人最终留给我们的，是一个意义重大的开端，和无尽的"未完成"的遗憾。

---

① 胡风：《关于风格（二）》，《胡风全集》（第3卷），湖北人民出版社1999年版，第93—94页。

第三节　平原诗群的"成都书写"

和蔡月牧一样，以"欢欣"为底色，带着理解和欣赏的精神来书写成都的平原诗群成员，还有深渊、白堤、范方羊、许伽等人。这种书写，既表明了平原诗群声气相投的诗学旨趣，又流露了浓厚的成都"本土意识"，丰富了中国现代文学史上的"成都形象"。

深渊及其《成都在诗里》

深渊（1919—2009），即后来以文艺理论和杂文创作知名的何满子，本名孙承勋，浙江富阳人。1931年开始发表诗作和散文。抗战爆发后，曾短期到过延安，1940年初到成都，主编国民党中央军校《黄埔日报·血花》副刊，与芦甸、方然、杜谷、蔡月牧、寒笛、尘殷等平原诗群成员建立了亲密联系。20世纪40年代中期开始，转向文艺理论研究和艺术评论，逐渐停止了诗歌创作。20世纪50年代后，长期在上海古籍出版社等单位任职，出版学术论著和杂文集数十种。

前面说过，平原诗社成立时，远在衡阳的深渊曾写下了热情洋溢的诗作《给平原的歌手——诗祝"平原诗社"并跋》[①]。今天看来，这首诗不仅较为准确地指出了平原诗社成员的总体特征，而且预见了其未来的发展，因而具有了某种意义上的"诗社宣言"性质。在这份"准宣言"中，深渊对"平原的歌手"提出了两方面的希望。第一，是希望诗友们和"西蜀平原"同呼吸，共患难，歌唱平原的美丽：

> 你们生活在平原上的
> 那一片土地
> 给你们忧愁和欢乐
> 你们偎傍着它
> 代它呼喊

---

① 原载《新蜀报·蜀道》副刊1942年12月9日。

代它欢唱
也代它叹息——

平原因你们而不寂寞了
平原因你们而年青了

在劳动的日子里
你们用热情开垦土地
用汗和泪滋润荒泥
用歌曲催种子出芽
用爱哺育稻禾
让它为人民开花结果

第二，是要求诗友们勇敢地冲破"西蜀平原"的封闭和禁锢，向"北方的平原"伸出手，歌颂战斗的北方，给广大的人民带来光和热。

平原的歌手们
向北方看吧
那里的平原是多么宽广
一片无垠的黄土
伸展到天边
大漠的薄日晒干新旧血迹
风尘漫空而起
尾随着劳动和战斗的队列

那平原是战斗的
那平原是充溢着生活底力的……

平原的歌手们啊
立在你们生活的土地上
向北方的平原扬手吧

要让两片平原互相呼应
要让它们的呼吸协调
要让它们痛痒相关
要让他们中间没有阻隔
一同地焕发出新生

两片平原是弟兄
两片平原上的人要一条心……

平原的歌手们
用力嘶唤和歌唱吧
冲破山的包围，雾的封锁
将歌声播送到祖国的远方
也用歌声
警醒沉睡的
给怯弱者以力量
叫他们劳动和作战
叫他们想光明……

平原的歌手
你们用力歌唱吧……

  从后来的分化和发展看，包括女诗人许伽，和身体行动能力有缺陷的杜谷等人在内，平原诗社的绝大部分成员，都以实际行动践行了"冲破山的包围，雾的封锁"，让西蜀平原和北方"那平原"互相呼应，"一同地焕发出新生"的信念，或前往中原解放区，或就地参加了实际工作，逐渐疏远，最后停止了诗歌创作。这要求，本来就是"劳动和作战"，是血与火的暴烈行动，而不是写诗。

  而立足西蜀平原，和平原同呼吸，共命运的歌唱，则演化成了诗社成员内部一个自觉的"小传统"，即我们这里正在谈论的成都书写。深渊本人的组诗《成都在诗里》①，就是成都书写的重要作品。整部组诗由《这座城》《文化街》《大公馆》《街头风景线》《饱的刑罚》《二泉文人》《华西坝》《成都啊》八首诗组成，三百余行。带着点"下江人"的好奇，也带着左翼青年对腐朽落后现象的愤懑和讥讽，深渊像是在写"报告诗"，又像是要为"下江人"提供"成都指南"一样，对成都的整体风貌和社会文化现象，进行了全方位的勾勒，展示了成都复杂而多元的现代形象。

作为"成都指南"的开端，《这座城》从"洋街"春熙路落笔，从小到大，从内到外，不厌其详地罗列了抗战时期成都的历史面貌：

> 成都城
> 有八家电影院，
> 两家京戏院，
> 七个川剧场，
> 四个公园，
> 四百五十多个公共厕所，
> 还有和公共厕所一样多的
> 四百几十家大小茶馆……
> 成都城
> 有一千二百多条街，
> 有八扇城门，
> 还有为了跑警报而挖通的
> 八个城缺口……

进而，在全国性的文化视域中，描绘了成都在作者——也可以说是在当时人们——心目中的文化形象：

> 成都城，
> 比北平姣小
> 比南京秀丽

---

① 原载 1941 年 12 月 15 日《战时文艺》第 1 卷第 2 期。

比上海老实
比杭州朴素
比汉口温静
比重庆古雅……

最后以成都人引以为自豪的地理环境作结，把自然气候和文化氛围融合在一起，勾勒了成都的总体特征：

成都城，
南面有秀丽素伟的峨眉山，
西北方睡着
娇小俊雅的青城山。
而锦江轻快的暖流啊，
在盆地里唱着行旅的西部小曲。
成都城，
周围的河水绿沉沉，
云雾阻隔着外围的山岭，
一眼望去有良田千顷……
成都没有冬天，
郊外的树和草从今年绿到明年，
四个季节的风，
都是那样软。
月亮永远照在华西坝，
青春岛和世外桃源……

看起来，《这座城》是在"写实"，以新闻"报告诗"的态度和笔法，向和作者一样的"下江人"客观地、准确地、具体而翔实地介绍成都的城市面貌和人文、自然环境。为此，诗人连"四百五十多个公共厕所，/还有和公共厕所一样多的/四百几十家大小茶馆"，都没有落下。但恰好是这个把公共厕所和大小茶馆相提并论的做法，暴露了隐含在"写实"背后的批判性眼光，表明了作者对"这座城"的游移不定的复杂态度。一方面，它历史悠久,足以和北平、南京、上海、武汉、杭州等城市相媲美;另一方面,它又永远是"那样软",在抗战的时代氛围中,显现为一座不合时宜的"世外桃源"。

  这种游移不定的态度,在接下来的作品中,开始明朗起来,左翼青年的愤懑和讥讽之情越来越多地占了上风。深渊笔下的成都,明确地分裂成为了两个:以《文化街》及其青年读者为代表的进步的新兴成都,和以《大公馆》以及围绕着《大公馆》周围的各色"胖子"们为代表的腐朽成都。抗战时期的祠堂街,因文化出版机构和书店众多而获得了"文化街"的美誉。《文化街》描绘的就是以青年学生和公务人员为主体的新兴读者,蜂拥到祠堂街,汲取精神食粮的情形:

  紧挨着百花潭,
  新西门吸进了金河的水,
  杨柳叶子遮着河西岸,
  不让河水和蓝天见面。
  金河是弯来弯去,
  流进了又流出了少城公园,
  河对岸,躺着一条闹中取静的
  祠堂街。
  祠堂街,
  医得了脑子饿,
  但胖子们却不想在这条街上过。
  街两面的黑漆牌子上,
  都有白粉的字在向人招呼:
  "本店涌到大批新书!"
  新书引诱着青年人的眼,
  星期天,
  那来自城的东南西北角的,
  来自乡间学校里的,
  来自邻近的县份的
  年青的学生和公务员,

都蝇子般地挤满了书店……

可以想见的是，当年的深渊，也曾经和华西文艺社的诗友们，无数次和这些"蝇子般地挤满了书店"的青年学生和公务员一起，来来回回在祠堂街闲逛，如饥似渴地浏览着各色各样的新书籍，谈论着自己主编的刊物，不知疲倦地交换关于文学、关于理想的新思想和新话题。

遗憾的是，这种生机勃勃的新成都文化气息，在整部组诗中所占的比例，实在太薄弱了。左翼青年的革命热情，让诗人更多地把目光转向了对落后、腐朽的成都社会文化现状的批判和抨击。《大公馆》揭露了将军、司令、主任、经理先生等达官贵人们，躲在成都街头的公馆里"指挥若定"，过着花天酒地的荒淫生活，而把前方的"战"留给穷人们去"抗"的丑恶社会现实。《街头风景线》描绘了在日军的轰炸之下，成都依然保持着纸醉金迷的繁荣，旧物寄售所、私人汽车、私包车挤满了吵吵嚷嚷的街道，"这么多的花柳病医师"，也随着这种繁荣而成为街头随处可见的一道"风景"的畸形现象。

《饱的刑罚》，则为旧时成都所特有的风俗，作了一次饱含着怜悯与同情的记录。这个风俗就是：走投无路饿极了的人，会走进饭馆饱餐一顿，吃完后，自觉拿一条饭馆的长板凳顶在头上，有时还要在上面放碗水，当街跪下，成为饭店的"活招牌"，直到有好心人代为支付饭费，方可脱身而去。运气好的话，很快就会遇到肯施舍一顿饭钱的好心人。运气不好的话，跪一整天也不见得能碰到"大善人"，最终只能被无可奈何的店主喝斥一顿，赶走了事。① 艾芜曾经在小说中，提到过成都所特有的"吃了饭没钱会账的汉子，给店主人弄来头顶板凳当街示众的事"，② 但却一带而过，没有什么细节。作为成都的外来者，"下江人"深渊，敏锐地注意到了这个令人心酸的民情风俗，作了详细的记录和描写：

　　饭馆门口出了笑话，
　　一个饿瘦了的汉子

---

① 参见崔显昌《解放前四川乞丐的形形色色》，《四川文史资料集粹》（第6卷），四川人民出版社1996年版，第141—142页。

② 艾芜：《人生哲学的一课》，《艾芜文集》（第1卷），四川人民出版社1981年版，第14页。

跪在阶沿口，
头上顶着一条板凳，
苦痛的脸上
浮泛着一丝久饿后乍得一饱的惨淡的快幸，
一对枯涩的眼睛，
乞怜地望着来往的行路人。
想在行路人的中间
找出一个救星。
行路人投给他的
是冷酷的鄙视，
是无言的讽刺。
那嬉笑跳跃于街巷的"野娃儿"，
对着这一顿饭的追求者，
编唱着挖苦的
　　　不入调的歌词……
顶板凳是要比挨饿好受呵！
讽刺是要比挨饿好受呵！
羞辱是要比挨饿好受呵！
膝盖磨着地上的石子
也要比挨饿好受呵！
也许要跪到那无偿而得的
一顿饭跪饿了，
才遇到慈善的人布施他偿付一顿饭的
赎罪的钱，
假使不幸，
就得跪到饭店的"开堂"牌
　　　换上了"毕"
才能得着被赦免的福音。

在中国现代文学史，乃至文化史上，这大概是对成都所特有的这种风俗最翔实，也最触目惊心的描写了。"野娃儿""开堂""毕"等川味词汇，也为这首诗增添了浓厚的地域气息和民俗学色彩。

《二泉文人》则把批判矛头指向同行，刻画了作为"新文化人"的成都"作家"不学无术，坐井观天而又热衷于拉帮结伙搞内斗，表面道貌岸然，内心龌龊不堪的粗鄙群像。旧时成都的茶馆，既是休闲解乏之地，又是民间舆论和社会新闻中心，不同行业、职业的人群，因此往往有自己相对固定的茶馆，作为聚谈和交换信息的场所。"比如，粮油业在安乐寺茶社，纱布业在东大街闲居茶社等。当时黑社会买卖枪支、鸦片，是在商业场内的'品香'。少城公园的'绿茵阁'，平日为中学教师聚会之地，寒暑假期间，便成了待聘教师争夺下期教席的'六腊之战'的战场。"① 而二泉，

> 这躲在市中心的
> 美丽茶楼，
> 是"作家们"的"谈经阁"。
> 在那里，
> 一盏香茗，
> 议论风生，
> 开展批评呀：
> 我是左翼，
> 他是右倾！
> 高尔基和鲁迅，
> 也不过是像我们这样闻名！
> 在他们
> 伟大的"诗人"，
> 一切闻人都是朋友，弟兄，学生。
> "我昨天给
> 茅盾写了封信！"
> "我今晚上要写篇稿子

---

① 沈凤志：《四川茶馆》，《四川文史资料集萃》（第6卷），四川人民出版社1996年版，第17页。

给巴金!"
"萧军这家伙真不够交情,
离开了成都就忘记了人,
都不给我来一封信!"
"喂,我给你介绍
编《文学月报》的罗荪。"
他们
伟大的"诗人",
明天要在"二泉"召集
座谈会,
后天要发动一个
大论争……
下了茶楼
就翘一翘大拇指:
"哈罗,你看我去跟
那个穿红旗袍的女人……"

　　"伟大"的"二泉"文人们灾梨祸枣,自弹自唱地出版了许多谁也看不懂,因而事实上谁也不会看的"集子,杂志和单行本"。其结果是,在一片乌烟瘴气的氛围中,"早晨的太阳往上升,／成都的文化却在往下沉"。茶馆是成都市民的舆论场所和新闻信息中心,《二泉文人》通过"伟大"的成都"诗人们"的自我表演,揭示了新文学和新文化如何被消解为空洞的符号,最终消失在死水般陈腐不堪的"本土新文化"里的"民间接受史"。从历时性维度上看,《二泉文人》深化了何其芳等人开始的批判性眼观,拓展了"成都书写"的文化空间。

　　作为一个初到成都不久,且带着浓厚的左翼青年气息,尚未"适应"成都本土文化和文人生活的"下江人",深渊的《成都在诗里》总体来说以批判和抨击为主。他对成都的态度,也与抗战初期的何其芳等人相类似,有着满腔的热情和希望,但也因为这种热情和希望,反过来生出了同样热烈的愤懑与失望。诗人眼里的"成都",因此也和世界上的任何一个角落一样,新旧纠缠着,丑恶和美丽撕扯着,希望和失望交织着,构成了

一个充满张力的"就是这样"生活世界。"成都问题",在《成都啊》里变成了人的问题:

> 成都啊,
> 有人在你身上
> 追求麻醉,
> 也有人在你身上
> 开辟着自由的田地,
> 有人在你身上活跃着,
> 也有人在你身上枯萎了,
> 　　　黯淡了!
> 　　　死了……
> 成都啊,
> 有人践踏了你
> 你不作反抗的震动和呼喊;
> 有人养育着你,
> 你也像熟睡了似的没有反响,
> 你怎么不出声,
> 　怎么不出声呀!
> 那年青的一代,
> 他们将离你而去了,
> 　　　去了
> 　　　去远了……
> 成都啊……

改变"就是这样"的成都的行动,因而也就和任何一种同样性质的现代性冲动一样,变成了人与人之间的冲突,变成了"劳动和战斗"的行动。平原诗群"人"与"诗"的两个维度,以及深渊对平原诗社的两个期待,在这里,得到了有机的统一。

范方羊等的"成都茶馆"

初来乍到的"下江人",往往惊诧于成都街头茶馆之多,和茶馆的

"闲人"之多。如住惯了北平的张恨水注意到：

> 北平任何一个十字街口，必有一家油盐杂货铺（兼菜摊），一家粮食店，一家煤店。而成都不是这样，是一家很大的茶馆，代替了一切。我们可知蓉城人士之上茶馆，其需要有胜于油烟小菜与米和煤者。

各式各样的茶馆里，自清早到晚间座无虚席，"好像一个很大的盛会"的景象，则很自然地，会让因抗战而到"民族复兴根据地"来的热心人感到不快。照理应该弥漫着紧张热烈的抗战气氛的成都，却到处是无所事事，悠然自得的茶客。想象与现实的反差，自然而然地催生了不以为然的讥讽："在这里，我对于成都市上之时间充裕，我极端的敬佩与欣慕。""一寸光阴一寸金，有时也许会作个例外。"[①]

把茶馆和公共厕所相提并论的深渊，也曾在《成都在诗里》之《街头风景线》中，老实不客气地，这样写道：

> 茶馆里
> 进出的人像穿梭，
> 口渴得喝一盏，
> 口不渴也得坐坐，
> 要不，
> 老长的日子
> 往哪儿去消磨，
> 翘起二郎腿嚷嚷吧；
> 成都人懂得
> 做人的乐趣！
> 肚子是不怕胀的，
> 茶馆隔壁有的是
> 为你预备着的厕所。

---

① 张恨水：《蓉行杂感》，施康强编《四川的凸现》，中央编译出版社 2001 年版，第 121 页。

坐茶馆，成了消磨时间的无聊之举。抗战期间——用当时的口号来说，是"国难期间"——而如此百无聊赖，消磨时间于茶馆之中，委实令"下江人"难以接受。但成都"本土诗人"眼中的坐茶馆，却是另一回事。

似乎有意识地要和深渊对话，纠正"下江人"的误解，范方羊的《露天茶座——呈若嘉》，① 对坐茶馆的理由和情趣，作了论辩性的书写：

我们就这样坐上茶座
一张木凳扣两碗粗茶
看山，看树，看人，看天
享受这一份廉价的清福
在这苦热的烟尘之都，我们
也应该有这样一刻安闲
舒口气摆脱一切，回到自然
可不是，一年来什么全厌了，却还
唱不完这古老而又新鲜的爱情：
爱山，爱树，爱月和太阳
爱编织一些如画的人生远景：
一仰头两眼空空，茶座上
分明还是那一派稚气的豪情，
满腔抱负，我们
热腾腾又托出一个透明的梦，
待开的花。从心底一声笑，便把
什么都忘掉，忘了人，也忘了我……
可是为什么，我们
总爱说起那座城，那古朴的
平原之都，我住惯了的老地方？
忘不掉的该是那里的天和地，你说
你要回去，你说我也该回去了
我这双远还没有落定的脚，也真想

---

① 范方羊：《露天茶座》，《新蜀报》1942 年 8 月 5 日。

那秋月槐荫下清冷的街道。

诗人以"座中人"的身份,开门见山地点出了"坐茶馆"的本质,乃是在"苦热的烟尘之都",在充满了劳碌和厌倦的世界里,回到自然,享受一份"廉价的清福",一刻短暂的"安闲"。以这种人生之苦为根基,看似百无聊赖,消磨时间的"坐茶馆",因此而具有了反抗日常生活的沉重与平庸的意义。在中断和反抗日常生活这一点上,范方羊的《露天茶座》,似乎受到了周作人《喝茶》的影响:

喝茶当于瓦屋纸窗之下,清泉绿茶,用素雅的陶瓷茶具,同二三人共饮,得半日之闲,可抵十年的尘梦。喝茶之后,再去继续修各人的胜业,无论为名为利,都无不可,但偶然的片刻优游乃亦断不可少。①

但不同的是,周作人"喝茶之后",是重新回到平庸而沉重的日常生活,"再去修各人的胜业"。范方羊和他的朋友们,则是要借"坐茶馆"来调整自己,重新恢复反抗的勇气和豪情,在短暂的"一刻清闲"结束之后,满怀"稚气的豪情,满腔抱负","热腾腾又托出一个透明的梦",踏上反抗和战斗的旅程。同样是"忘俗",周作人想要忘记的是"世俗"的不可忍受性,范方羊则是要忘记"世俗"的不可克服性。前者"忘俗"的结果,是回到"世俗",而后者,则是重回反抗"世俗"之途。

或许正是因为这反抗世俗的"稚气的豪情"吧,《露天茶座》在标榜"文章虽好,倘与抗战无关,决不刊登"的《新蜀报·蜀道》副刊登载后,主编姚蓬子特地附上了给范方羊的短简,赞扬说:"第一次读到尊诗,便有一种清新风格与低徊情调令我反复吟咏不已。今承二次赐寄大作,又同样给予我一种新鲜感觉。"赞扬之余,姚蓬子还"甚盼今后能常寄诗作",高度评价了诗人的创作才能。②

姚蓬子这里所说的"第一次读到"的"尊诗",指的是发表在同年5

---

① 周作人:《喝茶》,《雨天的书》,河北教育出版社2002年版,第54页。
② 姚蓬子:《附启》,《新蜀报》1942年8月5日。

月 21 日《新蜀报·蜀道》副刊上的《诗二章》。其一是《那边》：

我想起了那边
这江流底对岸底
丛山后的丛山后的
远远天角下的那块地方
那云霞以外的地方

我想念着那平原
那辽阔的田野
那茅舍，蓝烟，蓝烟外黑黑的林子
山坡上的鸡们，田径上的牛们，
和牛们下了水塘
用鼻子吐着气，蠢极了，蠢得可爱的样子
还有冬天底雾的静穆的早晨
背着大箩筐，踉跄的人影
和那犁头挑起的
黑油油的黑眼仁一样闪光的泥土

和那座城，那些古老的村镇
　　灰色的瓦屋
　　灰色的街道
　　灰色的人
　　灰色的日子
都一样使我温暖
都唤起我要流泪的感情
和那明朗的或是阴沉的天空
我想哭起来……

其二是《晨歌》：

>   自然给我安排了这样一个好的时辰
>   叫我早早起来，听她心底跳动
>   这江流是如此轻轻地流着
>   和那庄严的群山，高高的天
>   沉睡的，清醒的，睡眼惺忪的乌篷船
>   和白帆船，和船夫舟子辛勤的操作
>   都形成一个宁静的和谐的生的整体
>   我听见一切沉默，我听见一个声音
>   那只是这一个广大的心灵的跳动
>   那节奏，拍如我底有形，和我底无形
>   于是我浑然幻入这辽远的天地
>   鸟语花香都成了多余
>   于是我读到了诗，第一首真的诗
>   伟大的质朴的明净的诗篇！

前者表达的是对故乡成都的热爱和怀念之情，后者则是对自然的感激和投入。两者有一个共同点，都是把自然风景放大成唯一的存在，以对自然的爱为纽带，联结起了对故乡、对世界的热爱。可以说，何其芳、深渊等人笔下的成都，实际上是社会秩序结构中的"人的成都"，而范方羊笔下的成都，则是"自然的成都"，即"作为风景的成都"。对"人的成都"的厌恶和批判，与对"自然的成都"的热爱，实际上是发生在不同层次的话语空间里的感情，两者本身并没有任何矛盾和冲突。冲突和误解的根源，在于要么把"人的成都"，要么把"自然的成都"当作唯一的存在的思维方式。

就此而言，范方羊实际上无意中触发了平原诗人群"成都书写"的意识形态策略的一个重要方面：那就是把作为故乡的成都自然化，"风景化"，以风景之美的名义，把何其芳、深渊等人的批判性书写，逐步转化为对成都的歌颂和美化。这种变化，一方面反映了平原诗人们的"本土意识"；另一方面，也说明随着第二次世界大战局势日趋明朗，抗战初期那种峻急而不容差异的社会氛围开始松动，有了容纳"闲适"的可能。四川抗战新诗中的"成都形象"，也因此从作为封闭、落后的内地都市的成都，

而逐渐转向了开阔的成都平原意义上的成都。

白堤"风土志"

白堤（1920—1975），原名周志宁，除"白堤"外，还使用过杨华、白玲等笔名，祖籍四川宜宾，出生于广西南宁，早年随父母生活在广东、澳门、杭州等地。抗战爆发前，就读于杭州安定中学。杭州山水名胜中，酷爱白堤，故以之为笔名。抗战爆发后，随家人迁回成都，就读于成都县中，1941年考入金陵大学经济系，1945年毕业后在成都任中学教员。新中国成立后，在中国音乐家协会成都分会工作，先后任《歌词创作》《西南音乐》等杂志编辑并从事歌词创作。1957年，曾应上海新文艺出版社之约，编成诗集《春天的歌》，但因诗人很快被打成右派，未能出版。1970年，到会理中学任教，1975年病逝。

白堤的诗歌创作，始于中学时代。1939年冬天，与杜谷、蔡月牧、芦甸等人发起成立华西文艺社，出版《华西文艺》月刊。1942年，与杜谷、蔡月牧、芦甸、方然、葛珍、孙跃冬等，成立平原诗社，出版《涉滩》《五个人的夜会》等诗歌丛刊。同年，加入"文协"成都分会。其作品，主要发表在《华西日报》《华西晚报》《成都晚报》《国民公报》，以及重庆《诗垦地》丛刊、桂林《半月新诗》等大后方报刊上。[①]

代表作《小土屋》，曾被选入《中国抗日战争时期大后方文学书系》诗歌卷等。此诗将真切的生活细节和细腻丰富的浪漫想象融为一体，刻画了一座弥漫着浓郁生命气息的乡村"小土屋"，表达了洋溢着青春气息的诗人对生命和世界的理解。这是一座用"黄色的泥土和稻草屑筑成"的"温暖的小土屋"，黄色的泥土筑围墙，褐色的稻草做屋顶，而大门则"是用百夹竹和铁篱笆编成"。这是一座封闭独立的乡村"黄色的小土屋，/温暖而黑暗的小土屋"，一座在南方原野上随时可以被辨认出来的建筑物，坐落在田野里，或者山坳的边缘。因其封闭，以及因这种封闭而来的独立，它又向着自然，向着季节敞开，构成了庇护诗人，哺育诗人的幻想和希望的生活世界：

[①] 关于白堤生平及其创作情况的叙述，主要参考了徐廼翔主编的《中国现代文学辞典·诗歌卷》（广西人民出版社1990年版）"白堤"条，和海梦主编的《中国当代诗人传略》第4集（四川文艺出版社1993年版）"白堤"条的相关内容。

我喜欢我的小土屋,
但更喜欢那扇小小的窗子,
因为早晨的太阳,
是从那里进来的,
因为我从窗子里
可以看到天空的云彩和星星,
田野的树林和茅屋。
而且,
我还可以看到田野
农民们的操作……

而在夜晚,
我点起了菜油灯,
一边听田野水磨的歌,
一边工作

现在田野是寂寞的,
我的小土屋也是寂寞的,
但不久春天就要来了,
田野会有菜籽花的芳香
和布谷鸟的歌,
而我的小土屋,
也不会再寂寞了
因为在那时节
我的邻居
土蜂要回来了,
那将要为度蜜月而来的,
蔷薇花也红着脸回来了。

　　构思上,《小土屋》属于现代浪漫主义诗人惯用的"异方想象"之作,很容易令人联想到爱尔兰诗人叶芝的《茵纳斯弗利岛》(袁可嘉译):

> 我就要动身走了，去茵纳斯弗利岛，
> 搭起一个小屋子，筑起泥巴房；
> 支起九行云豆架，一排蜜蜂巢，
> 独个儿住着，荫阴下听蜂群歌唱。
>
> 我就会得到安宁，它徐徐下降，
> 从朝雾落到蟋蟀歌唱的地方；
> 午夜是一片闪亮，正午是一片紫光，
> 傍晚到处飞舞着红雀的翅膀。
>
> 我就要动身走了，因为我听到
> 那水声日日夜夜轻拍着湖滨；
> 不管我站在车行道或灰暗的人行道，
> 都在我心灵的深处听见这声音。

不同的是，后者是"站在车行道或灰暗的人行道"上的叶芝，掷向正在困扰和折磨着自己的现代都市文明的一枚炸弹。而前者则是青春朦胧的白堤，向自己的未来发出的一次眺望。后者节奏简短有力，意象鲜明而又不乏"一片闪亮""一片紫光"交织而成的叶芝所特有的神秘色彩，前者则更多一些童稚的幻想色彩，多一些铺排和陈述，丰富了《小土屋》的形象性。

发表在桂林《半月文艺》第二十四、二十五期合刊上的《早安呵，锦江》一诗，也曾产生过较大影响。全诗略仿郭沫若当年立足日本海边，一口气喊出二十四个"晨安"，向整个世界发出天真的问候的《晨安》谋篇布局，向着锦江上的纤夫、渔夫、洗衣妇等，逐一道出"早安"，表达了诗人对生活的热爱，对抗战时期的普通民众的感激。但在借助细密、繁复的修饰成分以增强意象丰满、厚实的质感，营造沉郁顿挫的节奏感和咏叹气息方面，又明显受到了艾青的影响。诗人在世界性背景之下，巧妙地将眼前的锦江，和因正在进行着的反法西斯战争而英名远扬的顿河联系起来，荡漾在锦江上的日常情境，因此和世界范围内的反法西斯战争联结在一起，获得了它们庄重而严肃的历史存在感。全诗如下：

早晨，从那鹅暖石的江边走过，
我看见闪耀着太阳的江水在笑……

早安，
明媚的明媚的锦江，
我们底静静的顿河呵！
早安！

早安！
静静底在呼吸的
我们底顿河的流水，
——我们底英雄是从你这里去的呵！

你，鹅暖石，
我们静静的顿河两岸的
顽强的客人呵！
早安！

你停泊在岸边的
疲乏的船呵！
载着粮食和军火
航行于江上的船呵！
早安！

早安！
你，我们底顿河上的
原始的水车轮呵！
绿色的树林呵！
暴风雨所剥蚀的石桥呵！
堆积在岸边的木材呵！

徘徊在江上的，
从江岸的砖瓦厂底烟囱里
喷出来的，
从江岸的兵工厂底烟囱里
喷出来的，
乌贼鱼放射的墨汁般的
煤烟呵！
早安！

早安！
每天早上消失在煤烟里的
小小的渔船呵！
船上的捕鱼鸟呵！

从站立在我们底顿河两岸的，
长足的鸽子笼样的木房里
肩篦扁担出来的，
滨河而居的搬运夫呵！
早安！

早安呵！
你长年漂流在外面的
"靠水吃水"的
船夫呵！
拉纤夫呵！
——比无期徒刑还要痛苦的
终生被绳索所桎梏的
悲苦的生命呵！

早安！
从钉着"杀敌光荣"的木牌的，

低矮而阴暗的
草房里走出来的,
为了胜利
忍受着饥饿寒冷的痛苦
在我们的静静的顿河两岸
洗着衣裳的,
晒着衣裳的,
纺着纱的,
织着布的,
我们底出征的英雄底眷属呵!
你们,
早安!

除《早安呵,锦江》之外,《山民》也流露出了浓郁的成都平原意识。表面看,这是成都平原的"内部人"对来自周围山地里的、"带着镰刀和竹烟管/粗犷又天真的"山地居民进行的一次"观看",一幅粗线条的山地居民速写画。而事实是,通过这种对他者的"观看",诗人白堤反过来确认了自己作为"内部人"的身份,借他者的眼光,表达了对自己生活世界的热爱:

从山外的山外来的
从那些山腰的村寨里来的
从那些莽莽的蒙着雾的
山林里的草舍来的
带着镰刀和竹烟管的
粗犷又天真的客人呵
成群的到原上来了
流着汗
帮助我们底村庄收获

工作

并且唱着

只有那些小山村里才会有的

响亮又长声的谣曲

大声的说着话和

豪爽的饮着酒

客人们坐在田塍上休息了

他们底强烈的山林的气息

和被太阳晒过的

稻草的气息

溶合在一起……

微笑着

吸着辛辣的烟草

眯着眼睛了

客人们在羡慕我们底

草绿的村庄和

油黑的土地和

秋季的蓝森森的天空哪

不是直接感知并生成对生活的热爱,对自身的自豪,而是借助于作为他者的"山民",以他们的"粗犷",以他们的"羡慕"来表现出"我们的"存在价值,充分体现了成都平原上的"我们"认知和建构自我价值的特殊方式。

在很大程度上,正是《小土屋》《山民》《早安,锦江》之类的作品,给白堤带来了最初的声誉。评论指出,"白堤的诗歌创作是以细致、清新的风格给人们留下深刻的印象,在他的诗中洋溢着青春的气质,田原的抒情,和捕捉生活的美",为他赢得了"新田原诗"的称号。①

不过,这并不是说白堤没有我们通常现实感,没有对现实的愤怒和抗

---

① 《白堤》,海梦主编《中国当代诗人传略》(第四集),四川文艺出版社1993年版,第55—56页。

议。《盲人》《小巷》《拾穗者》等诗，充分表明了诗人对人类苦难的关注。而且，随着诗人的成长，白堤已经不满足于静物式的描绘，开始了自己的思考。早在1942年初的《村庄》里，就浓墨重彩地描绘了村庄和旷野的黑暗，在墨汁般的浓黑的窒息中，在"黑锅底一样的夜"里，注意到了"那个每天醉酒的乡长/脂肪摆成的/酒坛一样的家伙"的存在，看见了村庄的痛苦，和因这种痛苦而来的对光明的热切期待：

呵：好黑的夜呵
外面，
风鞭打着……

我看见
窗外的村庄
以失眠的眼睛
期待着
启明星闪烁呵！

1944年的《河岸》，也表达了同样的主题。诗人将成熟的、收获季节的村庄，与灾难和饥饿交织在一起，在自然意象与社会现实的强烈对照中，写出了自己强烈的愤怒和期待：

怀孕的村庄，
稻粒成熟的村庄呵，
年年收割着饥饿的村庄呵，
在河岸向远方招手呵！

随着思想艺术的成熟和时代氛围的变化，白堤的愤怒和抗议，开始获得了明确的目标和方向。短诗《三月的》，以一连串清新透明的自然意象，在快速的排比式推进中，把人民渴望光明，急切要求冲破一切禁锢和束缚获得自由，获得解放的激情，作了淋漓尽致的抒发：

三月的天是蓝的
三月的夜是披花的
三月的田园长满花树
三月的溪河载满了歌
三月的风摇响了鸽铃
三月的乡野油菜花在欢聚
三月的囚徒呵
——人民的不灭的火种。

清新自然的意象，急促有力的节奏，简洁饱满的诗行，以及最后那急转直下的强有力的升华，标志着诗人彻底摆脱了学徒期的模仿和摸索，开始获得了自己独立的艺术风格。更重要的是，对"人民的不灭的火种"的发现，预示了诗人的转向。这种转向，引领着诗人发现了村庄之痛苦与黑暗的根源，发现了广大的"在痛苦地辗转着，呻吟着"的"我们的兄弟"，"我们的姊妹"，也发现了"我们"创造崭新的生活世界的力量，加入了"人民文艺"的大合唱：

再不要呻吟，
或是抱怨命运，
我们的命运，
握在我们的双手上。
痛苦的奴隶呵！
站起来，
把头抬起来，
把你们眼角的泪花摘下来，
密云已聚集在我们的头上了，
那透明的闪电，
是大雷雨的信号呵：
我们的双手将筑造，
挤满花朵和歌声的好城市。

——《想着开花的城市》

20世纪40年代中后期，白堤还发表过《稿费必须提高》①《旗呵——为文协六周年纪念祝福》②《祝福——迎第一届文艺节》③等诗文，积极参与了"文协"成都分会的活动。这，一方面体现了诗人白堤的丰富性和多样性，另一方面，也意味着作为在抗战中成长起来的成都本土诗人，白堤的文学成就已经获得了应有的承认。20世纪50年代后期，白堤曾在《星星》等刊物发表过《工房》《晒谷场上》等不少歌颂新时代的生活与建设的诗歌。

白堤最初写诗，受艾青影响比较明显，善于用繁复的修饰和限定性词语，对意象进行具体、细腻的书写，造成抑扬顿挫的吟咏型节奏和浓郁的抒情气息。此后，则注意运用简短明快的诗句，以行与行之间的排比，或诗行上的均齐，营造饱满的张力结构和内在节奏。韵律或如行云流水般纯朴自然，应和着其清新细腻的意象群，或如低沉真挚的倾诉，应和着浓郁而低沉的内爱情绪，取得了较好的艺术效果。诗人后来转向歌词创作的问题，在某种程度上，也可以从他早年的诗歌艺术中得到解释。

许伽和葛珍

大致来说，平原诗人群中的"本土诗人"对成都的态度是双重的。面对"人的成都"的时候，青春的叛逆激情，和或多或少的左翼文化趣味，总是让他们更多地把目光聚焦在社会环境不公正的一面，由此而发出反抗和批判的声音，渴望着冲出封闭、落后的古城，走向战斗的"北方平原"。而面对作为风景的"自然成都"的时候，对"人的成都"的厌恶和拒绝，却又往往混合着对个体成长史上的童年，和作为一种复杂文化载体的故乡的怀恋，生发出对成都的无限怀恋。许伽的诗，就是这种复杂双重态度的产物。

许伽（1923—1999），四川灌县（现都江堰市）人，本名徐季华，另有笔名徐慢、禾草、石池、柳池等。抗战初期，就读于南薰中学，在曹葆华、萧军等人的影响下，开始新诗创作。曾先后参加过《战时学生》旬刊社、华西文艺社、现实文学社等进步社团和组织的活动，与友人创办《挥戈文艺》《拓荒文艺》等刊物。1942年考入内迁成都的金陵女大，不久即

---

① 白堤：《稿费必须提高》，《华西晚报》1944年1月4日。
② 白堤：《旗呵——为文协六周年纪念祝福》，《华西晚报》1944年4月16日。
③ 白堤：《祝福——迎第一届文艺节》，《华西晚报》1945年5月6日。

响应号召，奔赴浙东游击区。20世纪50年代后，历任《浙江日报》《川东日报》记者等职。1955年，因受"胡风反革命集团"案件牵连而饱受迫害，20世纪80年代平反。出版有散文集《母亲河》，诗集《常春藤》等。另有大量作品散见于不同时期报刊。

在曹葆华、何其芳、萧军等人的影响下走上文学道路的许伽，在她的诗里，真切地记录了"人的成都"的寒冷与荒凉。《弃婴》描绘了刚出生的婴儿，就被冷冷地抛弃在街头的悲惨现实。《擦皮鞋的孩子》，刻画本来应该坐在学校里的孩子，却被生活的重担赶到了街头上的生存景观：

在风雨飘摇的街头，
在影剧院门口，
到处都听到那清脆的叫声：
擦皮鞋呵
擦呵……

《迎春花》饱蘸着愤怒，为特务政治的卑劣与残暴，留下了含蓄，但却力透纸背的一个记录：

迎春花，
你开得多美，
情侣们在你的恩惠里
沉醉，
我却感到寒冷。
前天深夜，
一个朋友失踪了，
无处寻！

在《幸福》《路》《生命》等诗里，她也写着生命的迷茫和困惑，以及对光明和幸福的执着追求。《路》里的问题和困惑，表明了诗人及其同道者共同关心的话题：

> 我们在城市的一角,
> 议论,探讨,
> 流泪,争吵:
> 这人生之路在哪里?

对不公正的社会现实的诅咒,和"人生之路在那里?"的困惑纠缠在一起,自然而然地,把诗人推向了"劳动和战斗"的行列,让许伽和无数的"现代娜拉"们一起,踏上了反抗的道路。但当诗人踏上反抗和叛逆之路后,成都古城,这个曾经让她迷惘和绝望的场所,却又从生活世界变成了符号,变成了生命中无法割舍的过去时态的美好记忆。和一切现代性的革命行动一样,许伽的反抗和叛逆,也变成了返乡和归家的道路。《告别》一诗,写出了这种看似反常,但实则顺理成章的情感反应:

> 再见!
> 又爱又恨的古城,
> 我终于要向你告别!
> 我早已经发誓要离开你,
> 可偷出牛市口回望时,
> 又恋恋不舍故乡月。
>
> 像一个学游泳的孩子,
> 深深浅浅乱扑腾,
> 心上竟有那么多伤痕!
> 小鸟不能老待在巢里,
> 要飞出去,
> 哪怕被暴雨雷电轰毁!
>
> 让我抹去告别的泪水,
> 趁深夜,
> 去追寻前行的脚印!

恨的对象，是作为生活世界的成都。爱的对象，则是作为符号世界，作为"风景"的成都。在这个意义上，写于1941年的《古城，我爱你》，也就成了许伽"成都书写"，乃至其全部诗歌创作的总纲领，——自然，也是她最知名的作品：

　　古城，
　　我爱你！

　　古城，
　　我爱你，
　　虽然你的硬石板上
　　移动着许多软脚。

　　古城，
　　我爱你，
　　虽然那些被饥饿烧得发狂的眼睛，
　　要拼命夺去行人手中的一块小饼。

　　古城，我爱你，
　　虽然这长街上，
　　只有
　　寂寞和阴暗的风景。

　　古城，我爱你，
　　你使我开始知道生活。

　　许伽的丈夫葛珍，也是平原诗社的重要成员。葛珍（1923—2010）本名段维庸，成都人。1939年开始发表作品。除平原诗社外，还参加过万县诗人周末诗歌座谈会、江有汜主持的"太阳诗社"等团体的活动。[①] 其作

[①] 参见白峡《葛珍的诗》，葛珍《远方一棵树》，玉垒诗社1993年版，第57页。

品散见于《国民公报·文群》《华西文艺》《拓荒文艺》《诗垦地》《诗文学》等报刊，出版有诗集《远方一棵树》。他最知名的作品，是发表在1942年6月2日出版的《诗垦地》副刊第9期上的组诗《蓉城小草》，含《锦江的神话》《雪天》《小御河》等三首诗作。《锦江的神话》（收入《远方一棵树》时，改为《唱锦江》），实际上是借神之名，表达诗人对锦江之美的赞赏：

呵，一颗星陨落
一朵花开在平原上

织女贬凡下界了
一夜织成锦绸九里长

泪的梭子
织成白练的江

按照上文的划分，这里写的，实际上是"自然成都"，即作为风景的成都。另外两首，写的是"人的成都"，但情感基调却完全相反。《雪天》是歌颂：

十二月的雪花
满天飞呀

但
小孩子的脸
像一块烧红的炭
他的脚正从乡公所里跨出来

从国民兵的胸章上
我望见他的脸
得意的笑了……

而充满了浓郁"成都味"的《小御河》,① 则是讽刺和批判。诗人以深深的同情之眼，注视着成都市内小御河上的洗衣妇，描绘了她年复一年，日复一日的劳作。自"从前的太平年间"，到抗战时期，时代变了，成都变了，但不变的，是她的命运：还是住在"从二房东/辗转租下的半间小房"里，"还是一样/弓着腰洗衣裳"。面对这幅近乎绝望的生存画面，诗人唱道：

> 小御河呵
> 哪朝皇帝开凿的小御河
> 我不请你皇帝来游赏
> 我请你大臣来采访
> 洗衣妇的儿子呀
> 当兵在前方
> 她呀
> 又在这里洗衣裳……

同样是兵役题材，作者却把《雪花》的歌颂，与《小御河》的批判放在一起，这说明葛珍这组《蓉城小草》，实际上不是以思想感情的内在关联为基础，而是以题材的同一性为基础来命名的。不是诗人在驾驭题材，而是题材在引导着诗人。无论在诗艺上，还是思想上，《蓉城小草》里的葛珍，都还在摸索和思考的途中。

对艺术来说，这种"介乎其间"的摸索和思考，其实未必是坏事。明确的观点和坚硬的立场，往往是对真实性的扭曲，和对复杂性的粗暴简化。它反映的，事实上不是生活和世界，而是一个人或一群人的心理需要。葛珍的"不成熟"，反而使得他有可能慢下来，甚至停下来，注意到事物本身的复杂性，事态的多种可能性。《山坡》一诗，就是一个很好的例子。全诗宛若一幅重彩油画，把直观鲜明场景和人物形象，全盘端了出来，但却把思考和判断留给读者，留给了艺术：

---

① 此诗收入《远方一棵树》（玉垒诗社1993年版）时，文字改动较大。而前引《雪天》，则未见收录。

半山坡边
有一个孩子
背着柴草
（背的比她的身躯还要高）
她有点累了
坐在石阶上歇气
瘦弱的小手托着头儿
呆呆地
喘不过气来
她的衣服破烂不堪
玉米须一样的发辫垂在脑后
憔悴的脸
像一片枯叶
背后

是渐渐暗下去的天色
一排深不可测的密林
遮住了远景

  但遗憾的是，诗人似乎没有意识到这种"介乎其间"的过程本身的意义，而是和同时代的绝大部分诗人一起，走上了追求明确性的道路。个人和群体的心理需要，越来越多地淹没了事物本身的轮廓。诗人不再注视世界，不再关心生活，转而进入自己的内心，把写诗变成了完全的个人感情的抒发。从现代性"诗艺"的角度来看，这当然是诗人的成熟，但换个角度，也可以说是事物本身，生活本身的沦陷。葛珍后期的代表作《索居》，思想和艺术都有了明确的进步，但却没有了"介乎其间"生活本身的复杂性和多样性。取而代之的，是新神话，简单、明朗，但却因为这种简单、明朗而充满了魅惑：

他们都说时候不久
苦恼的生活就要抛开

一个新的早晨将轰然诞生
朝日的旗帜拂去草叶的泪珠

一群神明的人歌唱着
簇拥着走进城中
在那里他们长久驻扎
把欢乐的种子一粒粒撒播

人们忘记祈祷
也不再听到往日沉郁的钟声
在堂前他们扔去命运的偶像
幼小者将翻读新的赞美诗

逃亡的回到久别的家园
把葡萄园重新修葺
打开窗户又招呼邻友
颤抖的手斟满杯杯祝福的酒

欢迎你，铁的生客
列车轰隆隆从家门前奔驰而过
和煦的风带来春的讯息
回来了哟！我的青山，我的峡谷……

  这是一个新兴的现代性革命神话。也是那个古老的创世神话。从平原诗人"成都书写"的立场来看，这个新兴的现代性革命神话，最终解决了"人的成都"与"自然成都"之间的分裂：人类的活动，不仅能创造一个新的"人的成都"，而且还终将创造新自然，创造一个新的"自然成都"。随着隆隆的列车到来的，不仅有人们的幸福新生活，更有获得了新生的大自然，"回来了哟！我的青山，我的峡谷……"诗人最终把包括自然在内的一切都纳入了人的活动，完成了个人生存论的现代性转换。

第四节　其他诗人

寒笳的忧郁与战斗情怀

寒笳（1920—1955），原名徐德明，别名冰若，四川江安县人，另有笔名徐牧风、军笳等。1937年考入成属联中，在何其芳等人影响下开始新诗创作，接触进步文化。1940年，进入东北大学后，与刘黑枷等人组织进步学生团体"读书会"，大量发表社会和经济问题论著，逐渐从新诗创作转向了社会问题研究和实际的革命工作。1955年8月，因"胡风反革命集团"案件牵连，含冤去世。

作为华西文艺社和平原诗社最重要的组织者与推动者，寒笳留下的诗作不多。发表在《华西文艺》第五期上的《祖国战斗的行列》中，曾被认为"是他一生留下的唯一诗篇"。① 这首诗以直抒胸臆的方式，喊出了在抗战的炮火和时代进步潮流的冲击下觉醒了的广大进步青年共同的心声：冲出荒凉、落后、封闭的古城，"嘹亮地歌唱着祖国进行曲"，沿着川陕公路，走向北方平原，加入"祖国战斗的行列"，汇入"北方青年英勇的一群"。全诗调子高昂，简单明快而又洋溢着青春的生命激情，显示了出色的艺术才能。在某种意义上，这首诗，也可以看作是平原诗人群共同的人生宣言：

　　　　光明透过了重雾在召唤我呀！
　　　　我要离去，离去
　　　　这寂寞又荒凉的古城。
　　　　母亲也许凝视着将远离的
　　　　孩子的身影，坠下晶莹的泪。
　　　　弟弟也许藏着收拾的行囊，
　　　　又撒娇牵着我披上征衫底角。

---

① 编者：《英姿勃发　战斗一生——徐德明同志生平》，杜谷、徐叔通主编《陨落的星辰——徐德明遗著及纪念文集》，中国文史出版社2003年版，第4页。

> 恋人也许温柔地
> 向我北去的卡车投着依恋的目光。
>
> 然而我以傲岸的姿态走了,
> 我将登上朝天驿,
> 看金碧的阳光拖长自己的身影;
> 我将跨出剑门关,
> 扬起热情的手向伟大的北方。
>
> 祖国战斗的行列中,我要走入
> 北方年青又英勇的一群……

诗人自己,虽未曾真正"跨出剑门关",但却以另一种方式加入了"北方年青又英勇的一群",实践了和"伟大的北方"并肩战斗的誓言。

和无数怀着乌托邦激情喊叫着要"走向北方",以及在事实上已经或正在"走向北方"的时代青年一样,寒笳对"伟大的北方"的想象,实际上不是由北方本身,而是由对现实的怨恨和不满孕育出来的。想象着北方而又不得不生活在南方,生活在令人窒息的盆地里的诗人,事实上是忧郁、迷茫,甚至是愤怒。在《雾中的歌》[①]里,我们看到,诗人一方面沉浸在眼前的迷雾之中,享受着病态的迷茫之美,另一方面又想象着北方的草原和大漠,表达了想要冲破眼前之迷茫的愿望。对沉浸在迷茫中的诗人来说,

> 有雾的日子是美丽的
> 有朦胧的美
> 有湿漉漉的美
> 有暧昧的苗条的美
> 有古代的美
> 有一个少女,一个多病的少女的

---

① 原载《新蜀报·蜀道》副刊 1941 年 8 月 3 日。

忧郁的美

但对渴望着走出剑门关,走向"伟大的北方"的诗人来说,眼前这份"多病的少女的忧郁的美",却又必将在太阳下散去,在战斗中散去:

我想起
在如此浓密的雾里
斗争在草原的
在大漠的
在扬着大风沙的北国的
在海滨和江岸的
祖国年轻的战士呵

多少日子
你们斗争在土地上
天天,你们的生命
和饥饿,寒冷,疲倦,死亡结合在一起
你们为了人民的幸福与
祖国的解放呀
我们听到你们的每一声枪响而奋起
我为你们祝福,遥远地问你们早安
也祝你
磨亮自己的眼睛呵
穿过浓雾对准那些强盗射击!
别让雾迷着你战斗的指针。
虽然我爱雾中的美
但我是一个诗人
一个可笑又可憎的诗人

我在雾中散步
在白濛濛的浓雾里

> 我——年轻的歌者
> 我要为美丽的雾作最后的赞美诗
> 直到浓雾散去，世界发光……

正如那个"可憎又可笑的诗人"和"年轻的歌者"并非两个一样，诗里的浓雾和光，也并不像浅薄者想象的那样，构成了非此即彼的对立，而是以一种奇妙的方式纠缠在一起，形成了一个有机整体。正因为必将在太阳出来之际散去，雾才显现为一种迷茫的，病态如"一个多病的少女的忧郁的美"，所以渴望着战斗，渴望着大风沙的诗人，实际上是以呼唤光明的方式，在"为美丽的雾作最后的赞美诗"，而非单纯的歌颂光明。而光明越是强烈，浓雾也就越是显现为即将消失的存在，显现为令人迷醉的病态之美。相应地，"爱雾中的美"的诗人，越是在"年轻的歌者"面前显得"可憎又可笑"，诗人也就越是能够在他"可憎又可笑"的形象中，感受到自己的年轻和有力。对战斗的北国的向往，就这样，和对迷茫的病态之美的迷醉交织在一起，变成了诗人确认自我真实性的一面镜子。

在这个意义上，《给忧郁的孩子》同样是寒笳的夫子自道之辞。诗人以想要劝慰和说服的那个"孩子"，实际上是诗人的化身和镜像。诗如下：

> 你是年青的孩子啊，你的灵魂却负着一个年青的孩子所不应有的忧郁……
> 在这静夜的春灯下，你又为忧郁所苦而低下头么？
> 在这静夜的春灯下，我正为拯救你忧郁的灵魂而用燃烧着的激情写下这些诗句，也许能给你温暖吧。
>
> 在祖国战斗的春天
> 我想像你如
> 纤细的绿叶在春风里成长
> 我想像你如
> 小号角正在金阳里嘹亮地歌唱

然而，三月的风沙天
在一个凄濛的黄昏
从涂着浓蓝的忧郁的枫叶上
我看见你悲秋的姿态
我听见你凄苦的哭泣

在迷漠如烟的往日
我也曾有过多时使我绝望的忧郁
当杜鹃啼血的三月夜
我曾徘徊在修仄的苔径
像寻梦者失掉了乐园的钥匙
当凄雨濛濛的深秋
我曾应和细雨悲秋的声音
默默坠下晶莹的感伤的泪
我曾向辽茫而幽渺的远天
投着忧郁的如叹息的目光……

可是
祖国漫天的烽火
灼红了我哀愁的心叶
民族斗争的歌唱
唤醒了我蛰伏的凄苦的灵魂
而人类正义的光芒
又来照亮了我迷濛的眼睛

从此我不在
忧郁之门槛前温柔地垂下蓬头
我深记那往日的忧郁
曾斡褪了青春的生命的颜色
而没有给我什么呵

当光明透过了浓雾的封锁

照耀着祖国魂魄大地的今天

我告诉你，告诉你

别再走上我往日的道路

你别再以忧郁为轴心

旋转着你年青的生命的轮子

你是祖国最年青的一代

我期待你如

纤细的绿叶在春风里逐渐成长

我期待你如

小号角在金阳里嘹亮地歌唱

诗里的词句，如"迷漠如烟的往日""杜鹃啼血的三月夜""寻梦者"等，明显带着早年的何其芳，以及戴望舒的痕迹。而从忧郁到战斗的精神轨辙，似乎也意味着诗人已经摆脱了过去的束缚，进入了一个完全不同的新天地。但事实上，正如对病态的迷茫之美的沉醉，与对光明的渴慕不过是一枚硬币的两面一样，诗中这个"忧郁的孩子"，同样与诗人有着千丝万缕的血肉联系。自言自语的倾诉调，说明了《给忧郁的孩子》乃是诗人自己对自己的低语，而不是在劝慰或说服他者。远在衡阳的深渊，敏锐而准确地指出了这一点：

而寒笳呢，你那首《给忧郁的孩子》，不正是在诉述自己吗？在"祖国漫天的烽火，灼红了你哀愁的心叶"时，你的诗里为什么依然那样堆积如此多的阴涩和虚幻的字眼呢？你为什么不"别再以忧郁为轴心，旋转着你生命的轮子"。而"在金阳里嘹亮地歌唱"呢？亲爱的，我要你改一个调子，改一种气氛，唱得更响亮，更直率，更粗暴些……①

---

① 深渊：《寄月牧和寒笳》，《新蜀报》1942 年 8 月 19 日。

当然了，深渊所期待的"更响亮，更直率，更粗暴"的歌唱，事实上也只不过是忧郁的另一副面孔。两者有着共同的根源，那就是对"寂寞又荒凉的古城"，对周围生活世界的怨恨，以及由此而来的对"另一个世界"的热情渴慕。"伟大的北方"是"另一个世界"，自己一手制造出来的病态的凄美的精神氛围，同样也是"另一个世界"。

羊翚的乡土书写

羊翚，四川广汉人，本名覃锡之，现名阳云，另有笔名黎茹等。就读于燕京大学时，加入平原诗社。1945年，响应组织号召，前往中原解放区参加革命工作。20世纪50年代后，任职于湖北省作家协会。主要从事散文诗创作，出版有《彩色的河流》《涉滩的纤手》等诗文集。《五个人的夜会》是他最受人称道的作品，平原诗丛第二集，就是以这首诗命名的。一个渔夫、一个马夫和三个铁匠，五个来自社会底层的陌生汉子，偶然地，在"灯火错落的夜街"小酒馆里相遇了。共同的生活遭遇，和共同的对美好生活的期待，使得"他们争着打开自己的钱袋，/同时也敞开了心和口，/嬉笑而且怒骂，/成为了亲密的朋友"。在"快活的酒神"和友情的作用下，他们忘记了生活的苦难，忘记了自己的不幸，相互倾诉着自己对生活的期待和奢望：

　　这个老渔夫，
　　想望着有只船——
　　一只漂洋过海的大木船，
　　然后，让他的儿子摇桨，摇桨，
　　摇到他想去的地方……

　　三个铁匠，
　　则希望有一片合伙的店，
　　而里面是自己的产品。
　　他们不再愿打造杀人的刀子。
　　他们要每天打造镰刀、锄头，以及
　　摩天大楼上的钉子，

让每样东西都能产生最大的价值!

最后,马夫喝完了酒,
道出了他们的希冀,最简单的希冀——
他说:连畜生也不喜欢鞭子。
他祝愿他的马永远壮健,
不论过山过水过平原,
不扬一扬鞭子,
一切都称心如意!……

事实确如诗人所说,这五个人的愿望,不过是对正常生活的希冀,"最简单的希冀"。但在不公正的社会里,这"最简单的希冀",却成了他们深藏在心底,平时连想也不敢想的奢望。他们"敞开了心和口"的倾诉,因此而变成了诗人对不公正的社会秩序的诅咒。

哎,让可怜的渔夫,
有一只漂洋过海的木船吧,
让铁匠们去打造斧头和镰刀吧,
让一切善良的人们去寻找美好的梦吧!

他们的愿望多么单纯,
他们的心地多么诚实,
现在却被生活折磨得奄奄欲毙。
而明天——
在不同的地方,同另一些人,
他们又将举杯,重复地向世界诉说着:
他们的诅咒和希冀……

诗中的气氛和情调,令人想到俄罗斯流浪汉小说,还有涅克拉索夫的诗篇。而"让一切善良的人们去寻找美好的梦"的期待,也明显地,染上了现代乌托邦的气息,不再是不及物的语言神话,而是指向了诅咒,指向了行动。

前往中原解放区前夕写下的组诗《乡土集》，则以"家族史"叙事的方式，记录了从祖父到自己一代的苦难史，表达了诗人对苦难的诅咒和思索，以及最后的反抗。诗人的家乡，是梭仑河畔的一个小《村庄》。这是一个封闭、落后、野蛮的村庄，村口坐落着孤儿寡母的血泪造成的贞节牌坊，"村子的东边，伍家大叔，/在族长面前活埋过'不贞'的闺女"。这也是一个充满了反抗的村庄，和残暴压榨与统治的村庄，"大山坳里，覃家老九/杀死了官差，抗过皇粮。/满门抄斩！一辆囚车把他载走了，/连尸骨也飞不回乡……"最重要的是，对诗人及其家族来说，这是他们唯一的村庄，是他们祖祖辈辈生长、受难，是他们活着，最后又死去的唯一的故乡：

> 老年人在临终时，
> 把儿女叫到火塘面前，
> 庄严地宣布族谱——
> 是哪一个祖先逃荒来到大山里，
> 是哪一代人翻开了这些黄泥地；
> 又是哪一代修建了这座小磨坊。
> 看哪！这些果树，这些牛羊……
> 哪一桩不是祖先留下来？
> 今天"刀、兵、水、火"使我们穷得不像样！
> 虽然他们早死了，
> 他们的墓茔，
> 也长年长月厮守着我们的村庄……
>
> 这就是我们祖父的村庄，
> 这就是我们父亲的村庄
> 梭仑河从它身边流过，
> 日夜不停地流，日夜不停地响，
> 在天底下，不晓得它要流向哪一方……

在这里，老祖父也像他的小毛驴一样，在沉重的生活的压迫下，日复一日地劳作、受苦，最后倒下，埋在养育了自己的梭仑河的土地上，"临死也不知道——/为什么要在这土地上苦命干一场？"（《老祖父和他的小毛驴》）在这里，在贫穷、饥寒的重压下，"几斗高粱"，自己的姐就被卖到了"一个远离亲人的地方"！（《姐姐出嫁的日子》）终于，忍无可忍的诗人，也和曾经"举起打猎的火枪"，"呼啸而去，占山为王"（《伙伴们》）的祖父一代人一样，对不公正的社会秩序发出了愤怒的追问和诅咒，走上了反抗的道路：

> 梭仑河，你难道没有变一点样？
> 梭仑河，你的女儿难道永远是这样的下场？
>
> 二十多年来，
> 祖父，母亲，
> 都埋在这青郁郁的山上。
> 我也怕想起你们呵，
> 一张张的苦脸，
> 在梦里我也总难忘！
> 我今天就要告别乡土而去了，
> 我能献给你的，
> 只有这卷悲苦的诗章！……

在题材和构思上，《乡土集》明显受到了力扬《射虎者及其家族》的影响。和力扬一样，诗人最终并没有将自然灾难和社会灾难统一起来，形成完整的线性时间结构。诗人深爱着梭仑河，深爱着故乡"青郁郁的山上"的一草一木，但地主的残酷压榨和军阀混战带来的无穷灾难，迫使诗人不得不抛下梭仑河，走向了反抗。在这个意义上，羊翚自己，其实也和当年逃荒来到大山里，来到梭仑河的祖先一样，被迫走上了反抗的道路。不同的是，当年的祖先是从外地"入川"，而诗人则是被迫"出川"，走向了"远到人也猜想不到的地方"（《伙伴们》）。从大历史的眼光来看，《乡土集》不仅是诗人的"家族史"，更是清代中叶以来四川移民生活史的一个缩影。

左琴岚的梦幻世界

左琴岚,生平不详,据葛珍回忆,他"于1948年去台谋生,1949年未及返回,家中留有老母爱妻,两岸阻隔,睽离多年。但他坚贞自守,心怀故园,前几年冒死犯难,越海归来,见到老母尚好,爱妻健好,所遗一女,也已成家,不禁悲喜交集,额手称庆"云。① 他的诗作不多,《新叶》本来是小诗的题材对象,但诗人首先是把目光荡开去,把围绕着"羞涩的娇小的新叶"江流、江滩等都纳入视野,把小小的新叶放置在了阔大空灵的境界里,为一片小小的生命营造了"梦幻的神秘的传奇"色彩,蒙上了圣洁的生命光辉。在这种神秘气氛的烘托下,"密密地拥挤着"的新叶,变成了"神话里成群的仙女",变成了洁白的天使,变成了"才从天国的殿庭出嫁的"小公主,变成了神秘的自然生命的象征:

> 羞涩的娇小的新叶呀
> 春天的裎裸呀
> 生命的象征呀
> 我仿佛看见你坐在红色的帆里
> 漂浮在蓝色的天空的泡沫里了

全诗意象生动,显示了诗人善于捕捉细节加以铺陈的艺术敏感和出色的想象力。

《街在轻缓的呼吸着》也同样体现了作者对生活细节的艺术敏感。不同的是,它调子低沉,节奏迟缓,表达了诗人对不可名状但却无处不在的沉重与苦难的体认:

> 街道在轻缓地呼吸着的
> 当如此深沉的刻间
> 我仿佛听见

---

① 葛珍:《成都"平原诗社"片忆》,《新文学史料》1993年第4期。

它的睡眠的拍子
均匀而迟缓地响着
我也仿佛看见
它底梦的温馨呵

街呵
就像垂暮的老人一般的
簇拥和跪卧着
现在街是极端宁静的
在暗昧的空气的泡沫里
街的呛咳也是寂寞的
在它的胸脯上面
起伏也是呆滞而无力的

但
漂浮在街上的灯光呀
在闪耀着
活像就是小女孩子的
无邪的明亮的眼睛
但在这样的黑色的夜的船舱里
这种无邪的光辉
是孤丁和无望的呀

在如此的时候
我呵
这个陌生的旅客
是默默的
在街上缓行着

而我的心是异样的
它暴躁的跳跃着和驰骋着

而我自己也就盲昧的
行走着呵
我感觉我是带着夜的翅膀而走了
我感觉夜的帐幕包裹着我
疾迅地飞行了

呵呵
然而我是听见街在呜咽了
它响亮地哭泣
它是作了可怕的噩梦
是不是梦见了往昔的悲哀
创伤和烦恼
以及污垢的耻辱

当如此深沉的刻间
街是在轻缓的呼吸着的
但我听见了
它的不快的呜咽呵

  由于浪漫主义文化思潮的影响，中外现代诗人，大多把城市当作僵死的无生命之物来看待，凸显它对乡村、大自然之类"有机生命整体"粗暴、野蛮的掠夺和伤害，对天真无邪的少女之类"纯洁生命"的侵蚀。城市的现代形象，总的来说是阴暗的、邪恶的，很少有人像左琴岚这样安静下来，把城市的街道当作一个有生命的存在，倾听并记录它的喜怒哀乐。就此而言，《街在轻缓的呼吸着》虽然还带着初学者的稚气和人工痕迹，但却在现代都市诗中别具一格，体现了作者贴近世界本身，把世界当作一个存在整体来感知的宇宙意识。

  贯穿始终的苦难感和沉重感，在反复出现的"当如此深沉的刻间"、"在如此的时候"等诗句的作用下，很自然地，会令人联想到德语诗人里尔克那首著名的《沉重的时刻》（冯至译）：

此刻有谁在世上某处哭
无缘无故在世上哭
在哭我

此刻有谁夜间在某处笑
无缘无故在夜间笑
在笑我

此刻有谁在世上某处走
无缘无故在世上走
走向我

此刻有谁在世上某处死
无缘无故在世上死
望着我

在某种意义上，左琴岚实际上是把平原诗人群身上或明或暗的"人的成都"和"自然成都""成都平原"和"北方平原"等一系列二元对立，重新纳入了混沌而暧昧的古代性世界，一个亘古以来就充满了无言的沉重，但也闪耀着圣洁的生命光辉的世界。他为数不多的诗作，不仅丰富了平原诗人群的整体形象，而且也为中国新诗留下了至今仍值得我们认真汲取的"微量元素"。

沙坪的《漳河曲》

活跃在四十年代中期成都文坛的诗人沙坪，虽然没有加入平原诗社，但却与相关诗人交往密切，在自己主编的《战时文艺》上发表过不少诗社成员的作品，对平原诗群的形成和发展，起到了一定的推动作用。沙坪，生平不详。作品散见于《黄河》《战时文艺》《抗战戏剧》《拓荒文艺》等。从曾经署名"王沙坪"等情形来推测，本名或即"王沙坪"。此外，从《你说春天要来》一诗的副标题"寄向雾城"和"嘉陵江"等语，再结合此诗的思乡主题来看，诗人极有可能是重庆人，或有较长时期生活在重庆。抗战爆发后，曾经怀着极大的天真和热情，"走向西北的一座沙城"，① 参加战地服务工作。随后，因厌倦了"只开会讨论/拟政治纲领/写演讲稿"② 的政治宣传生涯而回到内地，从事文学工作。诗人唯一的一部诗集《漳河曲》，就是诗人抗战初期参加战地服务宣传工作，"流转西北"，"九次过潼关"③ 的生活与情感的记录。

诗集中相当一部分作品，如《咸阳颂》《在黄帝陵前》《在汉水的流线内》《过潼关》《刘秀城》等，大致采取历史想象、眼前所见和抒写战时激情三者相结合的方式，反映了诗人从事战地服务和宣传工作的见闻与感受，洋溢着抗战初期的历史激情，喊出了大时代的抗战呼声。较能代表这类作品的艺术特色与成就的，是《过潼关》。诗人首先从潼关千古不变的自然地理特征入手，再联系老子骑青牛走流沙的传说，勾勒了潼关的历史内涵。接着，在全球性政治历史格局中，描绘潼关如何守卫着陇海线，守卫着古老中华民族生命线的历史功绩，表达了诗人走过潼关时的激动心情，歌颂了中华民族的伟大抗战：

　　历史使潼关伟大了，
　　他成了世界的火线，
　　全人类的钢铁，
　　都为争自由的建筑者而战。
　　没有诗歌去歌颂崤嵧，
　　用火热的心情，
　　走过潼关。

另一部分作品，则较为完整地反映了诗人从满怀激情投身战地，到最后失望而去的情感历程。在《漳河曲》里，我们可以看到，诗人心目中的漳河，其实是混合了神话传说、民间生活习俗等多种要素的一个"没有烦愁"的想象性历史符号，而非真实的生活世界。

---

① 沙坪：《自序》，《漳河曲》，普益图书公司1942年版，第1页。
② 沙坪：《你又骑马去了》，《漳河曲》，普益图书公司1942年版，第100页。
③ 沙坪：《后记》，《漳河曲》，普益图书公司1942年版，第111页。

田野里，
有金黄花的大豆……
柿子红了，
在树枝上，
在屋檐下，
让太阳晒柔。

这样一幅画面，显然是沙坪的诗性想象，而非现实情境。同样地，诗人关于人们离开家乡，走入太行山，走入抗战的抒写，也同样是所谓的"战争乌托邦"情节的产物，而非从战争的真实与残酷，或者平原人民真实的生活常态中生发出来的历史经验。在沙坪笔下，离开家园而进入抗战的历史行列，似乎不过是满怀青春忧郁的青年人，怀着回乡的期待暂时地离开他的家，用另一种眼光，另一种心情来打量自己的生活世界：

在太行山上，
可以看到你的房子，
你的田园，
你的牛羊，
你的渡船，
你的漳河：
她永远的放出流线。
从前，你生活在她的怀里，
现在是离开了娘！
你忧郁，
你哭丧，
你勇敢，
你健壮。
什么时候再回来呢？
再回到漳河的身旁。

很显然，和大量为"北方想象"所蛊惑的热血青年一样，沙坪其实是想要在抗战中寻找并实现自己心中的梦，而非真正接受战火的洗礼，让大时代把自己锤炼成一个完全不同的新生命。所以很快地，他的笔下就出现了"谜把我锁住了"，"路很茫然，/太凄迷，/太遥远"（《你说春要来了》）之类滥熟的青春感伤。进而，在《枭》中，在平静的日常生活环境中，刻画了令人心悸不安的生存气氛：

  我看见窗外的芭蕉，
  或者是庭前的柳树，
  我的心再也不平静了，
  我怕这突来的阴险，
  把我伤害。

  在《路》里营造"仿佛每家的窗口都透出阳关，/人们却找不到界石的牌坊"的超现实困境，表达了"路更远更长"的绝望。最终，当沙坪在前面引述过的《你又骑马去了》一诗中，把个人梦想与现实之间的冲突，定格为遗世独立的"骑士"与污浊的社会现实的冲突之际，"离去"就成了诗人水到渠成的选择：

  你多像一只飞翔不倦的鸟哟！
  却不在晴空飞，
  也不宿在树枝上，
  偏贪恋林下的露水。
  在用丝织的领徽
  购买勋章的人群里，
  你像一只被妒忌的飞禽，
  遭来猎人的枪音，
  说你太偏急，
   太热情，
   太真实，
   太锋芒。
  这些话蠹蚀了你的心，

使你忧伤地，
像退了色的花朵。

这里只会开讨论会
　　拟政治纲领，
　　写演讲稿，
……
就在那天晚上，
你悄悄地穿上马靴，
我在灯下看到你留下的字。
仿佛长空底下，
茫茫的月色，
正送你挥起鞭子，
你又骑马去了。

在沙坪心目中，新诗应该是第一，朗诵的；第二，有节奏的；第三，真实的；第四，应当和歌配合；第五，避免标语口号。[①] 他自己的《漳河曲》，却离这个目标还有相当的距离，概念化的痕迹比较重。其朗诵化和歌曲化的艺术追求，客观上也偏离了抗战新诗散文化的历史趋势。加之他很快停止了新诗创作，《漳河曲》一直不为人注意，也就不足为奇了。

---

① 沙坪：《关于诗——给写诗的伙伴们》，《黄河》1940年5月25日第1卷第4期。

引用和参考书目

说明：

1. 本书关于不少诗人生平事迹的叙述，大都取自相关工具书，特此列出以致谢意。

2. 本书论述对象大多知名度不高，作品流传不广，甚至是自印交流资料，故将个人作品集亦列入。

3. 部分与本书论题相关但错乱较多的著述，以及单篇论文，从略。

一、工具书和资料集

徐廼翔主编：《中国现代文学辞典》，广西人民出版社1989年版。

陆耀东、孙党伯、唐达晖主编：《中国现代文学大辞典》，高等教育出版社1998年版。

范泉主编：《中国现代文学社团流派辞典》，上海书店1993年版。

唐沅、韩之友、冯封世辉等：《中国现代文学期刊篇目汇编》，天津人民出版社1986年版。

吴俊、李今、刘晓丽等：《中国现代文学期刊目录新编》，上海人民出版社2009年版。

王大明、文天行、廖全京编：《抗战文艺报刊篇目汇编》，四川省社会科学院出版社1984年版。

四川省社会科学院文学研究所抗战文艺研究室编：《抗战文艺报刊篇目汇编（续一）》，四川省社会科学院出版社1986年版。

刘福春编撰：《中国新诗书刊总目》，作家出版社2006年版。

四川省中心图书馆委员会编：《抗日战争时期出版图书联合目录》，四川大学出版社1992年版。

丁守和、马勇、左玉河等主编：《抗战时期期刊介绍》，社会科学文献出版社2009年版。

王绿萍编著：《四川报刊五十年集成（1897—1949）》，四川大学出版社2011年版。

海梦主编：《中国当代诗人传略》（第1—4集），四川文艺出版社1990—1993年版。

中国人民政治协商会议西南地区文史资料协作会议编：《抗战时期西南的文化事业》，成都出版社1990年版。

中国人民政治协商会议西南地区文史资料协作会议编：《抗战时期西南的教育事业》，贵州文史书店1994年版。

中国人民政治协商会议西南地区文史资料协作会议编：《抗战时期内迁西南的高等院校》，贵州民族出版社1988年版。

中国社会科学院文学研究所现代文学研究室编：《中国现代经典诗库》，北岳文艺出版社1996年版。

四川省档案局（馆）编：《抗战时期的四川——档案史料汇编》，重庆出版社2014年版。

四川省石室中学编：《石室校史》，内部交流资料，四川省石室中学，1988年。

武汉大学文谈社编：《回忆文谈社》，自印交流资料，文谈社，1996年。

中国四十年代诗选编委会：《中国四十年代诗选》，重庆出版社1985年版。

《中国新文学大系1937—1949》编辑委员会：《中国新文学大系1937—1949》，上海文艺出版社1990年版。

《中国抗日战争时期大后方文学书系》编辑委员会：《中国抗日战争时期大后方文学书系》，重庆出版社1989年版。

《中国解放区文学书系》编辑委员会：《中国解放区文学书系》，重庆出版社1993年版。

苏光文编选：《文学理论史料选》，四川教育出版社1988年版。

龙泉明编选：《诗歌研究史料选》，四川教育出版社1989年版。

晓风主编：《我与胡风（增补本）》，宁夏人民出版社2003年版。

魏荒弩、吴朗编：《遗忘的脚印》，花城出版社 1985 年版。

吴子敏编选：《〈七月〉、〈希望〉作品选》，人民文学出版社 1986 年版。

周良沛选编：《七月诗选》，四川文艺出版社 1984 年版。

绿原、牛汉编：《白色花》，人民文学出版社 1981 年版。

圣野、曹辛之、鲁兵选编：《黎明的呼唤》，四川人民出版社 1982 年版。

二、报纸与杂志

《新华日报》

《新蜀报》

《国民公报》

《中央日报》

《大公报》（重庆版）

《大公报》（桂林版）

《救亡日报》

《华西日报》

《华西晚报》

《文汇报》

《诗前哨》丛刊

《诗创造》丛刊

《诗垦地》丛刊

《火之源》丛刊

《诗创作》

《新诗潮》

《新诗歌》

《诗激流》

《抗战文艺》

《文艺阵地》

《文学月报》
《七月》
《希望》
《笔阵》
《现代文艺》
《黄河》
《文艺月刊》
《文艺先锋》
《时与潮文艺》
《文化先锋》
《文艺生活》
《青年文艺》
《中流》
《工作》
《拓荒文艺》
《四川文学》
《半月文艺》
《华西文艺》
《金箭》
《前进》
《诗帆》
《中国诗艺》
《战时文艺》
《突兀文艺》
《文艺青年》
《文学期刊》
《西南风》
《春云》

三、论著与个人文集

张中良：《抗战文学与正面战场》，社会科学文献出版社 2014 年版。
李怡：《现代四川文学的巴蜀文化阐释》，湖南教育出版社 1995 年版。
李怡等：《现代四川文学的巴蜀视野》，巴蜀书社 2009 年版。
王佐良：《英国浪漫主义诗歌史》，人民文学出版社 1991 年版。
王佐良：《英国诗史》，译林出版社 1993 年版。
上海鲁迅纪念馆编：《周文纪念集》，上海文艺出版社 2002 年版。
邓经武：《二十世纪巴蜀文学》，电子科技大学出版社 1999 年版。
段从学：《"文协"与抗战时期文艺运动》，北京大学出版社 2012 年版。
段从学：《穆旦的精神结构与现代性问题》，人民出版社 2014 年版。
刘扬烈：《诗神·炼狱·白色花》，北京师范学院出版社 1991 年版。
吕进等：《重庆抗战诗歌研究》，西南师范大学出版社 2009 年版。
苏光文：《抗战诗歌诗稿》，四川教育出版社 1991 年版。
潘洵主编：《抗战时期西南后方社会变迁研究》，重庆出版社 2011 年版。
潘洵、周勇主编：《抗战时期重庆大轰炸日志》，重庆出版社 2011 年版。
熊复主编：《中国抗日战争时期大后方出版史》，重庆出版社 1999 年版。
叶再生：《中国近现代出版通史》，华文出版社 2002 年版。
艾青：《艾青全集》，花山文艺出版社 1994 年版。
杜谷：《泥土的梦》，湖南文艺出版社 1986 年版。
杜谷：《霜叶集·杜谷卷》，国际港澳出版社有限公司 2008 年版。
废名著、陈子善编订：《论新诗及其他》，辽宁教育出版社 1998 年版。
程铮：《风铃集》，独立出版社 1943 年版。
齐敫：《黎明的号角》，独立出版社 1942 年版。
杜蘅之：《哀西湖》，独立出版社 1942 年版。

沈祖棻：《微波辞（外二种）》，河北教育出版社1999年版。

陆耀东编：《沈祖棻程千帆新诗集》，武汉大学出版社1992年版。

黄淳浩编：《郭沫若书信集》，中国社会科学出版社1992年版。

胡拓：《太阳照在她的头顶上》，自印交流资料，松滋县文化馆1986年版。

何满子：《何满子口述自传》，北京大学出版社1999年版。

深渊：《衡岳放歌》，文艺中国社1942年版。

严杰人：《伊甸园外》，诗创作社1942年版。

严杰人：《南方》，远东书局1942年版。

方敬、何频伽：《何其芳散记》，四川教育出版社1990年版。

方敬：《方敬选集》，四川文艺出版社1991年版。

何其芳：《何其芳全集》，河北人民出版社1999年版。

陈俐、陈晓春主编：《诗人、翻译家曹葆华》，上海书店出版社2010年版。

江苏省陶行知研究会编：《陶行知日志》，江苏教育出版社1991年版。

李白凤：《李白凤新诗集》，河南大学出版社2014年版。

李广田：《李广田全集》，云南人民出版社2011年版。

李岳南：《午夜的诗祭》，知更出版社1947年版。

李满红：《红灯》，国民出版社1944年版。

力扬：《力扬集》，中国社会科学出版社2008年版。

林咏泉：《塞上吟》，文艺出版社1948年版。

炼虹：《红色绿色的歌》，大地书局1947年版。

炼虹：《红色绿色的歌》，广西人民出版社1986年版。

炼虹：《炼虹朗诵诗选》，浙江文艺出版社1987年版。

吕亮耕：《吕亮耕诗选》，湖南文艺出版社1989年版。

丘琴：《心灵的歌》，作家出版社2001年版。

任钧：《后方小唱》，上海杂志公司1941年版。

任钧：《新诗话》，新中国出版社1946年版。

苏金伞：《苏金伞诗文集》，河南文艺出版社198年版。

孙跃冬：《孙跃冬诗文集》，华人国际新闻出版集团2008年版。

孙望：《孙望选集》，南京师范大学出版社2002年版。

方殷：《旅人的心——方殷诗文选》，中国文联出版公司1992年版。

军事科学院军事历史研究部：《中国抗日战争史》，解放军出版社1994年版。

沙鸥：《农村的歌》，春草社1945年版。

沙鸥：《化雪夜》，春草社1946年版。

沙鸥：《沙鸥诗选》，人民文学出版社1996年版。

沙坪：《漳河牧歌》，普益图书公司1942年版。

羊翚：《涉滩的纤手》，长江文艺出版社1997年版。

许伽：《常春藤》，玉垒诗社1989年版。

许伽：《母亲河》，四川文艺出版社1991年版。

葛珍：《远方一棵树》，玉垒诗社1993年版。

徐光宵：《徐光宵（戈茅）诗文集》，中国文联出版公司1995年版。

郁贤皓等编：《诗海扬帆——文学史家孙望》，南京大学出版社2003年版。

常任侠：《常任侠文集》，安徽教育出版社2002年版。

常任侠：《战云纪事》，珠海出版社1998年版。

魏荒弩：《渭水集》，北京大学出版社1997年版。

汪铭竹：《自画像》，独立出版社1940年版。

汪铭竹：《纪德与蝶》，诗文学社1944年版。

王亚平：《王亚平诗选》，作家出版社1954年版。

姚奔：《给爱花者》，改进出版社1942年版。

玉杲：《大渡河支流》，建文书店1948年版。

邹绛：《现代格律诗选》，香港天马图书有限公司1993年版。

周文：《周文文集》，作家出版社2011年版。

朱健：《往事知多少》，湖北人民出版社2006年版。

朱健：《朱健诗选》，湖南文艺出版社2008年版。